과학이 주목하는 죽음 이후의 일들

사후 세계와 윤회에 대한
물리학적 고찰

과학이 주목하는 죽음 이후의 일들

사후 세계와 윤회에 대한
물리학적 고찰

김
성
구   지
　 음

불광출판사

머리말

사람에게 있어서 가장 중요한 문제는 "어떻게 사느냐?" 하는 문제일 것이다. "어떻게 사는 것이 진정 행복하고 바람직한 삶인가?" 하는 문제는 여러 가지 면에서 생각해 볼 수 있다. 하지만 분명한 것은 물질만이 유일한 실재이고 사람이 한 번 태어났다가 죽는 것으로 모든 것이 정리되고 끝난다면 대부분의 사람들은 물질적 풍요를 누리고 감각적 쾌락을 추구하는 데에만 온 힘을 기울이게 될 것이라는 점이다. 사랑과 자비로 충만한 마음을 갖고 사는 사람은 많은 이들로부터 존경과 찬양을 받을 것이다. 그러나 한 번의 삶과 죽음으로 모든 것이 끝난다면 실제로 그렇게 사는 사람은 드물 것이다. 더구나 남을 위해 자신을 희생하기까지 하는 사람은 극히 드물 것이다.

이 책의 목적은 임사 체험과 윤회의 문제를 과학적으로 고찰함으로써 삶과 죽음의 의미를 밝히고, 사람이 행복하게 살기 위해서 따라야만 할 우주적 질서가 무엇이냐를 논하는 것이다. 이 목적에 대해 많은 사람들이 종교와 과학은 그 목적과 영역이 다르고, 삶과 죽음의 의미는 과학적으로 밝히지 않더라도 명확한데 이를 과학적으로 밝히는 것이 무슨 의미가 있느냐는 의문을 가질 것이다. 일반적으로는 종교와 과학의 영역과 목적이 다른 것 같지만, 종교와 과학의 관심사가 같은 부분도 있다. 우주와 자아(自我, the Self)가 무엇인가 하는 것은 종교, 철학, 과학의 공통적 관심사다. 이 공통적 관심사에서 종교와 과학이 다른 점이 있다면 그것은 진리를 찾는 방법이 다르다는 것이다.

과학적 진리란 감각 기관(五官)으로 인식한 내용을 인간이 이해할 수 있는 방법으로 정리한 것이다. 이에 비해 종교는 성자가 직관으로 깨달은 내용을 인간이 이해할 수 있도록 말로 표현한 것이다. 종교와 과학이 모두 공통된 관심사에 대해 말하고 있지만 진리를 찾는 방법이 달라 둘 사이에는 그 다루는 영역이 다를 수 있다. 성자가 직관으로 깨달은 내용이 인간의 감각 기관으로 인식한 내용과 다를 수 있기 때문이다. 대표적인 것을 꼽는다면 사후 세계의 문제다. 인간의 감각 기관에는 사후 세계가 포착되지 않는다. 그래서 일반적으로 사람들은 죽음으로써 모든 것이 정리되고 끝나는 것이라고 본다. 과학도 주류 학계의 견해는 그렇다. 그런데 모든 종교는 사후 세계를 말한다. 종교적 성자를 비롯하여 특별한 깨달음이나 체험을 가진 사람들이 사후 세계에 대해 이야기하고 있다. 성자들은 인간의 감각 기관이 포착하지 못하는 저 감각 기관 밖의 세계를 보았다고 한다.

지금까지 정통 과학에서는 사후 세계에 대한 이야기는 공상이나 허구로 간주하고 그에 대한 연구를 사이비 과학이라고 몰아쳐 왔다. 물론 지금도 그러한 분위기는 크게 바뀌지 않았지만 상황이 조금씩 바뀌고 있다.

죽음 직전에 이르렀다가 살아난 사람들 중에는 유체 이탈과 사후 세계를 경험했다는 임사 체험(臨死體驗, Near-Death Experience, NDE)을 이야기하는 사람들이 적지 않게 있는데, 그들이 경험한 내용 중에는 객관적으로 검증할 수 있는 것도 있다. 그래서 그들이 체험한 내용을 검증해 본 의사나 과학자들 중에는 사후 세계의 존재를 지지하는 사람들이 상당수 있고, 윤회 사상을 적극적으로 지지하는 사람들도 적지 않게 있다. 캐나다 토론토 대학(University of Toronto)의 정신과 주임 교수이자 신경생리학자인 조엘 휘튼(Joel Lloyd Whitton, 1945-2017)에 의하면 토론토 대학의 경우 5% 정도는 사후 세계의 존재나 윤회 사상을 긍정적으로 보고 있고, 95%는 그러한 사상을 허구로 보면서 그에 대한 연구 역시 사이비 과학으로 간주한다고 한다. 토론토 대학이 전 세계 과학자들의 성향을 대표한다고 할 수는 없지만 세계적으로 대략 이 정도 비율로 과학자들의 견해가 나뉜다고 볼 수 있다. 사후 세계의 존재를 긍정적으로 보는 사람이 5%라고 하면 굉장히 적은 수 같지만 유물론이 지배하는 과학계에서 5% 정도가 사후 세계의 존재를 긍정적으로 본다면 이는 무시할 수 없이 큰 수라고 보아야 한다.

사후 세계가 있다면 삶의 태도가 크게 달라질 것이다. 내가 뿌린 씨

앗을 결국 내가 다 거두게 되는 것이 우주적 법칙이라면, 그리고 그 사실을 깨닫는다면 누구나 바르게 살려고 노력할 것이다. 이 책은 임사 체험과 윤회에 관해 서로 상반되는 견해를 가진 두 전문가 집단의 주장을 소개함으로써 일반 독자들이 이 두 가지 주장 가운데 어느 쪽이 더 타당한지를 스스로 판단할 수 있게 하고자 한다. 또한 이 책은 이 논쟁에 대한 저자의 견해도 함께 밝히고자 한다.

이 책의 내용은 본인이 2023년에 불광미디어 유튜브 채널에서 강의한 내용을 수정 보완하여 정리한 것임을 밝혀둔다. 이에 따라 이 책에서는 글의 내용이 바뀌는 것을 가리키는 말로서 '장(章, chapter)' 대신에 '강(講, lecture)'이라는 말을 사용했다. 책의 구성은 3부로 나누어져 있다. 1부는 임사 체험에 대해, 2부는 최면 퇴행과 윤회에 대해, 3부는 불교의 무아 윤회에 대해 고찰하는 것으로 구성되어 있다.

끝으로 이 책이 출판되도록 도움을 주신 불광출판사 류지호 대표님과 양동민 편집이사님께 감사를 드린다. 그리고 불광미디어 유튜브 강의 촬영과 편집에 깊은 정성을 쏟아 주신 불광미디어 콘텐츠국 유권준 콘텐츠실장님께 이 책의 토대를 마련해 주신 데 대한 깊은 감사를 전한다.

함양 약천사에서 김성구

차례

머리말 _ 4

1부 임사 체험에 관하여

1강 죽음이란 무엇인가 _ 13
2강 임사 체험 연구의 역사와 특수성 _ 29
3강 팸 레이놀즈의 임사 체험 _ 47
4강 엘리자베스 퀴블러-로스의 임사 체험 연구 _ 61
5강 핌 반 롬멜의 임사 체험 연구 _ 73
6강 심리적 요인과 마취 중 각성 _ 87
7강 두뇌의 작용과 산소 결핍증 _ 99
8강 정신은 뇌가 아니다 _ 113

2부 최면 퇴행과 윤회

9강 윤회 사상의 역사적 배경 _ 125
10강 영매 _ 143
11강 캐논 보고서 _ 157
12강 브라이드 머피를 찾아서 _ 169
13강 블록샴 테이프 _ 181

14강 에드가 케이시의 피지컬 리딩과 라이프 리딩 _ 189
15강 이안 스티븐슨에 대하여 _ 207
16강 환생의 사례 _ 217
17강 전생 사례에 대한 대안적 설명 _ 227
18강 이안 스티븐슨의 연구 태도에 대한 논쟁 _ 239
19강 전생 개념에 대한 합리적 판단 _ 249

3부 불교의 무아 윤회

20강 믿음의 토대 _ 261
21강 존재 중심의 세계관과 사건 중심의 세계관 _ 275
22강 불교 윤리의 바탕이 되는 윤회 _ 291
23강 업과 윤회 _ 305
24강 테세우스의 배 _ 319
25강 중도와 윤회와 고성제 _ 341
26강 윤회 사상의 정립이 가져올 효과 _ 355

참고 문헌 _ 370
찾아보기 _ 375

임사 체험에 관하여

1강

죽음이란 무엇인가

예비적 고찰

이 책의 목적은 머리말에서 설명한 바와 같이 삶과 죽음의 문제에 대해 우리가 통상적으로 인식하고 있는 것이 사실인지, 아니면 사람들이 인식하는 것과는 다른 어떤 것, 즉 죽음 후에도 활동하는 의식이 있는지를 과학적으로 검토해 봄으로써 삶과 죽음의 의미를 깊이 있게 생각해 보는 것이다. 이 목적을 위해 먼저 용어 두 가지를 설명하려고 한다. 세상(world)이라는 용어에 관해서다. 우리가 '세상'이라고 말할 때, 여기에는 두 가지 의미가 있다. 하나는 글자 그대로 이 세상 삼라만상을 가리키는 세상이고, 다른 하나는 우리가 인식하는 세상이다. 이것을 구별하는 좋은 용어가 독일어의 '벨트(Welt)'와 '움벨트(Umwelt)'다.

벨트(Welt)가 실제의 세계라고 한다면 움벨트(Umwelt)는 우리가 주관적으로 인식하는 현실로서의 세계라고 할 수 있다. 모든 생명체는, 단세포 생물인 박테리아까지도 자신이 느끼고 감각하는 세계가 있다. 즉, 모든 생명체에게는 저마다의 움벨트가 있다. 합리적이고, 타인을 배려하고, 유머를 즐기고, 미래를 상상하는 종이 인간뿐일까? 침팬지도, 코끼리도, 까마귀도, 문어도 그렇게 한다. 움벨트에 대해서는 네덜란드 출신의 영장류 학자 프란스 드 발(Frans de Waal, 1948-2024)이 그의 책 『동물의 생각에 관한 생각』에서 아주 잘 설명하고 있다.[1] 그에 의하면 각 종마다 저마다의 움벨트가 있고, 각 종이 살아가기 위해 알아야 할 것은 이 움벨트에 의해 좌우된다고 한다. 각 종이 갖고 있는 움벨트는 그 종이 살아가는 데 필요한 조건에 따라 이루어진 것이기 때문에 어느 한 종의 움벨트가 다른 종의 모델이 될 수는 없다.

여기서 이렇게 움벨트에 관해 길게 이야기하는 것은 삶과 죽음을 포함하여 우리가 움벨트에서 옳다고 생각하는 것이 절대적 진리가 아니라는 것을 강조하기 위해서다.

우리가 인식하고 있는 세상에서 일어나는 물체의 운동은 뉴턴(Isaac Newton, 1643-1727)의 고전 역학에 의해 거의 완벽하게 설명할 수 있는 것처럼 보이며, 생물의 종은 부모의 유전자를 물려받아 자손 대대로 변화하지 않고 계속 같은 형태를 유지하고 있는 것처럼 보인다. 적어도 다윈(Charles Robert Darwin, 1809-1882)의 진화론이 나오기 전까지는 그렇게 보였다. 그리고 마음, 정신 또는 의식이라는 것은 두뇌의 활동에 의한 것처럼 보이고, 삶과 죽음은 그것이 무엇인지 논의할 필요도 없이 명확한 것처럼 보인다. 이것이 인간의 움벨트에서 인식한 진리다. 그런데 우리가 옳다고 인식했던 것들 중에는 우리의 착각으로 밝혀진 것이 많다.

먼저 사물의 실재성(實在性, reality)에 대해 이야기하겠다. 뉴턴 역학으로 잘 설명할 수 있는 거시 세계에서는 관찰자의 관찰과 상관없이 물

---

[1] 프란스 드 발 지음, 이충호 옮김, 『동물의 생각에 관한 생각』, 세종, 2017, p.420.

체가 존재하고 그것이 객관적 실재처럼 보인다. 그러나 양자 역학으로 기술해야만 하는 원자 이하의 미시 세계에서는 객관적 실재가 부정된다. 미시 세계의 존재는 관찰자가 관찰했기 때문에 그렇게 존재하는 것이지, 미리 존재하는 것을 관찰자가 관찰한 것이 아니다. 우리의 움벨트에서는 물질이 객관적 실재이지만 양자 물리학에서는 사물의 실재성이 부정된다.

생물의 분류도 마찬가지다. 스웨덴의 생물학자 린나이우스(Carolus Linnæus, 1707-1778)가 생물을 분류할 때, 그는 우리의 움벨트에 맞추어 생물군을 분류했다. 그것을 '린네의 분류법(Linnaean taxonomy)'이라고 한다. 우리의 움벨트에서는 생물을 비슷하게 생긴 것끼리 하나의 같은 범주로 묶어 '어류', '조류', '곤충류' 등의 단어를 사용한다. 그런데 진화의 개념을 적용하여 분류하면 우리가 당연하다고 생각하던 것이 당연하지 않게 된다. 생물을 하나의 범주로 묶으려면 공통의 부모를 가진 가지에서 갈라져 나온 것끼리 묶는 것이 합리적일 것이다. 그런데 겉모습은 비슷하지만 DNA를 조사하면 진화론적으로 거리가 먼 생물들이 많이 있다. 이렇게 진화론에 입각하여 생물을 분류하는 학문을 분기학(分岐學, cladistics)이라고 하는데, 분기학에 의하면 어류라는 개념은 잘못된 개념이다. 움벨트에서 볼 때는 물에 사는 생물들 중 어느 것들을 골라 물고기라는 범주에 넣을 수 있을 것 같지만 분기학자들은 어류라는 개념이 성립할 수 없다고 한다.[2] 생물 진화의 분기(分岐, 진화의 가지)를 연구하는 분기학자들에 따르면, 물속에서 헤엄치는 물고기처럼 생긴 생물들 중 다수가 포유류와 더 가까운 관계다. 폐어와 실러캔스는 허파와 심장 구조가 소와 더 비슷하다고 한다. 그래서 아예 제목이 『물고기는 존재하지

---

[2] 캐럴 계숙 윤 지음, 정지인 옮김, 『자연에 이름 붙이기』, 윌북, 2023.

않는다』인 책3도 출판되어있는데, 세상을 다르게 보는 시각을 제공하기 때문에 미국에서도 우리나라에서도 베스트셀러다. 물고기뿐만이 아니다. 다른 생물들도 마찬가지다. 과학적으로 보면 버섯은 식물보다는 동물에 더 가깝다고 한다. 생김새는 식물에 가깝게 보이지만 DNA의 유사성을 조사해 보면 사자와 더 가깝다고 한다.

지금까지 살펴본 바와 같이 우리가 옳다고 인식한 원리나 개념이 절대적으로 옳은 것이 아니다. 옳은 것이 아님에도 불구하고 우리가 우리의 움벨트에 갇혀 움벨트 밖의 세상, 즉 진리를 모른다면 움벨트는 가상 현실을 뜻하는 매트릭스4와 다를 바가 없을 것이다. 사실 알고 보면 우리의 움벨트는 매트릭스와 동의어라고 해도 좋을 만치 우리의 마음이 조작해 낸 것이라고 할 수 있다.

우리가 인식하고 있는 세상이 진리를 바탕으로 이루어진 것이 아니고, 그 토대가 단지 우리의 믿음에 불과하며, 이 믿음이 헛것일 수 있다면 삶과 죽음은 어떨까? 몸이 죽으면 그것으로 모든 것이 끝날까? 뇌·신경 과학에 의하면 그렇다. 그리고 그것은 우리의 직관에도 맞고 우리의 움벨트를 이룬다. 사후 세계를 체험했다는 사람들이 많지만 두뇌가 없는데 의식이 활동하는 일은 있을 수 없는 것처럼 보인다. 그렇다면 뇌·신경 과학은 무너질 수 없는 절대적 진리일까? 머리말에서 이야기한 바와 같이 그렇지 않다는 주장이 많이 있다. 임사 체험을 연구하고 사후 세계의 존재를 인정하는 의사나 과학자들도 적지 않다.

몸이 죽으면 더 이상 의식의 활동이 없다고 주장하는 사람들도, 사

---

3   룰루 밀러 지음, 정지인 옮김, 『물고기는 존재하지 않는다』, 곰출판, 2021.
4   '매트릭스'는 영화의 제목이기도 하다. 영화에서 '매트릭스'는 인공 지능이 만든 가상 현실을 뜻한다. 우리가 보는 현실도 두뇌가 만든 것으로 일종의 가상 현실이라고 할 수 있다.

후 세계를 인정하지 않을 수 없다고 주장하는 사람들도 모두 그 방면의 전문가들이다. 이제 이 전문가들의 주장을 들어 보고 어느 쪽이 옳은지를 판단해 보자. 그 목적을 위해 먼저 죽음이 무엇인지 생각해 보자. 먼저 유물론적 생사관에 대해 살펴보자.

1. 유물론적 생사관

유물론이란 모든 것은 물질로 이루어졌다고 보는 관점이다. 다른 말로 물리주의(physicalism)라고도 한다. 인간은 물질적 존재이고, 정신이라는 것 역시 물질의 작용에서 나타나는 어떤 현상일 뿐이다. 육체의 활동이 멈추는 순간 생명은 끝나고 육체는 흙으로 돌아간다. 그래서 죽음 이후의 삶에 대해서는 더 이상 논할 필요가 없다. 두뇌의 활동이 멈추는 순간 의식이라는 것도 작용을 멈추기 때문에 죽음 이후에 삶이 있다는 것은 도무지 말이 되지 않는 일이기 때문이다.

유물론은 대부분의 뇌·신경 과학자들에 의해 지지를 받는다. 그러나 유물론으로 정신 현상을 모두 무리 없이 설명할 수 있는 것은 아니다. 뇌·신경 과학은 아직 어떻게 해서 물질인 두뇌에서 의식이 출현하는지 설명하지 못하고 있다. 따라서 두뇌 상태가 그대로 마음이라고 보는 것은 귀납적 추론에 의한 하나의 '과학적 믿음'일 뿐이다. 지금까지 과학자들이 관찰해 온 여러 가지 심리 현상이나 정신 활동은 모두 두뇌의 전기 화학적 작용과 일대일의 대응 관계가 있었고, 두뇌에 이상이 있으면 정신 활동에도 이상이 있었다. 여기서 과학자들은 '두뇌 상태 = 마음'이라는 귀납적 추론을 하게 되었다. 이것은 마치 지금까지 까마귀를 관찰해 본 결과 모두 검었기 때문에 "모든 까마귀는 검다."라고 추론한 것과 마찬가지다. 누가 하얀 까마귀를 한 마리라도 본다면 "모든 까마귀는 검다."라는 것은 더 이상 진리일 수가 없다. 이것을 '흰 까마귀론'이라고 하는데, 지금 죽음이 무엇인가를 묻고 생각하는 이 문제에 흰 까마귀론이 적용된다. 바로 임사 체험(臨死體驗, Near-Death Experience, NDE)과 윤회의 문제다.

임사 체험은 의학적으로 사망 선고를 받았다가 살아난 사람들이 죽음 직전에 체험했다고 하는 내용이다. 많은 경우 임사 체험자들은 사후 세계를 경험했다고 한다. 임사 체험 자체는 누구나 인정하는 문제다. 체험자가 체험했다고 하는 것을 부정할 수는 없다. 문제의 핵심은 체험자가 경험했다고 하는 유체 이탈(幽體離脫, Out-of-Body Experience, OBE)이나 사후 세계를 어떻게 설명하느냐 하는 것이다. 만일 임사 체험자가 유체 이탈을 통해 보통 사람은 알 수 없는 어떤 비밀스러운 일을 알아내는 사례가 입증된다면, 이 하나의 사례로 인해 인간의 의식(意識)이 두뇌를 떠나서 활동한다는 것이 입증될 것이다. 그리고 전생을 기억한다는 사람이 말한 내용이 과학적으로 정확히 입증된다면 '죽음 이후의 삶'이 사실이라는 것이 입증될 것이다. 이 한 사람이 바로 흰 까마귀에 해당할 것이다. 이런 뜻에서 이 책 전체는 '흰 까마귀 한 마리가 과연 발견되었느냐'에 대한 과학적 고찰이라고 할 수 있다.

19세기 말부터 21세기에 이른 지금까지 과학계를 지배하고 있는 것은 유물론이다. 대부분의 의사나 뇌·신경 과학자들은 임사 체험자들이 경험한 사후 세계나 유체 이탈과 같은 신비 체험을 모두 두뇌의 활동이나 기타 합리적인 방법으로 설명할 수 있다고 믿고, 여러 가지 대안론(代案論)을 제시한다. 물론 전생의 기억에 대해서도 마찬가지다. 이 대안론으로 임사 체험자들이나 전생을 기억한다고 하는 사람들이 말하는 내용을 다 설명할 수 있다면, '두뇌 상태 = 마음'이라는 '과학적 믿음'은 단순한 믿음이 아니라 '과학적 진실'이라고 할 수 있을 것이다. 그런데 신경 과학자들 중에서도 두뇌 상태만으로는 마음과 의식을 설명할 수 없다고 보는 사람들이 상당수 있다. 이 사람들은 일상적인 측면에서의 마음은 뇌의 물질적 과정으로 설명할 수 있지만, 임사 체험과 같은 현상은 두뇌를 떠나서 활동하는 의식을 인정하지 않고서는 설명할 수 없다고 생각한다. 이 사람들의 생사관을 비유물론적 생사관이라고 할 수 있을 것이다.

모든 종교는 '죽음 이후의 삶'에 대해 이야기하지만 '죽음 이후의 삶'은 대부분의 사람들에게는 있을 수 없는 일로 보인다. 그런데 합리성을 무엇보다 중시하는 과학자들이, 비록 그들 중 일부라고 하지만, 왜 인간의 의식이 두뇌를 떠나서 활동할 수 있다고 믿고 비유물론적 생사관을 지지할까? 이 사람들의 생각을 간략하게나마 살펴보자.

2. 비유물론적 생사관

비유물론적 세계관이라고 하면 누구나 무슨 뜻인지 짐작할 것이다. 비유물론적 생사관은 몸이 죽은 후에도 의식은 어떤 형태로든 계속 활동한다고 보는 것을 말한다. 비록 일부이지만 왜 과학자들이 이런 관점을 갖는 것일까? 그것은 이 사람들이 새로운 과학적 자료를 설명하려면 의식이 두뇌와 상관없이 활동하는 것을 사실로 받아들이는 것 말고는 다른 방법이 없다고 생각하기 때문이다. 새로운 '과학적 자료'란 전생을 기억한다고 말하는 사람들의 말이나 임사 체험자들의 말을 뜻하는데, 이 체험자들의 말이 진실임이 과학적으로 입증되었다고 믿는 과학자들이 비유 물론적 생사관을 지지하는 것이다.

과학의 바탕은 관찰과 논리적 설명이다. 우리 인간이 갖고 있는 움벨트는 이렇게 해서 이루어진 것이다. 그런데 관찰된 것과 인간의 논리가 서로 충돌하면 어떻게 될까? 우리는 어느 쪽을 받아들여야 할까? 당연히 관찰 결과를 받아들여야 한다. 좋은 예가 양자 역학이다. 우리의 일상 경험 세계에서 볼 때 전기 스위치는 켜져 있거나(on) 꺼져 있거나(off) 둘 중의 하나다. 이것은 경험적 사실에도 맞고 논리에도 맞는다. 전기 스위치가 켜져 있으면서 동시에 꺼져 있다는 것은 우리의 실제 생활에서 실행할 수도 없지만 논리에도 맞지 않는다. 그래서 우리는 전기 스위치가 '켜짐'이나 '꺼짐'이라는 두 상태 중 한 가지 상태만 취할 수 있다고 결론을 내린다. 이것이 '과학적 진실'이자 '과학적 믿음'이다. 우리의 움벨트는 이렇게 과학적 믿음이 곧 과학적 진실이라는 데서 이루어진다. 그런데 누가 전기 스위치가 켜짐과 꺼짐의 두 가지 상태를 모두 취하는 중첩(重疊, superposition) 상태를 발견했다고 학계에 보고한다면, 논문 심사 위원은 이 논문에 불합격 판정을 내릴 것이다. 왜냐하면 논문의 내용이 심사 위원의 과학적 믿음에 어긋나기 때문이다. 그런데 반복해서 실험한 결과 상태의 중첩이 발견된다면 과학은 이 관찰 결과를 진리로 받아들이게 된다. 그것의 좋은 예가 양자 역학이다.

사람의 사물 인식 방식으로는 이해할 수 없는 일이지만 미시 세계에서는 상태의 중첩이 오히려 일반적인 현상이다. 소립자는 스핀(spin)[5]이

---

5 팽이가 돌 때 그 회전(回轉, rotation)의 세기를 나타내는 값을 '각운동량'이라고 하는데, 이 세상의 모든 소립자들은 마치 팽이가 도는 것처럼 스핀(spin)이라는 각운동량을 가진다. 팽이가 도는 방향은 시계 바늘이 도는 방향과 같은 방향이거나 반대 방향이다. 스핀의 방향도 그렇다. 시계 방향과 같은 방향으로 돌면 (-)값, 반대 방향으로 돌면 (+)값을 가지는 것으로 정의한다.

라는 물리량을 갖는다. 전자를 예로 들면, 관찰자가 전자의 스핀을 측정하면 측정값은 언제나 (+1/2)이거나 아니면 (-1/2)이다. 이렇게 얻은 측정값은 인간의 사물 인식 방식에 꼭 들어맞는다. 팽이가 시계 방향으로 돌면서 동시에 반시계 방향으로 돌 수 없듯이, 전자의 스핀도 (+1/2)이면서 (-1/2)일 수는 없어야 한다는 것이 사람의 사물 인식 방식이다. 그러나 실제의 자연은 사람이 인식하는 방식에 맞게 존재하지 않는다. 측정하기 전 전자가 갖는 스핀 상태는 (+1/2)과 (-1/2)의 중첩 상태로 있다. 전자의 스핀이 이렇게 중첩되어 있다는 사실을 이용하여 계산 속도를 획기적으로 높일 수 있다는 것이 양자 컴퓨터의 원리다. 양자 컴퓨터는 아직 실용화되지 않았지만 머지않은 장래에 실용화될 것이 확실하다.

중첩 상태 외에도 입자-파동의 이중성(二重性, duality)이나 사물의 실재성(reality)과 분리성(separability) 및 양자 얽힘(quantum entanglement)과 같은 양자 현상은 인간의 사물 인식 방식에서 볼 때 전혀 이해할 수 없는 현상이다. 그렇지만 이런 현상을 설명하는 양자 역학은 거의 완벽하게 물리 현상을 기술한다. 물리학자들을 포함하여 이 세상 어느 누구도 그가 인간이라면 양자 현상을 이해하지 못한다. 인간의 이해를 넘어서지만 자연은 양자 현상을 기본으로 하여 존재한다.

비유물론적 생사관을 지지하는 과학자들은 지금 뇌·신경 과학에서 논쟁 중인 삶과 죽음의 문제도 양자 역학의 탄생 시기와 비슷한 상황에 처해 있다고 본다. 죽음 이후에도 또 다른 삶이 계속된다는 것은 양자 현상처럼 인간의 사물 인식 방식에서 볼 때는 있을 수 없는 일 같다. 하지만 이 사람들은 '두뇌 상태 = 마음'이라는 과학적 믿음보다는 과학적 자료에 충실해야 된다고 생각한다. 여기서 말하는 '과학적 자료'는 임사 체험자들이나 전생을 기억하는 사람들의 증언이다. 비유물론적 생사관을 지지하는 과학자들은 이미 학계에 보고된 임사 체험 사례가 사후 세계의 존재를 충분히 뒷받침하고 있지만, '두뇌 상태 = 마음'이라는 과학적 믿음에서 벗어나지 못하는 사람들이 사후 세계의 존재를 인정하지 못하고 있다고 생각한다.

유물론적 생사관을 지닌 과학자와 의사들도 이 분야의 전문가들이고, 비유물론적 생사관을 지닌 과학자와 의사들도 이 분야의 전문가들이다. 이 책은 앞으로 관찰된 과학적 자료를 제시하고, 이 관찰 자료를 두 집단이 어떻게 해석하는지를 제시할 것이다. 두 전문가 집단이 상반되는 입장에 있을 때 어느 쪽의 의견이 보다 더 진실에 가까운지를 판단해야 하는 것은 비전문가인 우리 독자들의 몫이다. 어떤 태도를 가져야 올바른 판단을 할 수 있을까?

양자 현상을 통하여 우리 경험의 한계, 그리고 우리가 인식한 세상이 어떠한지에 대해 약간이나마 살펴보았으니, 관점의 혁신이 필요함을 알게 되었을 것이다. 이제는 우리가 취할 바람직한 태도가 무엇인지에 대해 생각해 보자. 우리가 피해야 할 첫 번째 적은 파괴적 회의주의다. 파괴적 회의주의에 빠진 이들은 오로지 편견에 사로잡혀 합리적이고 논리적인 증거조차 고려해 보려고도 하지 않는다. 이들은 과학적 믿음을 과학적 진리라 여기고, 자신들의 믿음에 맞지 않는 것은 무조건 진실일 수 없다고 배격한다. 이들은 '현대적 미신'에 사로잡혔다고 해야 할 것이다. 미지의 영역에 대한 또 다른 기본적인 적은 너무 열정적으로 쉽게 믿는 태도다. 이런 태도에 빠진 이들은 유령이나 기이한 현상에 관한 이야기를 두 팔 벌려 끌어안을 뿐, 충분한 주의를 기울여 사실 여부를 확인해 보려고 하지 않는다. 지나치게 열광적인 이런 부류의 맹신자들은 흥미로운 이야기의 신뢰성을 파괴적 회의주의자만큼이나 해친다. 이들은 '고대적 미신'에 사로잡힌 사람들이라고 해야 할 것이다. 이런 사람들은 귀가 얇아 가짜 뉴스에 쉽게 속아 흥분한다. 우리는 현대적 미신이든 고대적 미신이든 미신에서 벗어나야 한다. 어떻게 두 가지 미신에서 벗어날 수 있을까? 그것은 호의적 회의주의를 택하는 것이다. 이것은 새로운 사실에 대해 무조건 믿기보다는 회의적으로 접근하지만 그것을 일방적으로 배격하지는 않고 열린 마음으로 그 가능성을 받아들이는 태도, 그러면서도 그것을 철저히 검토하는 태도라고 할 수 있다. 이것이야말로 현대인이 취할 올바른 태도다.

이제 생사관에 대한 설명을 마치면서 참고로 각 종교가 그리는 사후 세계를 다음과 같이 정리해 두겠다.

> 첫째, 신의 심판에 따라 천국이나 지옥 중 어느 한 곳에 가는 것. 기독교와 이슬람교의 사후 세계가 여기에 해당한다.
> 둘째, 죽은 자의 영혼이 저 세상 어딘가에 존재하고, 이 세상에서 일어나는 일에 때때로 영향을 미치는 것. 샤머니즘의 사후 세계가 여기에 해당한다.
> 셋째, 상주불멸의 영혼이 윤회의 주체로서 깨달음을 얻기 전까지 계속 육체를 바꿔 가며 윤회전생(輪廻轉生)을 계속하는 것. 힌두교의 아트만(ātman)이 대표적이다. 고대 그리스인과 초기 기독교도의 윤회관도 여기에 해당한다고 말할 수 있다.
> 넷째, 불교의 무아 윤회.

불교도 윤회를 설하고 믿지만 불교의 윤회는 다른 종교의 윤회와는 근본적으로 다르다. 무아 윤회(無我輪廻)이기 때문이다. '무아(無我, anātman)'는 우리가 '나'라고 부르는 것에 아무런 실체(實體, substance)가 없다는 뜻이다. '나'에 실체가 없기 때문에 윤회의 주체가 있을 수 없다. 여기에서 많은 오해가 생긴다. '나'라는 것의 실체가 없는데 도대체 누가 윤회를 한다는 말인가? 윤회를 한들 미래에 태어나는 자는 지금의 '나'

가 아닌데 그 자가 태어나서 무엇을 하든 그것이 '나'와 무슨 상관이란 말인가? 이러한 물음은 우리의 사물 인식 방식으로 볼 때 참으로 논리적으로 타당한 것처럼 들린다. 그러나 이것은 불교에서 말하는 무아와 중도의 이치를 제대로 이해하지 못한 데서 오는 물음이다. 불교의 무아 윤회에 대해서는 20강과 21강, 그리고 24강에서 상세히 살펴볼 것이다.

죽음이란 무엇인가에 대한 논의는 이것으로 그치고, 이제는 생사관에 따른 삶의 태도에 대해 살펴보도록 하자.

3. 생사관에 따른 삶의 태도

1) 일회적 삶을 믿을 때

육체의 죽음으로써 모든 것이 끝난다면, 대부분의 사람들은 살아남는 것을 최고의 가치로 여기고 다섯 가지 감각 기관(눈·귀·코·혀·몸)을 만족시키는 것을 삶의 보람으로 여길 것이다. 그것이 생명체의 본능이다. 오욕락(五欲樂)을 만족시키기 위해 사람들은 재물과 권력과 명예를 추구할 것이다. 다른 동물들도 형태가 다르지만 재물과 권력을 위해 목숨을 걸고 싸운다. 부와 권력을 추구하는 삶이 어떤지는 보통 사람들도 탄자니아(Tanzania)의 세렝게티 국립공원(Serengeti National Park)을 보면 쉽게 확인할 수 있다. 무리 생활을 하는 포유동물들(침팬지, 고릴라, 사자, 코끼리, 산양, 버팔로, 들개, 하이에나 등)은 모두 서열이 있다. 먹이를 먹는 순서를 어떻게 할지, 누가 좋은 부위를 먹을지, 누가 좋은 자리에서 먹을지는 모두 서열에 의해 정해진다. 또 이 동물들은 그 서열을 뒤바꾸는 쿠데타를 일으키기도 한다. 살아남고 좋은 것을 차지하기 위해서 동물들은 거짓말도 하고 속임수도 잘 쓴다. 사실 거짓말과 속임수는 생명체의 특징이기도 하다. 생명체가 아니라고 하는 바이러스마저도 속임수를 쓴다. 사람도 여기에서 예외가 아니다. 이렇게 하는 것은 삶이 일회적이라고 믿기 때문이다. 그러나 삶을 일회성으로 보지 않고 사후 세계가 있다고 생각한다면 사람들의 태도는 크게 달라질 것이다. 나에게 일어나는 모든 일이 인과로 연결되어 있다는 사실을 깨닫고 나면 삶의 자세가 달라질 것이다. 이는 임사 체험을 연구하거나 죽음을 강의한 이들이 한결같이 말하는 바이다.

2) 임사 체험자들의 태도

임사 체험(臨死體驗, Near-Death Experience, NDE)은 의학적으로 사망 선고를 받았다가 살아난 사람들이 죽음 직전에 체험한 내용이다. 임사 체험에 대해 연구해 온 의사나 과학자들은 한결같이 임사 체험이 환자들에게 주는 심리적 치료 효과가 상당하다고 말한다. 하나의 예로서 임사 체험 연구의 권위자인 미국 코네티컷 대학교(University of Connecticut) 심리학과 명예 교수 케네스 링(Kenneth Ring, 1935-)이 전하는 내용을 전하겠다.

크레이그(Craig)는 링 교수가 임사 체험에 대해 강의할 때 수강한 학생이었다. 강의를 듣기 10년 전쯤 래프팅(rafting)을 하다가 죽음을 체험했던 그는 자신의 경험을 학생들 앞에서 이야기하고 링 교수에게 보고서를 제출했다. 자세한 내용은 링 교수가 쓴 책[6]에 있는데, 그 내용을 요약하면 대략 이렇다. 그는 주마등처럼 나타난 자신의 과거를 짧은 시간 내에 다시 경험했으며, 깜깜한 터널을 통과하여 빛을 만나, 그 빛과 하나가 된 느낌이 들었다고 한다. 그때 그는 잠시 동안이지만 전지(全知)를

---

[6] Kenneth Ring, *Lessons from the Light*, Moment Point Press, 2006, pp.11-17.

느끼고 세상 모든 것에는 의미가 있다는 것을 알았다고 한다. 뿐만 아니라 세상 모든 것은 조화 속에 있었고, 자신이 그 어느 때보다 의식이 명료함을 느꼈다고 한다. 그리고 완전한 사랑과 이해 속에 있다는 느낌이 들었다고 한다. 의식을 잃은 상태에서 이런 체험을 하고 깨어난 후, 그의 인생관은 크게 바뀌었다고 한다. 더 이상 죽음을 두려워하지 않게 되었고, 삶에서 사랑이 제일 중요하다는 것을 깨달았다는 것이다.

실제로 임사 체험을 경험한 환자들은 이전보다 삶에 대해 관용적이거나 포용적인 태도를 취하며 정신적 안정을 얻는 경우가 많다. 죽음과 사후 세계 등의 경이로운 경험을 통해 삶에 대한 초월적 태도를 취하게 된다는 분석이다.

2007년 7월 『미국 신장병 학회지(*American Journal of Kidney Disease, AJKD*)』에도 2001년 1월부터 이듬해 12월까지 대만에서 투석을 받은 환자 710명을 상대로 연구 조사를 했는데, 이들 중 45명이 임사 체험을 경험했다고 한다. 체험자들은 타인에게 더 친절하고, 동기 부여가 잘 되는 삶을 살고 있다고 보고했다.

여기서는 링 교수가 전하는 한 가지 예를 살펴보았지만 삶을 일회적으로 보는 사람들과 사후 세계가 있다고 믿는 사람들 사이에는 삶을 바라보는 자세에 큰 차이가 있다는 보고가 많이 있다. 이것이 우리가 죽음이 무엇인지에 대해 살펴보아야 하는 이유다. 이제 2강에서는 임사 체험이 구체적으로 무엇인지 알아보자.

2강

임사 체험 연구의 역사와 특수성

예비적 고찰

이번 2강에서는 임사 체험에 대해 알아볼 것이다. 임사 체험이란 삶과 죽음의 일상적 과정 중 삶과 죽음의 경계에서 체험자가 경험하는 내용이다.

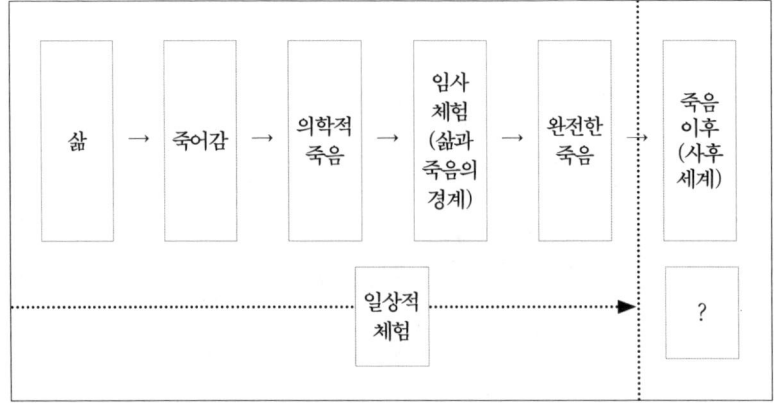

임사 체험과 유사한 개념이나 그에 대한 연구는 일찍부터 있었다. 하지만 죽음에 임박했거나 임상적으로 죽었다고 판정 받은 후 다시 살아난 사람들의 체험이 사람들의 주목을 받게 된 것은 1969년 스위스 출신의 미국 정신과 의사(psychiatrist)인 엘리자베스 퀴블러-로스(Elisabeth Kübler-Ross, 1926-2004) 박사가 『죽음과 죽어감(On Death and Dying)』[7]이라는 제목의 책을 출판하면서부터라고 볼 수 있을 것이다. 이 책에서 그녀는 죽어 가는 환자들을 보살피면서 왜 잘 죽는 것(well dying)이 필요한지 설득력 있게 설명한다.

퀴블러-로스 박사의 연구 이후 죽음을 경험한 사람들의 체험이 본격적으로 사람들의 관심과 주목을 받게 된 것은 정신과 의사 레이먼드 무디(Raymond A. Moody Jr., 1944-) 박사가 『다시 산다는 것(Life After Life)』[8]이라는 제목의 책을 출판하면서부터라고 볼 수 있다. 퀴블러-로스 박사가 추천의 말을 쓴 이 책은 1,300만 부가 팔릴 정도로 사람들의 관심을 불러 일으켰다. '임사 체험(Near-Death Experience, NDE)'이라는 용어도 무디 박사가 1975년에 처음으로 도입한 것이다.

임사 체험은 흔히 경험할 수 있는 것이 아니다. 그래서 임사 체험에 관한 이야기는 쉽게 믿기 어렵고 과학적으로 검증하기도 어렵다. 이 문제에 관해서는 학자들도 두 그룹으로 나누어진다. 한쪽은 자신들의 연구 결과를 바탕으로 임사 체험자들이 말하는 사후생의 가능성을 인정한다. 반면에 다른 쪽은 체험자들이 말하는 내용은 체험자들의 착각이나, 아니면 관련된 의사들의 실수에서 일어난 착오일 뿐 일고의 가치도 없

---

[7] 엘리자베스 퀴블러-로스 지음, 이진 옮김, 『죽음과 임종에 관하여』, 청미, 2018.
[8] 이 책은 우리나라에서 여러 가지 서로 다른 제목으로 출판되었다. 『다시 산다는 것』, 『삶 이후의 삶』, 『잠깐 보고 온 사후 세계』, 『죽음, 이토록 눈부시고 황홀한』이다. 네 책 모두 같은 내용이다.

다고 부정한다. 전문가들의 의견이 양쪽으로 나뉜 이상 임사 체험에 관해 우리가 무엇인가를 알고자 하면 양쪽의 주장을 들어 보고 그 진위를 우리가 판단하는 수밖에 없다. 어느 한쪽의 입장에서 설명하는 책이나 강의만을 접하고 그것을 액면 그대로 받아들이면 그 앎은 하나의 편견일 뿐 참된 앎이라고 할 수 없기 때문이다. 이런 사정이라면 임사 체험에 대해 사람들이 본격적으로 관심을 갖게 만든 무디 박사에 대해 알아보고 그가 하는 말을 들어 보는 것이 임사 체험 연구의 특수성을 이해하고 학자들의 주장을 판단하는 데 도움이 될 것이다.

1. 레이먼드 무디 박사에 대하여

레이먼드 무디 박사는 버지니아 대학에서 철학 박사 학위를 받고 노스캐럴라이나 동부의 한 대학에서 3년간 철학을 강의하다가 의대에 재입학하여 정신과 의사가 된, 경력이 독특한 사람이다. 그가 근무하던 병원에서는 몇 년에 한 번씩 의학적으로 완전히 사망 진단을 받았다가 다시 깨어나는 사람이 나왔다. 그런데 무디 박사는 죽어 있던 동안 그들이 했던 체험이 비슷한 것을 알게 되었다. 이를 계기로 무디 박사는 동료 의사와 친지들에게 수소문하여 죽음을 경험했다고 하는 사례를 150건 정도 수집했다. 그는 임사 체험자들을 일일이 인터뷰하고 그 자료를 분석하여『다시 산다는 것』이라는 제목의 책을 출판했다.

 엘리자베스 퀴블러-로스 박사는 이 책의 추천사에서 "이 책은 열린 마음을 가진 이들에게 새로운 세계로 들어가는 문을 열어 주어, 새 영역을 탐구하는 데 희망과 용기를 줄 것이다. 누구나 스스로 추구해 가다 보면 언젠가 그의 연구가 옳다는 사실을 알게 될 것이다."라고 말했으며, 미국의 대표적인 성공학 강사로서 47개국에서 5억 부가 팔린 책 『영혼을 위한 닭고기 스프』의 공동 저자인 잭 캔필드(Jack Canfield, 1944-)는 "내 인생의 항로마저 바꾼 책. 30년 넘게 내 인생을 이끌어 온 이 책 덕분에 내 삶의 여정은 축복으로 넘쳐나게 되었다."라고 말했고, 그 밖에도 이 책을 긍정적으로 보는 의사나 학자들이 많이 있다.

무디 박사의 연구는 임사 체험을 지지하는 사람들로부터는 지지를 받지만, 임사 체험이나 초심리 현상(transpersonal psychological phenomena)을 인정하지 않는 사람들로부터는 비판을 받는다. 연구 방법이 미숙했고, 환각과 실제 경험을 구별해 낼 수 있는 과학적 방법을 몰랐기 때문에, 그가 말하는 사후 세계의 증거는 논리적으로나 경험적으로나 모두 결함이 있다는 것이 그 이유다. 뇌·신경 과학자들 대부분이 사후 세계를 부정하고 있으니, 여러 비판자의 의견을 다 살펴볼 필요는 없을 것이다. 30년간 임사 체험과 영적 경험을 파헤친 켄터키 대학(University of Kentucky)의 신경 과학자 케빈 넬슨(Kevin Nelson) 교수의 의견만 소개하겠다. 넬슨 교수는 레이먼드 무디의 책에 대해서 이렇게 평한다. "2003년 일요일 아침, 나는 정신과 의사 레이먼드 무디가 1975년에 출판한 『다시 산다는 것』을 꼼꼼히 읽고 있었다. 그 책의 사례 연구는 임사 체험을 통해 천국이나 신, 기타 우리의 물리적 삶의 바탕에 깔린 영적 체험을 어렴풋이 보았다고 느끼는 사람들에 집중되어 있었다. 나는 무디가 제시하는 의학적 사실의 빈약함에 놀라고 실망했다."[9] 이어서 넬슨 교수는 임사 체험은 죽어 가는 사람의 두뇌 활동으로 설명할 수 있다고 주장한다.

---

[9] 케빈 넬슨 지음, 전대호 옮김, 『뇌의 가장 깊숙한 곳』, 해나무, 2013, p.17.

이들의 비난은 근거가 없는 것이 아니다. 무디 박사는 스스로 이들이 지적한 그런 태도로 자료를 수집한 것이라고 그의 책 서문에서 밝히고 있다. "이것은 필자가 직접 경험한 내용을 쓴 것이 아니다. 이런 이유로 전적으로 객관적이라고 할 수 없다. 그리고 필자의 감정이 개입되어 있기 때문이다. … 필자는 과학으로 설명하기 힘든 신비한 현상에 관한 문헌을 폭넓게 섭렵한 후 이 책을 쓴 것도 아니다. … 한 가지 미리 밝혀 둘 것은 필자가 사후 삶의 존재를 입증하려는 것이 아니라는 점이다."

　　무디 박사는 자신이 수집한 사례를 세 가지 범주로 나눈다. 첫째는 담당 의사가 임상적으로 사망한 것으로 간주, 판정 혹은 선언한 이후 소생한 사람의 경험이다. 둘째는 사고나 심각한 부상 과정에서 육체의 죽음에 매우 가까이 가 본 사람들의 경험이다. 셋째는 다른 사람들이 자신이 들었던 임사 체험을 무디 박사에게 들려준 것이다. 무디 박사는 세 번째 유형의 사례는 제외하고 연구 사례로 써도 좋다고 허락한 체험자 50여 명과 상세한 면담을 했다. 그리고 상황과 사람에 따라 모두 다르지만 이들의 체험에는 어떤 공통점이 있음을 발견했다. 무디 박사가 발견했다고 하는 공통점은 15가지 정도인데, 다른 여러 사람들의 연구까지 참고하여 우리가 주목할 만한 중요한 현상은 크게 두 가지다. 그것은 '죽음 이후의 삶'을 경험하거나 유체 이탈이 따르는 체험이다.

2. 임사 체험 연구 자료의 특성

과학적 연구가 아니라는 비난을 받을 이유가 충분히 있음에도 불구하고 이 강의에서 레이먼드 무디 박사의 연구에 관해 이야기하는 이유는 무엇일까? 그것은 무디 박사의 연구 자료가 임사 체험에 대해 사람들의 관심을 그게 불러 일으켰기 때문이기도 하지만 무엇보다도 임사 체험 연구의 기본 자료는 누가 수집한 것이든 무디 박사가 수집한 자료와 본질적으로 다르지 않기 때문이다. 책이나 강의를 통해 임사 체험에 관해 들을 기회가 많이 있다. 그러나 임사 체험 연구에 사용되는 기본 자료의 특성을 모른다면 임사 체험을 무비판적으로 받아들이거나 무조건 부정하게 될 가능성이 있다. 이런 이유로 임사 체험의 기본 자료가 갖는 성격에 대해 알 필요가 있다. 그리고 또 구체적인 사례를 접할 때는 이를 어떻게 판단해야 하는지에 대해 생각해 보고 학자들의 평을 참고해야 한다. 우리 스스로 과학자가 되어야 한다는 뜻이다. 임사 체험은 주관적인 체험이기 때문에 그 체험의 내용을 객관적으로 확인할 수 있는 방법은 없고 오직 환자의 진술을 통해 알 수 있을 뿐이다. 임사 체험이라고 하면 사후 생과 유체 이탈의 경험 때문에 사이비 과학이나 미신을 떠올리는 사람들이 있지만, 임사 체험 자체는 과학계에서 인정하고 받아들일 수밖에 없는 현상이다. 체험자(주로 환자)가 유체 이탈을 경험했다고 하면 그가 경험한 것이고, 사후 세계에 다녀왔다고 하면 적어도 다녀온 것이다. 물론 체험자가 체험의 일부를 지어내거나 과장하는 경우는 있을 수 있다. 그래도 연구자는 일단 그 체험의 내용을 믿는 수밖에 없다. 일단 믿은 다음 진실과 거짓을 찾아내야 한다. 그런데 앞서 말한 대로 전문 연구자들 사이에서 견해가 둘로 나뉘기 때문에 우리 스스로 양쪽 진영의 주장을 들어 보고 과학적인 판단 또는 합리적인 판단을 해야 한다. 구체적인 사례를 들어 볼 차례지만, 그 전에 사후생과 유체 이탈의 내용을 아래와 같이 간단히 정리해 두겠다.

3. 사후생과 유체 이탈

임사 체험의 특징은 여러 가지가 있지만 학자들 사이에서 특별히 논란이 되는 것은 유체 이탈과 사후 세계의 체험에 대한 이야기다. 임사 체험을 체험자의 착각이나 환상이라고 주장하는 사람들도 체험 자체를 부정하는 것은 아니다. 체험은 체험자가 겪었다고 하는 것이니 그런 체험이 실제로 있었음을 인정할 수밖에 없다. 다만 여기서 한 번 더 강조하고 싶은 것은 그 체험을 분석하는 것은 과학자들의 몫이고, 그들이 제시하는 분석이 얼마나 타당한지를 판단하는 것은 우리 자신의 몫이라는 사실이다. 임사 체험에 나타나는 대표적인 두 가지 특징에 대해 살펴보자.

첫 번째 특징은 사후생(死後生)이다. 많은 임사 체험자들이 의학적 죽음을 판정 받은 뒤 저승에서 터널을 통과하고 빛을 보았다고 한다. 어떤 이는 오래전에 세상을 떠나 자신은 본 적이 없는 조상을 만났다고 하고, 어떤 이는 자신의 과거 전체가 주마등처럼 지나가는 것을 보았다고 한다. 대표적인 사람으로 심리학자 칼 융(Carl Gustav Jung, 1875-1961)을 꼽을 수 있는데, 칼 융은 1944년에 골절을 입고 심장 마비가 왔을 때 임사 체험을 하고 다음과 같은 말을 했다.

> "그것은 마치 내가 지금껏 경험하거나 했던 모든 것, 나를 중심으로 일어났던 모든 것들을 내가 지니고 다니는 것 같았다. 또 이렇게 말할 수 있을 것이다. 그것은 나와 함께 있었고, 내가 그것이다. 말하자면 나는 그 모든 것으로 구성되어 있다. 나는 내 역사로 구성되었다고 확실하게 느꼈다. 이것이야말로 나다. 나는 일어난 모든 것의 집합체다."[10]

---

[10] Carl G. Jung, Aniela Jaffe, et al., *Memories, Dreams, Reflections*, Vintage, 1973, p.291.

많은 임사 체험자들이, 사실 거의 대부분이 칼 융과 같은 체험을 했다고 말한다.

두 번째 특징은 유체 이탈이다. 임사 체험자들 중에는 자신의 의식이 몸과 분리되었음을 느꼈다고 하는 사람도 있고, 자신의 몸을 떠나 멀리 어딘가로 가서 그곳에서 일어난 일을 보았다고 하는 사람도 있다. 유체 이탈은 체험자가 자신의 의식과 몸이 분리되었음을 느끼는 현상인데, 임사 체험에서뿐만 아니라 등반 시 추락할 때나 비행기 조종 시 가속도의 변화가 급격히 커질 경우에도 경험할 수 있는 현상으로 보고되어 있다. 특히 유체 이탈을 동반한 임사 체험은 어쩌면 전생 연구를 위해 꼭 거쳐야 할 과정 중 하나일지도 모른다. 이제 임사 체험 사례들 중 대조적인 것 둘을 살펴보고 임사 체험의 의미를 생각해 보자.

4. 대조적인 임사 체험 사례

앞서 1강에서 임사 체험을 하고 삶의 자세가 달라진, 심리학자 케네스 링의 학생 크레이그(Craig)의 체험을 소개했다. 이번에는 두뇌의 작용으로 설명할 수 있는 임사 체험 사례와 두뇌의 작용만으로는 설명할 수 없는 임사 체험 사례를 살펴보자.

1) 영화배우 샤론 스톤의 체험

영화 「원초적 본능」으로 잘 알려진 미국 여배우 샤론 스톤(Sharon Yvonne Stone, 1958-)은 2021년 『두 번 사는 것의 아름다움(The Beauty of Living Twice)』이라는 자서전을 출간했다. 이 책에서 그녀는 2001년에 자신이 임사 체험을 했다고 말한다.[11] 요약하자면 대략 이런 내용이다. 병원에 가기 전에 출혈이 있어 병원에 갔는데, 전해 들은 말에 의하면 그녀는 병원에 도착했을 때 의식을 잃었다고 한다. 그런데 의식을 잃은 상태에서 그녀는 자신이 응급실에 누워 있고, 의사 한 명이 자신을 불쌍하게 쳐다보는 것을 느꼈다고 한다. 그리고 이 의사가 하는 말을 들었는데, 뇌출혈 증세가 있어 신경외과 전문 병원으로 이송해야 한다는 것이었다고 한다. 얼마 후 그녀는 하늘 위로 날아가 빛으로 된 터널을 지난 후 어딘가로 갔는데, 거기서 이제는 죽고 없는 사람들을 여럿 보았다고 한다.

샤론 스톤에 의하면 당시 의료진은 뇌출혈이 있다는 것은 알았지만 정확히 어느 위치에 출혈이 있는지는 확인하지 못하고 있었다. 그래서 수술을 못 하고 계속 비몽사몽과 같은 시간을 보낸 것이었다. 그녀의 이야기는 계속 이렇게 이어진다. 하루는 눈을 떴는데, 30년 전 세상을 떠난 할머니가 그녀의 침대 발치에 서 있었다고 한다. 할머니는 그녀에게 의사들이 지금 그녀에게 무슨 문제가 있는지 알아내려고 애를 쓰고 있는데, 어떤 일이 있어도 목을 움직이면 안 된다고 말하고는 사라졌다고 한다.[12]

샤론 스톤은 할머니의 말을 듣고 목을 최대한 움직이지 않으려 했다고 한다. 얼마 후 또 한 차례의 혈관 촬영 검사가 진행되었고, 오른쪽 추골 동맥 쪽에서 피가 흘러 뇌와 척추로 흐르고 있다는 사실을 알게 되었다. 뇌출혈 발생 9일째가 되어서야 정확한 출혈 위치를 찾아낸 것이었다. 그녀는 목을 심하게 움직였다면 위험한 상황이 생겼을 수 있었다고 한다. 샤론 스톤은 그녀의 책에서 '생존 확률이 1%가 되지 않았으나 수

---

[11] Sharon Stone, *The Beauty of Living Twice*, A&U, 2021, p.3.

[12] Sharon Stone, *The Beauty of Living Twice*, A&U, 2021, p.18.

술이 성공적으로 끝났다.'고 회고하며, '두 번 사는 것의 매력'을 느낀 순간들을 소개했다.

샤론 스톤의 임사 체험에서 빛과 터널을 보고 죽은 사람들을 보는 것 등은 임사 체험의 많은 사례에서 보이는 전형적인 예다. 뇌·신경 과학자들은 이러한 체험이 두뇌의 작용에 의해 만들어지는 것이라고 설명한다. 사실 임사 체험의 사례를 살펴보면 샤론 스톤의 임사 체험과 비슷한 꿈을 꾸는 사람도 있다. 따라서 뇌·신경 과학자들의 설명을 반박하기 어렵다. 돌아가신 할머니가 목을 움직이지 말라고 충고를 해 준 것도 특별하다고 할 수는 없다. 그런 꿈을 꾸는 사람도 있고 꼭 그 꿈 때문에 자신이 살 수 있었다고 생각하는 것은 샤론 스톤의 자의적인 해석일 수도 있다. 그러면 신경 과학자들이 설명하기 어려운 임사 체험은 없을까? 다른 예를 살펴보자.

2) 브루스 그레이슨 교수의 증언

브루스 그레이슨(Bruce Greyson, 1946-) 박사는 버지니아 의대 정신의학과 명예 교수다. 미국 정신의학회의 석학 회원(Distinguished Life Fellow)인 그는 '국제 임사 체험 연구 협회(International Association for Near-Death Studies)'의 공동 설립자로서 이 협회의 회장을 역임했으며, 『임사 체험 연구 저널(Journal of Near-Death Studies)』의 편집자였다. 또한 달라이 라마의 초청을 받아 서구 과학자들과 티베트 불교 승려들 사이의 대화에 참석하기도 했다. 그가 임사 체험 연구자가 된 계기는 의과 대학을 졸업한 지 얼마 되지 않았을 때, 응급실에서 의식을 잃은 환자가 전한 임사 체험 이야기에 충격을 받았기 때문이었다. 그가 환자의 임사 체험 이야기를 들은 때는 임사 체험이라는 용어가 알려지기 몇 년 전이었다. 그레이슨 교수는 그의 책 『애프터 라이프』[13]의 머리말에서 그를 충격에 빠트렸던 한 사건에 대한 이야기를 시작한다.

> "50년 전 자살을 시도했다 깨어난 지 얼마 되지 않은 여성이 내게 한 말은 뇌와 정신 그리고 인간에 대해 그때까지 갖고 있던 생각을 완전히 뒤흔들어 놓았다."

그의 이야기는 다음과 같다. 그날 브루스 그레이슨은 포크로 스파게티를 입에 넣으려고 하다가 호출기가 울리는 바람에 포크를 떨어뜨렸다. 포크가 떨어지면서 스파게티 소스 한 방울이 넥타이에 묻었다. 그레이슨은 넥타이에 묻은 스파게티 소스를 젖은 냅킨으로 닦는데, 색은 옅어졌지만 얼룩 크기는 더 커졌다. 호출기에 찍힌 번호로 연락을 하고 응급실로 갔더니 약물을 과다 복용해서 온 환자가 있었다. 환자는 홀리(Holly)라는 대학 신입생이었다. 간호사와 인턴 기록을 보니 홀리의 상태는 안정적이었지만 깨어나지는 못했다.

그레이슨이 홀리의 팔에 가만히 손을 얹고 이름을 불렀으나 그녀는 대답하지 않았다. 간병인에게 그녀가 눈을 뜨거나 말하는 것을 보았는지 물었더니 간병인은 고개를 저었다. "내내 의식이 돌아오지 않았어요."

그 말을 듣고 그레이슨은 복도 끝의 보호자 휴게실로 갔다. 검사실과 달리 휴게실에는 편안한 의자와 소파가 있었다. 그가 휴게실에 들어갔을 때, 휴게실에는 홀리의 룸메이트 수전이 서성거리고 있었다. 수전은 소파의 한쪽 끝에 앉았고, 그레이슨은 그녀 옆에 있는 의자를 끌어당기고 선풍기를 가까이 옮긴 후 수전과 대화를 나눴다. 하룻밤을 지내고

---

[13] 브루스 그레이슨 지음, 이선주 옮김, 『애프터 라이프』, 현대지성, 2023.

다음날 아침에 _그_가 중환자실에 들렀더니 간호사가 "홀리는 방금 깨어났어요. 선생님과 이야기를 나눌 수는 있지만 아직 상당히 졸린 상태예요."라고 말했다. 그 말을 듣고 그레이슨은 홀리의 병실로 가서 열린 문의 기둥을 노크하고, 살며시 그녀의 이름을 불렀다. 간호사가 홀리에게 "홀리, 의사 그레이슨이에요. 정신과에서 왔어요."라고 말하자 홀리가 중얼거렸다. "나는 선생님이 누구인지 알아요. 지난밤에 본 기억이 나요."

그레이슨은 잠시 말을 멈추고 전날 밤에 홀리를 보았던 기억을 떠올렸다. 홀리가 그를 볼 수 있는 상황이 아니었다. "전날 밤에 당신은 응급실에 잠들어 있었잖아요. 나를 볼 수 있는 상태는 아니었던 것 같은데요." 그러자 홀리는 눈을 감은 채 나직하게 중얼거렸다. "내가 있던 병실에서 본 게 아니에요. 당신이 소파에 앉아 있던 수전과 이야기하는 것을 보았어요."

그 말에 그레이슨은 놀랐다. 홀리가 복도 끝 휴게실에 있던 그레이슨과 수전을 보거나 그들이 하는 말을 들을 수는 없었다. "지난밤에 수전과 내가 이야기를 나누었다고 누가 말해 줬나요?" "아니에요. 나는 당신을 보았어요. 선생님은 붉은 얼룩이 묻은 줄무늬 넥타이를 매고 있었어요." 그레이슨은 제대로 들은 것인지 의심스러워 아주 천천히 몸을 앞으로 숙이면서 말했다. "뭐라고요?" 그러자 홀리는 그레이슨과 수전이 나눈 대화, 그레이슨이 한 질문 모두와 수전의 대답을 그대로 들려줬다. 수전이 서성거리고 그레이슨이 선풍기를 옮겨 놓은 일까지 하나도 틀리지 않고 말했다. 그레이슨의 말에 의하면 목 뒤의 머리카락이 쭈뼛 서고 소름이 돋았다고 한다. 홀리가 그 모든 것을 알 수는 없는 일이었다. 누구 다른 사람이 듣고 알려 줄 수도 없었다. 그날 그 시간 휴게실에는 수전과 그레이슨밖에 없었다. 그런데 홀리는 알았다. 어떻게 알았을까?

이 일을 믿지 못한다면 우리가 생각할 수 있는 해석이 한 가지 있기는 있다. 그레이슨 교수가 거짓말을 했다고 가정하는 것이다. 그러나 그렇게 가정하는 것은 무리다. 그는 정신과 의사로서 편히 지낼 수 있는 정상적인 연구 분야를 얼마든지 선택할 수 있었다. 그럼에도 불구하고 그는 동료들이 믿어 주지도 않는 임사 체험으로 전공을 바꾸어 수십 년 동안 그 분야의 연구에 종사했다. 홀리의 일이 거짓이었다면 그의 이러한 선택을 설명하기 어렵다. 주류 학계에서는 몸을 떠나서도 활동하는 의식의 존재를 믿지 않는다. 하지만 임사 체험 연구자가 계속 존재하는 것은 그레이슨 교수와 비슷한 체험을 한 사람들이 계속 나오기 때문이다.

　샤론 스톤의 임사 체험에 대해서는 여러 가지 해석이 가능할 것이다. 두뇌를 떠나 활동하는 의식이 있을 수 없다고 생각하는 사람들은 그녀가 착각을 했거나 환상을 보았다고 설명할 수도 있다. 그러나 그레이슨 교수의 체험은 다르다. 그레이슨 교수는 의사로서 뇌의 활동과 죽음의 의미에 대해 누구보다도 더 잘 아는 사람이다. 그런데 그의 지식과 상식으로 어떻게 그가 겪은 일에 대해 합리적으로 설명할 수 있겠는가? 홀리의 일이 어떻게 착각이나 환상일 수 있겠는가? 그렇다면 죽음의 의미를 다시 생각해 보고 임사 체험을 본격적으로 검토해 볼 필요가 있다. 2강을 끝맺으면서 한마디 덧붙일 것이 있다. 이븐 알렉산더(Eben Alexander, 1953-) 박사에 관한 이야기다.

3) 이븐 알렉산더 박사의 체험

2012년 이후 임사 체험에 관한 이야기 중 가장 유명한 것은 이븐 알렉산더 박사의 이야기일 것이다. 알렉산더 박사 자신이 밝힌 바에 의하면 그는 불치병에 걸려 뇌사 상태에 빠졌다가 죽은 지 7일 만에 다시 살아났다. 죽음을 경험하기 전 알렉산더 박사는 사후생은 뇌가 만든 환상이나 착각이라고 생각했다. 그러나 그 자신이 다시 살아난 후로는 죽음 이후의 삶에 대한 생각을 완전히 바꾸어 사후의 세계가 현실적으로 존재하는 세계라고 믿게 되었다. 알렉산더 박사는 그의 경험과 생각을 『천국의 증거(Proof of Heaven)』라는 제목의 책으로 2012년 출간했는데, 우리나라에서는 『나는 천국을 보았다』라는 제목으로 출간되었다. 이 책은 아마존에서 장기 베스트셀러가 될 정도로 사람들의 관심을 끌었다.

알렉산더 박사는 첫 번째 책이 성공한 후 이에 힘입어 두 번째 책도 출판했는데, 이 두 번째 책도 베스트셀러였다. 두 번째 책 역시 『나는 천국을 보았다 두 번째 이야기』라는 제목으로 번역되었다. 첫 번째 책에서는 의학적으로 죽은 상태에서 자신이 사후 세계를 경험한 이야기를 하고, 두 번째 책에서는 뇌가 없이도 의식이 활동할 수 있다는 사실을 세상에 전하기 위해 고대와 현대에 걸쳐 여러 철학자들과 과학자들의 생각을 소개한다.

알렉산더 박사의 임사 체험은 전형적인 임사 체험 이야기로서, 본질적으로 샤론 스톤의 체험처럼 두뇌의 작용으로 설명해도 무리가 없다. 문제는 그가 정말 두뇌의 활동이 완전히 정지된 뇌사 상태에서 그런 체험을 했느냐는 것이다. 주류 학계에서는 혼수상태에서 일어난 일을 뇌사 상태에서 일어난 일로 착각했다고 비난했다.

과학적 회의주의자를 위한 잡지인 『스켑틱(Skeptic)』의 발행인 마이클 셔머(Michael Shermer, 1954-)는 그의 책 『천국의 발명(Heavens on Earth)』에서 알렉산더 박사의 일을 상세하게 설명하고 있다. 셔머는 사이비 과학을 타파하기 위해 잡지 『스켑틱』을 발간했고, 『천국의 발명』을 출판했다고 한다. 그는 TV 강연이나 토론장에서 알렉산더 박사를 몇 번 만나 이야기를 나누었다고 한다. 『천국의 발명』에서 셔머는 다음과 같은 말을 전한다.

그날 담당의였던 로라 포터(Laura Porter)의 말에 따르면, 알렉산더 박사가 응급실에 실려 왔던 것은 맞지만, 약을 강하게 쓰는 동안 그가 살아 있게 하기 위해 그녀가 일부러 알렉산더 박사를 혼수상태로 유도했다고 한다. 그의 뇌가 완전히 꺼져 있었던 것은 아니라는 것이다. 포터가 나중에 이런 문제를 제기하자, 알렉산더 박사는 자신의 경험담에 과장된 부분이 있기는 하지만 그것은 어디까지나 독자의 흥미를 돋우기 위한 것이었다고 말했다.[14]

그런데 위키백과는 다른 말을 전한다.[15] 위키백과에 의하면, 알렉산더 박사의 혼수는 마취에 의한 것이어서 완전한 무의식 상태라고는 할 수 없었다는 '폭로 기사'가 웹상에 게재되는 소동이 일어났지만, 알렉산더 박사의 담당 의사는 폭로 기사의 내용에 부정적이며, 실제로는 혼수 상태에서 일어나는 반사적인 발작을 의식이 있던 증거와 헷갈린 것이라고 지적했다는 것이다.

---

[14] 마이클 셔머 지음, 김성훈 옮김, 『천국의 발명』, 아르테, 2019, p.157.
[15] 이 문제와 관련해 위키백과에서 소개하는 주소는 다음과 같다.
http://www.dailygrail.com/Spirit/2013/8/Esquire-Expose-Proof-Heaven-Author-Eben-Alexander-Distorted-the-Facts-the-Case
http://iands.org/news/news/front-page-news/970-esquire-article-on-eben-alexander-distorts-the-facts.html

5. 맺는 말씀

앞서 임사 체험의 연구자는 체험자의 말을 일단 그대로 받아들이고, 그 진술을 바탕으로 체험 내용을 검증하는 방식으로 연구를 하는 수밖에 없다고 했다. 이런 입장을 고수한다면 일단 이븐 알렉산더 박사의 말을 액면 그대로 받아들이고, 그가 한 말의 내용을 검증하는 절차를 밟아야 할 것이다. 그런데 이번 경우에는 다른 증언이 있고, 이 다른 증언이 착각이라고 하는 또 다른 증언이 있다. 어떻게 판단해야 할까? 반대 증언이 있는 이상 알렉산더 박사의 말을 그대로 믿는 것을 유보해야 할 것이다. 그런데 마이클 셔머도 폭로 기사와 그것이 잘못되었다는 두 개의 기사 중 한쪽에 눈을 감았다. 그의 말도 그대로 믿기 힘들다.

이런 일이 일어나는 것은 임사 체험에서 말하는 사후 세계나 두뇌 없이 활동하는 의식은 우리의 일상적 경험에서 볼 때 있을 수 없는 일이라는 확고한 믿음으로 인해 성급하게 결론을 내리기 때문일 것이다. 그만큼 임사 체험 연구가 어려운 것이다.

우리는 직접 연구에 참여할 수도 없고, 연구 자료의 원본을 직접 볼 수 있는 입장에 있지도 않다. 전문가 집단 둘의 의견이 대척점에 있을 때 우리의 판단은 엄격할 수밖에 없고, 확률적으로 어느 쪽이 옳을 가능성이 큰지를 판별하는 것이 올바른 자세일 것이다. 알렉산더 박사의 경우에는 논란이 있는 이상 그가 주장하는 내용을 더 이상 참고하지 않아야 할 것이다. 이런 자세를 가지고 3강에서 또 다른 임사 체험 사례를 살펴보고 임사 체험이 의미하는 바가 무엇인지 판단해 보자.

3강

팸 레이놀즈의 임사 체험

예비적 고찰

레이먼드 무디 박사의 연구 이후, 임사 체험에 대한 연구와 임사 체험을 했다고 주장하는 사람들의 숫자는 급격히 늘어났다. 1995년에는 경험자가 1천300만 명이 넘는 것으로 조사되었다고 갤럽은 밝혔다. 전북대학교 이승채 명예 교수의 연구 논문에 의하면 미국 조사 대상 인구의 4% 내지 19% 정도가 임사 체험을 경험한 것으로 나타났다.[16] 의학계에 보고된 임사 체험자의 수는 1991년 전에만 해도 2만 5천이었다고 한다.[17] 이렇게 많은 임사 체험은 환자가 자신의 체험을 말하는 것이니 체험 자체를 부정할 수는 없다. 하지만 그 체험이 어떻게 일어날 수 있는지에 대한 설명은 여러 가지가 있을 수 있다. 체험자의 착각일 수도 있고,

---

[16] 이승채, 「임사체험의 특성과 시사점」, 『인문학논총』 vol.38, 2015, p.74.
[17] 엘리자베스 퀴블러-로스 지음, 최준식 옮김, 『사후생』, 대화출판사, 2020, p.83.

환상일 수도 있고, 두뇌의 어떤 특별한 작용일 수도 있다. 올바른 판단을 위해서는 먼저 임사 체험이 어떤 상태에서 어떻게 일어났는지에 대한 정확한 의료 기록이 있는 경우를 살펴볼 필요가 있다.

1. 팸 레이놀즈의 상태

팸 레이놀즈(Pamela Reynolds Lowery, 1956-2010)는 대중가요 가수 겸 작곡가다. 35세 때였던 1991년, 그녀는 뇌동맥류(aneurysm) 수술을 받아야 했다. 하지만 그녀의 고향인 애틀랜타에서는 수술을 할 수 없는 상태였다. 팸의 뇌의 바닥에 있는 주요 동맥 하나가 거대하게 부풀어 있었다. 그 동맥이 커지면 치명적인 뇌졸중이 일어날 상황이었다. 꼭 뇌졸중이 아니더라도 동맥류에 짓눌려 뇌가 손상될 지경이었다. 동맥류를 제거해야 했지만 그것이 워낙 커 통상적인 수술이 불가능했다. 그녀는 수술을 위해 애리조나주 피닉스에 있는 배로우 신경 연구소(Barrow Neurological Institute)로 옮겼다. 배로우 신경 연구소는 세계 최대의 신경병 임상 진료 병원이자 연구소이며, 가장 수준 높은 신경외과 훈련 센터이기도 한 곳이다.

그녀의 상태를 검진한 후 의료진은 그녀의 뇌 수술을 담당할 집도의로 세계적으로 이름 있는 신경외과 의사인 스페츨러(Robert F. Spetzler, 1944-) 박사를 선정했다. 스페츨러 박사는 뇌혈관 질병과 뇌종양 전문가로서, 크고 위험한 뇌동맥류를 다루는 것과 같은 어려운 수술에서 중요한 역할을 해 온 베테랑 의사였다. 논문 여러 편과 신경외과학 관련 교과서 여러 권을 쓴 그는 의학자이기도 했다. 뿐만 아니라 그는 '저체온 심정지(deep hypothermic circulatory arrest, DHCA)'라는 대담한 수술법을 개척한 사람이었다. 의료진은 팸의 수술로는 이 방법밖에 없다고 보고 스페츨러를 집도의로 선정한 것이었다.

팸의 뇌에서 피를 완전히 빼내고 나서 동맥을 수술하는 과정에는 매우 위험한 기술이 필요했다. 따라서 팸의 뇌를 일종의 가사 상태에 빠트려야 했다. 몸의 온도를 화씨 60도(섭씨 15.6 도)까지 낮추고 진정제를 다량 투여하여 뇌의 물질 대사를 중단시켜야 한다. 이것이 바로 스페츨러가 개발한 '저체온 심정지' 수술법으로, 심장 박동과 호흡을 완전히 정지시키는 방법이다. 그녀의 동맥류를 안전하게 제거할 가능성을 높이려면 이 방법밖에 없었다.

2. 수술 과정과 의료 기록

연구자들에 의하면 팸 레이놀즈의 임사 체험은 가장 상세한 의학적 기록이 남은 경우로서, 지금까지 보고된 임사 체험 중 가장 유명한 사례다. 이 유명한 임사 체험 이야기를 세상에 알린 사람은 담당의 스페츨러가 아니라 심장외과의 마이클 세이봄(Michael Sabom, 1944-) 박사다. 세이봄 박사는 레이놀즈의 의료 기록을 읽고 1998년 『빛과 죽음(Light and Death)』이라는 책[18]에서 이 이야기를 밝혔다. 이 책의 3장 'Death'에는 수술 과정을 비롯하여 임사 체험 이야기가 상세히 기술되어 있다. 2강에서 레이먼드 무디 박사의 임사 체험 사례 보고서인 『다시 산다는 것』을 과학적 소

---

[18] Michael Sabom, *Light and Death*, Zondervan, 1998. 이 책의 3장에 수술 과정을 비롯하여 임사 체험에 관한 이야기가 자세히 나와 있다.

양이 부족한 사람이 쓴 책이라고 평한 케빈 넬슨 교수도 팸의 사례에 대해서는 놀랍다고 하면서 그 수술 과정을 비교적 상세하게 기술하고 있다.[19] 세이봄 박사가 기술한 수술 과정을 요약하면 다음과 같다.

1) 수술과 임사 체험

1991년 8월 어느 날 오전 7시 15분. 수술실로 온 팸 레이놀즈에게는 의식이 있었다. 그녀의 몸은 수술대 위로 옮겨졌고, 팔과 다리는 묶였다. 마취가 시작되었다. 그 다음 1시간 25분 동안 의식이 없는 그녀의 몸에는 최신형 체온 저하 방지 장치를 비롯하여 상태를 관찰하기 위한 온갖 의료 장비들이 부착되었다. 수술은 7시간 걸렸는데, 그녀의 몸은 수술의 전 과정을 통해 면밀하게 의학적 관찰(medical monitoring)을 받고 있었다.

팸의 뇌파 활동은 지속적으로 측정되고 있었는데, 측두엽 발작 등이 일어난 흔적은 없었다. 측두엽 발작은 행복감, 기시감, 공포감 등 별난 느낌을 느끼게 한다. 임사 체험의 원인을 측두엽 발작에서 찾는 설이 있지만, 팸의 경우에는 측두엽 발작이 관찰되지 않았기 때문에 그것으로 팸의 임사 체험을 설명할 수는 없을 것이다. 그녀의 두 눈은 건조를 막기 위해 테이프로 봉해졌다. 두 귀에는 스피커가 달린 귀마개(earplugs)가 끼워져 있었는데, 그 스피커는 '딸깍' 하는 소리를 내고 있었다. 이는 그녀의 뇌간(brain stem)의 기능을 체크함으로써 뇌가 활동하는지 확인하기 위한 것이었다. 오전 8시 40분까지 팸의 전신은 머리를 제외하고는 살균된 헝겊으로 감싸였고, 20명 이상의 의료진이 수술 전에 손을 씻었다.

스페츨러가 마침내 수술을 시작했다. 그는 수술 칼로 크게 반원을

---

[19] 케빈 넬슨 지음, 전대호 옮김, 『뇌의 가장 깊숙한 곳』, 해나무, 2013, pp.181-185.

그려 머리의 오른쪽 피부를 거의 전부 벗겨 냈다. 두개골이 드러났고, 뼈 자르는 톱으로 두개골을 잘라 냈다. 이때 팸의 임사 체험이 시작되었는데, 수술 후 그녀는 자신의 체험을 놀라울 만치 자세하게 이야기했다.

처음에 그녀가 들은 것은 어떤 악기 소리였다. 그녀는 자신이 정수리 밖으로 끌려 나가는 것처럼 느꼈다. 몸 밖으로 멀리 나갈수록 그 소리는 더욱 분명하게 들렸다. 팸은 수술실의 공중에 떠서 수술실의 전경과 장치들과 수술하는 장면을 내려다보았고, 자신의 의식이 예리하게 깨어 있음을 느꼈다. 그녀의 시각은 평소 때보다 더 밝았다. 그녀는 그때를 자신의 인생을 통틀어 의식이 가장 밝은 때로 느꼈다고 한다. 그녀는 자신이 마치 스페츨러의 어깨 위에 앉아 있는 것 같았다고 한다. 그리고 그것은 통상적으로 보는 그런 광경이 아니었다고 말한다.[20]

그녀는 의사들의 대화와 작은 외과용 톱이 윙윙거리는 소리를 들었고, 톱을 전기 칫솔(toothbrush) 같다고 묘사했다. 이것은 다 사실과 같았다.

톱질을 마친 스페츨러는 두개골 판을 떼 내어 팸의 뇌와 뇌막을 노출시켰다. 그동안 다른 외과 의사들은 그녀의 샅 근처 복부에서 큰 동맥들을 찾느라 애썼다. 그것은 팸의 피를 빼내기 위한 예비 작업이었다. 팸은 의사들이 동맥과 정맥을 찾는 데 애를 먹고 있는 이 광경도 지켜보고 있었다. 마침내 스페츨러는 동맥류에 도달했는데, 예상했던 대로 그것은 통상적인 방법으로는 수술할 수 없을 만큼 컸다. '저체온 심정지' 수술법이 필요했다. 오전 10시 50분이 되었을 때 심장외과의를 비롯하여 의료진이 급히 움직였다. 자동차에서 기름을 빼듯이 팸의 몸에서 피가 완전히 뽑혔다. 그녀의 심장 박동이 멈추었을 때 뇌파가 평평해졌고, 뇌

---

20 Michael Sabom, *Light and Death*, Zondervan, 1998, p.41.

간의 활동을 체크하는 귀마개에 달린 스피커의 소리도 약해지더니 마침내 멈췄다. 오전 11시 20분에는 두뇌의 활동이 완전히 멎었다. 오전 11시 25분에 스페츨러는 대담한 외과 수술에 들어갔는데, 팸은 이때 또 임사 체험을 하면서 사후 세계를 방문한다.

2) 사후 세계 체험

팸 레이놀즈는 자신이 소용돌이에 휩쓸려 끌려 올라가는 것처럼 느꼈다고 하면서, "그 소용돌이는 터널과 비슷했지만 터널은 아니었다."고 말했다. 그녀가 체험한 바를 요약하면 다음과 같다.

그녀는 자신의 할머니가 부르는 소리를 들었다. 정확하게 말하자면 팸은 "내 귀로 듣는 소리보다 더 선명하게 들렸다."고 말했다. 이것은 텔레파시로 해석할 수 있을 것이다. 굴의 끝에서 불빛이 갈수록 밝아졌으며, 그 가운데서 할머니를 알아보았다. 그녀는 빛에 휩싸였고, 역시 빛에 휩싸인 삼촌과 죽은 친척들을 포함하여 다른 사람들을 보았다고 한다.

팸은 편안하고 즐거워 빛에 흡수되고 싶었지만 현실의 삶으로 돌아가고 싶은 마음이 더 컸다고 했다. 아이들이 그녀를 필요로 한다는 사실을 알았기 때문이었다. 삼촌이 그녀를 굴의 끝으로 데려갔는데, 그곳에서 그녀는 끔찍한 광경을 보게 되었다. 수술 받는 자신의 몸을 본 것인데, 그녀는 자신의 몸이 사고 난 열차의 잔해처럼 보였으며, 스스로 보기에도 자신의 몸은 죽어 있었다고 한다. 그녀는 겁이 났고, 그 모습을 보고 싶지 않았다고 한다.[21]

그녀는 삼촌에게 등을 떠밀려서 이승으로 돌아왔다. 돌아가는 것은

---

[21] Michael Sabom, *Light and Death*, Zondervan, 1998, p.46.

마치 수영장에 뛰어드는 것과 같은 느낌이었다.

스페츨러의 수술 기록에 의하면 오후 2시 10분에 팸은 회복실로 옮겨졌다. 수술은 7시간 걸렸는데, 그때까지 팸의 몸 상태는 수술의 전 과정에 걸쳐 의학적으로 면밀하게 관찰되었다. 관찰 기록에 의하면 팸 레이놀즈의 심장과 뇌는 적어도 수술이 끝날 때까지 활동하지 않은 것이 확인되었다. 그녀는 수술하는 동안 임상적으로 죽은 것이었고, 저체온 심정지 이전 3시간은 마취 상태에 있었다. 그런데 어떻게 그녀는 수술 광경을 보고 의사들의 대화 내용을 다 들었을까?

팸이 들었다는 의사들 간의 대화는 실제로 의사들이 주고받은 말과 같았으며, 시간도 일치했다. 팸이 수술 기구에 대해서 묘사한 것도 정확했다. 사전에 그것이 알려져 있었을 가능성은 생각하기 어렵다고 담당 의사는 말했다. 수술 전에는 모든 기기가 보이지 않게 덮여 있었고, 환자가 완전히 마취에 빠지고 나서야 기기들을 꺼내 소독한 뒤 수술을 했기 때문이라고 했다. 수술이 있은 지 11년이 지난 2002년 BBC 방송국과의 인터뷰에서 담당 의사였던 스페츨러는 자신은 팸이 한 말을 다 인정하지만, 이런 일이 어떻게 발생할 수 있는지 임상적으로 설명할 방법은 모르겠다고 말했다.[22] 이제 사후 세계의 존재나 두뇌 없이 활동하는 의식이 있을 수 없다고 생각하는 학자들의 견해를 들어 보자.

---

[22] 이 말은 위키피디아에서 'Robert F. Spetzler'를 찾으면 나오는 말이다.

3. 비판자들의 견해

임사 체험을 사후 세계의 증거라고 생각하는 학자들은 팸 레이놀즈의 경우야말로 사후에도 의식이 있다는 것이 기록에 의해 잘 입증된 경우라고 생각한다. 그래서 이를 사후 세계의 증거로 자주 인용한다. 그러나 임사 체험이 사후 세계의 증거라는 것을 인정하지 않는 비판적인 사람들의 견해는 다르다.

팸의 이야기는 사후 세계를 인정하지 않는 비판자들도 놀라워하는 사례지만, 이 사람들은 임사 체험을 액면 그대로 인정하지 않는다. 그래서 옹호자들과 비판자들은 두 개의 진영으로 나뉘어 논쟁을 벌였다. 여러 가지 의견이 있지만 가장 핵심적인 것은 두뇌 없이 어떻게 의식의 활동이 있을 수 있느냐는 것이다. 의식이 두뇌를 떠나 활동하는 것을 믿지 않는 사람들은 팸의 임사 체험은 팸이 냉동되기 전, 아직 뇌가 활동하고 있었을 때 일어났다고 주장한다.

호주 출신으로 네덜란드에서 20년 이상 마취의로 일하고 있는 제럴드 우얼리(Gerald Woerlee)에 의하면 드문 경우이긴 하지만 마취 상태에서도 '마취 중 각성(anesthesia awareness)'이 일어날 때가 있다고 한다. 그에 따르면 팸의 경우가 이 드문 경우에 해당한다는 것이다. 초자연적 믿음과 경험, 인지 및 감정을 전문적으로 연구하고 있는 영국의 심리학자 크리스토퍼 찰스 프렌치(Christopher Charles French, 1956-)도 마취의 우얼리의 분석에 동의했다. 그러나 이들의 주장은 모두 추측일 뿐이다. 특히 프렌치의 추측은 심하다고 할 수 있는데, 그 이유는 이 강의를 마칠 때 자세히 설명하겠다.

레이먼드 무디 박사가 쓴 『다시 산다는 것』을 읽고 무디 박사가 과학적 소양이 없다고 비판한 케빈 넬슨 교수 역시 『뇌의 가장 깊숙한 곳』

에서 팸의 임사 체험은 놀랍다고 말한다. 하지만 그 역시 두뇌의 작용으로 팸의 체험을 설명할 수 있다고 주장한다. 넬슨 교수는 팸의 경험에서 그녀가 임사 체험을 한 시기가 수술 중에 의식을 찾아 가던 때와 일치한다는 점이 흥미로웠다고 한다. 그러니까 팸이 보고 들은 바를 이해하기 위해 초자연적 설명을 할 필요가 없다는 것이다. 넬슨 교수는 팸이 어깨 너머로 들었다가 기억한 대화가 수술 직전 수술실로 옮겨지던 때의 기억과 결합한 것이 분명하다고 주장했다. 팸의 의식이 그녀의 몸을 벗어났다는 주장의 강력한 증거는 그녀의 두개골을 절단할 때 쓴 톱을 그녀가 세밀하게 묘사했다는 점인데, 넬슨 교수는 그녀가 수술을 시작하기 전 수술실로 옮겨질 때 톱과 장비들을 볼 기회가 있었기 때문에 그것이 가능했다고 보았다.[23]

여기서 한마디 언급하고 싶은 것은 마이클 셔머에 대해서다. 그는 사이비 과학을 타파하기 위해 잡지 『스켑틱』을 발간했고, 『천국의 발명』이라는 책도 썼다. 하지만 그는 『천국의 발명』에서 다른 사람들의 임사 체험에 대해서는 약물이나 산소 결핍, 혹은 다른 이유에서 비롯된 환각이라고 비판하지만 팸의 임사 체험에 대해서는 언급하지 않는다. 많은 임사 체험 사례 중에는 팸의 경우가 가장 상세한 의료 기록이 있고 가장 유명한데, 왜 셔머는 팸의 사례에 대해서는 한마디 말도 하지 않았을까? 스페츨러가 "이런 일이 어떻게 발생할 수 있는지 임상적으로 설명할 방법을 모르겠다."고 말했던 것처럼, 마이클 셔머 역시 팸의 사례에 대해서는 뭐라고 말하기 힘들었던 것일까?

---

[23] 케빈 넬슨 지음, 전대호 옮김, 『뇌의 가장 깊숙한 곳』, 해나무, 2013, p.184.

4. 맺는 말씀

팸 레이놀즈의 임사 체험에 대해 마취의 제럴드 우얼리나 심리학자 크리스토퍼 프렌치는 현장을 직접 보지 않았다. 케빈 넬슨 교수도 의료 기록은 보았겠지만 팸 레이놀즈의 수술에 참여했던 사람은 아니다. 이들은 팸의 체험을 인간이 이해할 수 있는 방식으로 설명하려고 '마취 중 각성'을 가정하거나, 수술 중 의식이 깨어 있을 때 임사 체험을 했으리라 추측한 것이다. 설명한 바와 같이 팸의 상태는 7시간 동안 의학적으로 면밀히 관찰되고 있었으며, 의료 기록이 정확히 남아 있다. 또한 팸의 집도의 스페츨러는 "팸 레이놀즈가 임상적으로 사망한 상태였다는 것에는 의심의 여지가 없다."고 BBC 방송에서 증언했다. 스페츨러의 말을 믿어야 할까, 아니면 우얼리나 넬슨 교수의 추측을 받아들여야 할까? 어려운 일이다. 스페츨러의 말과 의료 기록을 믿는다면 팸의 임사 체험을 앞에 두고 '과학적 자료'와 '과학적 믿음' 사이에 충돌이 일어날 수밖에 없다. 의료 기록과 팸의 체험이 '과학적 자료'이고, 두뇌의 활동 없이는 의식도 활동할 수 없다는 것이 '과학적 믿음'이다.

전문가들이 둘로 갈라져 그 견해가 정면으로 충돌하는 양상이라면 팸의 체험이 무엇을 말해 주는지 우리가 스스로 판단하는 수밖에 없다. 의료 기록과 스페츨러의 증언에 잘못이 없다면, 팸의 두뇌가 활동하지 않은 상태에서도 팸의 의식은 활동했다고 보아야 할 것이다. 그러면 과학적 믿음에 잘못이 있다는 결론에 이르게 된다. 물론 이것은 어디까지나 팸의 의료 기록에 잘못이나 착오가 없다는 것을 전제로 내린 결론이다. 이제 과학적 믿음을 바탕으로 판단해 보자.

'두뇌의 활동 없이는 의식도 활동할 수 없다.'는 것은 과학적 믿음이다. 하지만 이 믿음은 그냥 생겨난 것이 아니다. 오랜 시간에 걸친 무수한 관찰과 실험을 바탕으로, 즉 철저히 과학적 사실에 바탕을 둔 믿음으로서 신경 과학의 기본적인 가정에 해당한다. 수학으로 치면 공리에 해당하는 것이다. 팸의 임사 체험 자체는 부정할 수 없다. 다만 과학적 믿음이 옳다는 전제 하에 판단한다면 팸의 의식은 마취 중에도 깨어 있었다고 보는 것이 올바른 판단이다. 이것이 바로 우얼리와 프렌치가 내린 결론이고 넬슨 교수의 생각이다.

전문가들의 견해가 정면으로 충돌하고 있고 그 해석에 여러 가지 가능성이 있다면, 우리가 할 수 있는 최선의 판단은 그 가운데 일어날 확률이 가장 높은 것을 선택하고 나머지를 하나의 가능성으로 남겨 두는 것이다.

팸의 경우에 의료진은 그녀가 완전히 마취된 상태에 있다고 판단하고 수술했다. '두뇌 기능의 정지'라는 의료진의 판단을 믿을 수 없다면 의료진이 실수를 했다는 증거를 제시해야 할 것이다. 사후 세계를 인정하는 사람들은 마취 중 각성에 관한 이런 주장은 마취제가 다량 사용된 상태에서 일어나는 임사 체험을 무시하는 논리라고 생각한다. 6강에서 보다 자세히 설명하겠지만 이들의 주장은 다음과 같다. 환자 1,000명당 1-3명이 마취 중 각성을 체험한다. 마취 중 각성은 임사 체험과는 전혀 다르다. 마취 중 각성을 경험한 사람들은 그 순간을 대단히 불쾌할 뿐만 아니라 끔찍할 정도로 고통스럽게 기억한다. 수술용 톱의 경우는 더욱 판단이 쉽다.

두뇌 수술을 하기 위해 냉동 상태에서 눈을 가리고 마취 상태에 있는 환자가 수술용 톱을 볼 수는 없다. 더구나 수술 도구는 수술 전에는 모두 천으로 가려져 있었다. 마취 중 각성을 가정하더라도 자기 머리를 수술하는 칼을 보는 것은 불가능하다. 그렇다면 어떻게 이런 일이 가능한지 우얼리가 설명했어야 하는데, 우얼리는 여기에 대해 아무런 언급이 있있다. 그러자 심리학자 프렌치기 이렇게 변호했다. 즉. 마춰이 우얼리는 팸이 치과용 드릴 소리와 비슷한 칼의 작동 소리를 듣고 칼의 모양을 짐작할 수 있었을 것이라고 생각했기 때문에 수술용 톱에 대해 아무 말도 않지 않았을 것이라고 말이다. 그런데 사실 팸은 귀마개를 하고 있었다. 팸이 귀마개를 하고서 어떻게 수술용 칼이 작동하는 소리를 들을 수 있었을까? 우얼리도 프렌치도 모두 유체 이탈이나 사후생이란 있을 수 없다는 과학적 믿음 때문에 자기의 입장에서 볼 때 합리적이라고 생각되는 것을 추측했을 뿐이다. 두 사람 다 사실을 확인해 보지 않고, 믿을 수 없는 사실(체험)을 합리적으로 설명하기 위해 자신들의 추측을 말한 것이다.

팸의 임사 체험이 사실이라면, 두뇌의 활동 없이도 의식이 활동할 수 있다고 보는 쪽이 옳을 가능성이 확률적으로 더 크다. 그러나 상세한 의료 기록이 하나밖에 없기 때문에 팸의 예만으로 두뇌의 활동 없이도 의식이 활동한다고 단정 짓기에는 무리가 있다. 의료계에서 더 많은 임사 체험 사례가 보고되어야 하고, 상세한 의료 기록이 제출되어야 한다. 이제 죽음학의 선구자인 엘리자베스 퀴블러-로스 박사의 임사 체험과 연구를 살펴보자.

4강

엘리자베스 퀴블러-로스의 임사 체험 연구

엘리자베스 퀴블러-로스 박사는 호스피스 운동을 일으킨 죽음학의 선구자이자 본인이 직접 임사 체험과 유체 이탈을 경험한 사람이다.

예비적 고찰

죽음에 관한 이야기를 할 때 결코 빼놓을 수 없는 사람이 하나 있다. 스위스 출신의 미국 정신과 의사이자 임종 연구(near-death studies) 분야의 개척자인 엘리자베스 퀴블러-로스(Elisabeth Kübler-Ross, 1926-2004) 박사다. 임사 체험에 대하여 본격적으로 사람들의 관심을 불러일으킨 사람은 레이먼드 무디 박사이지만, 무디 박사 이전에 사람들로 하여금 죽음의 의미를 생각하게 하고, 호스피스 운동(hospice movement)을 일으켜 '품위 있는 죽음(well dying)'에 관심을 갖도록 한 사람은 퀴블러-로스 박사다. 취리히 대학에서 정신의학을 공부한 그녀는 뉴욕, 시카고 등지의 병원에서 죽음을 앞둔 환자들의 정신과 진료와 상담을 맡았는데, 의료진들이 환자의 심박수, 심전도, 폐 기능 등에만 관심을 가질 뿐 환자를 한 인간으로 대하지 않는 것에 충격을 받았다고 한다.

그녀는 의사, 간호사, 의대생들이 죽음을 앞둔 환자들의 마음속 이야기를 들어 주는 세미나를 앞장서서 열고, 세계 최초로 호스피스 운동을 의료계에 불러일으킨다. 죽어 가는 이들과의 수많은 대화를 통해 '어떻게 죽느냐'는 문제가 삶을 의미 있게 완성하는 중요한 과제라는 깨달음에 이른다. 말기 환자 500여 명을 인터뷰하고 1969년에 쓴『죽음과 죽어감(On Death and Dying)』은 전 세계 25개국 이상의 언어로 번역될 만큼 큰 주목을 받았으며,『인생 수업(Life Lessons)』은 잠언서라고 일컬어질 만큼 명성을 떨쳤다. 죽음 분야의 최고 전문가가 된 그녀는 20여 권의 중요한 저서들을 발표하며 전 세계 학술 세미나와 워크숍으로부터 가장 많은 부름을 받는 정신의학자이자 역사상 가장 많은 학술상을 받은 여성으로도 기록된다. 그녀는 2007년 미국 국립 여성 명예의 전당(American National Women's Hall of Fame)에 이름을 올리게 되었고, 20개의 명예 학위를 수여 받았으며 1982년 7월까지 대학, 신학교, 의과 대학, 병원 및 사회 복지 기관에서 죽음과 임종에 관련하여 12만 5천 명의 학생들을 가르쳤다.

그녀는 1970년 하버드 대학교에서『죽음과 죽어감』을 주제로, '인간의 불멸성에 관한 잉거솔 강좌(Ingersoll Lectures on Human Immortality)'에서 강의했다. '인간의 불멸성에 관한 잉거솔 강좌'는 1896년부터 거의 매년 하버드 대학에서 개설하는 강좌다. 그리고 퀴블러-로스는 보통 사람은 믿기 어려운 특이한 경험도 한 사람이다. 생시에 '죽은 자'를 만나 이야기를 나누었고, 유체 이탈을 경험했으며, 스웨덴의 과학자이자 신비가인 스베덴보리(Emanuel Swedenborg, 1688-1772)[24]처럼 특별한 심적 상태에서 어떤 영적인 세계도 경험했다. 영적인 세계에 대한 퀴블러-로스의 경험은 살아 있는 상태에서 이루어진 것이므로 임사 체험이라고는 할 수 없지만 그 내용은 임사 체험과 비슷하다. 그녀는 자기의 환자였던 사람들 가운데 이미 죽은 이를 만나기도 한다. 그녀의 설명을 직접 들어 보자.

1. 망자를 만나는 체험

지금까지 임사 체험에 대한 이야기를 해 왔으나 대부분의 사람들은 그저 '그런 이야기가 있나 보다.'라고 할 뿐 크게 진지하게 받아들이지는 않을 것이다. 그러나 죽음 연구에 대한 권위자이고, 『타임』에 의해 20세기 가장 영향력 있는 100명의 사상가 중 한 명으로 꼽힌 인물이며, 미국 국립 여성 명예의 전당에 이름을 올린 사람이 직접 자신의 체험을 이야기한 것이라면 한 번 더 생각해 보아야 할 것이다. 이제 엘리자베스 퀴블러-로스 박사의 저서 『사후생(*On Life after Death*)』[25]의 내용을 소개해 볼까 한다.

　슈월츠 부인은 아들이 성년이 된 지 2주가 지났을 때 죽었다. 이 책에 의하면 퀴블러-로스 박사의 환자들 중 한 명이었던 그녀는 땅속에 묻혔고, 그녀가 다시 퀴블러-로스 박사를 방문하지 않았다면 퀴블러-로스

---

[24] 스베덴보리는 태양계 형성과 관련하여 성운설을 제창한 과학자였다. 자신보다 43세 연상인 뉴턴과 교류했을 정도로 뛰어난 인물이었지만 1741년에 어떤 영적인 체험을 하고 신학자로 변신한다.

[25] 엘리자베스 퀴블러-로스 지음, 최준식 옮김, 『사후생』, 대화출판사, 2020, pp.60-66.

박사는 그녀를 잊어버렸을 것이라고 한다. 그 여자는 퀴블러-로스 박사를 향해 곧장 걸어 왔고, 꼭 살아 있는 사람이 말하는 것처럼 퀴블러 - 로스 박사의 사무실까지 걸어가도 되느냐고 말했다. 그녀는 퀴블러-로스 박사에게 박사가 진행하고 있던 죽음과 임종에 관한 세미나를 중단하지 말라고 하기 위해 왔다고 했다. 퀴블러-로스 박사는 슈월츠 부인을 만나서 이야기를 주고받으면서도 이 사실을 믿을 수 없었다고 한다. 그래서 속으로는 자신이 정신과 의사라는 사실을 되새기면서 이렇게 중얼거렸다고 한다. "너는 이 여자를 보고 있지만 이건 사실일 수 없어." 그리고는 자신이 너무 지친 나머지 헛것을 보았다고 생각하면서 이 경험을 아무에게도 말하지 않았다고 한다. 그런데 나중에 그녀는 이 경험을 초심리학회에서 발표하고, 책에서도 이야기하게 된다.

퀴블러-로스 박사가 말했듯이 정신과 의사들이라면 누구나 헛것을 보았다고 할 것이다. 그러나 퀴블러-로스 박사의 이야기는 간단히 듣고 끝내 버릴 것이 아니다. 왜냐하면 이와 비슷한 체험을 한 사람들이 우리 주위에도 많기 때문이다. 다만 그들은 사람들의 조롱을 받을까 두려워서 입을 다물고 있을 뿐이다. 링컨의 유령을 보았다고 하는 사람들도 수없이 많다. 1942년에 네덜란드의 여왕 빌헬미나(Wilhelmina, 1880-1961)가 링컨의 유령을 보고 기절했고, 1943년에 영국 수상 윈스턴 처칠 역시 링컨을 보고 말도 했다고 한다. 이 밖에도 트루먼 전 대통령과 딸 마가렛, 시어도어 루스벨트 전 대통령, 프랭클린 루스벨트 전 대통령의 부인인 엘리너 루스벨트 여사 등 많은 사람이 링컨을 보았다고 증언했다. 트루먼 대통령은 백악관 유령에 대해 구체적으로 진술했다. 1955년 5월 한 방송에서 트루먼은 다음과 같이 말했다고 한다.

"새벽 3시쯤 노크 소리가 나서 방문을 열었는데, 아무도 없더군요. 아마도 복도를 서성이는 링컨이 아닐까 하고 생각했어요. 이런 일은 여러 차례 반복되었습니다."

트루먼은 1946년에 부인에게 보낸 편지에서 이렇게 쓴 적도 있다고 한다.

"The damned place is haunted sure as shootin!"
(이 빌어먹을 건물엔 분명 유령이 있소)

유령 이야기는 세상에 많이 전해지지만, 사람들은 별다른 관심을 보이지 않는다. 경험자가 간절한 마음으로 정성껏 설명한다고 해도 '헛것'을 보았다고 할 뿐이다. 하지만 퀴블러-로스와 같은 정신과 의사가 고민 끝에 털어 놓는 유령 이야기라면 다시 생각해 볼 필요가 있을 것이다. 이 강의에서 우리는 사후 세계의 체험을 과학적으로 고찰하고 그 체험의 의미를 바르게 판단해 보려고 한다. 모든 판단은 체험과 관찰에 기반해야 하며, 어떤 믿음이나 선입견에 의해 지배되지 말아야 한다. 계속해서 그녀가 경험했다고 하는 유체 이탈과 영적 세계 체험에 대한 그녀의 설명을 들어 보자.

2. 신비 체험

퀴블러-로스 박사는 유체 이탈 체험도 했고, 깨어 있는 상태에서 임사 체험과 유사한 신비 체험도 했다. 하지만 그렇다고 해서 그녀가 특별히 스승을 찾아다니거나 명상 지도를 받거나 혹은 어떤 높은 의식 상태에 이르기 위해 노력한 적은 없었다. 다만 환자들을 돌볼 때나 여러 가지 삶의 상황에서 자신의 안에 있는 부정적인 힘을 깨달았다고 한다. 자신이 하는 일에 정성을 다하는 중에 그녀는 육체적, 감정적, 영적, 지적 요소들이 조화를 이루는 경지에 이르게 되었다. 그녀는 자신에게 주어진 일을 성실하게 수행해 나가려고 노력하고 실행함으로써 신비한 체험을 하는 축복을 받았으며, 본성 또는 영적인 자아에 다가설 수 있었다고 한다.[26] 계속해서 그녀의 신비 체험을 소개해 보겠다.

1) 유체 이탈

퀴블러-로스 박사는 자유로운 피안의 세계에서 온 영적 안내인과 만날 수 있었다고 한다. 한번은 과학자들이 버지니아에 있는 그녀의 실험실에서 최면 암시를 통해 그녀에게 유체 이탈을 유도했다. 이 시도는 의학 연구의 일환이었기 때문에 연구 책임자 외에 다른 의학자들도 함께 있었는데, 그중에는 회의적인 과학자들도 몇 사람이 있었다. 실험을 하는 동안 실험 책임자 중 한 명이 퀴블러-로스 박사의 유체 이탈 속도가 너무 빠르다고 생각하여 진행을 늦추었다. 하지만 그녀는 최면 상태 속에서도 진행이 늦어지는 것이 싫었던 나머지 자기 유도를 통해 빠르게 유체 이탈을 진행시켰고, 그 결과 그녀의 의식은 믿을 수 없는 속도로 그녀의 몸에서 빠져나왔다. 퀴블러-로스 박사를 오랫동안 괴롭혀 왔던 허리 디스크와 악성 변비는 신기하게도 이 실험 이후로 사라졌다. 뿐만 아니라 그녀는 100파운드나 되는 설탕 봉지를 들어 올릴 수 있게 되었다. 사람들 역시 그녀의 얼굴에서 빛이 난다고 하면서 20년은 더 젊어 보인

---

[26] 엘리자베스 퀴블러-로스 지음, 최준식 옮김, 『사후생』, 대화출판사, 2020, pp.112-120.

다고 말했다. 퀴블러-로스 박사의 신비한 체험은 여기서 끝나지 않는다. 그녀는 지금까지와는 또 다른 영적체험을 하게 된다.[27]

2) 영적 세계 체험

퀴블러-로스 박사는 어느 날 애팔래치아산맥의 일부인 블루릿지(Blue Ridge)산맥에 있는 외로운 산장에서 하룻밤을 보낸 적이 있었다. 그날 밤 그녀는 자신에게 '무엇인가'가 일어날 것 같은 느낌을 느꼈다. 그러나 그것이 무엇을 의미하는지는 모르는 채 어떤 희미한 내적 깨달음을 느끼면서 깨어 있었다. 그러다 어느 순간 그녀는 지금까지 어떤 인간도 경험해 보지 못했을 것 같은 극심한 고통을 경험했다. 그녀의 표현에 따르면 그녀는 말 그대로 천 명이나 되는 그녀의 환자들이 경험했을 모든 죽음을 경험했다고 한다. 그 고통은 육체적 고통뿐만 아니라 영적, 감정적, 지적 영역 모두에 걸치는 고통이었다. 숨 쉬는 것도 어려웠고 몸 역시 천 근처럼 무겁고 고통스러웠다. 하지만 그 고통과 함께 어떤 깨달음도 있었다. 그녀는 싸우기를 그치는 것, 불복종을 멈추는 것, 다투지 않는 사람이 되는 것이 그녀가 할 일이라는 것을 깨달았다. 이러한 깨달음과 함께 고통은 사라지고 숨쉬기도 편해졌다고 한다. 그녀의 표현에 따르면 그녀는 천 번의 죽음 대신 말로 표현할 수 없는 어떤 거듭나는 과정을 겪었다고 한다.

이런 경험을 겪는 과정 중에 퀴블러-로스 박사는 어떤 진동을 느꼈다고 한다. 이는 보통 불교의 참선, 요가의 명상, 국선도와 같은 선도(仙道)의 정신 수련 과정에 나타나는 현상이다. 이런 종류의 수련을 하는 사

---

[27] 엘리자베스 퀴블러-로스 지음, 최준식 옮김, 『사후생』, 대화출판사, 2020, pp.113-114.

람들은 일반적으로 이 현상을 가리켜 기(氣)가 순환하는 과정에서 나타나는 현상이라고 설명한다. 그녀가 특별한 수련을 하지 않았는데도 진동을 느꼈다는 것은 신기한 일이라고 할 수 있다. 보통 사람들은 기의 움직임을 느끼지 못하기 때문에 그것에 대해 큰 의미를 두지 않는다. 뇌 과학자로서 명상을 수련하고 지도하는 쿨라다사(Culadasa / John Yates, 1945-2021)에 의하면, 몸의 진동은 생명 에너지가 순환하는 과정 중에 나타나는 현상이라고 한다.[28] 쿨라다사에 따르면 이 생명 에너지가 '기', '프라나(prāṇa)', '크리야(kriyā)', '쿤달리니(kuṇḍalinī)' 또는 '내면의 바람' 등 다양한 이름으로 불리는 것이다.

퀴블러-로스 박사에 따르면 진동이 올 때 먼저 배부터 떨리기 시작해서 온 몸으로 퍼지고 온 세상이 진동하는 것 같았다고 한다. 그리고 동시에 연꽃처럼 보이는 어떤 것이 나타났는데, 무척 아름다웠다고 한다. 연꽃 뒤로는 그녀가 임사 체험자들로부터 자주 듣던 빛이 나타났고, 그녀는 그 빛 속으로 빠져 들어가 빛과 하나가 되면서 엄청난 조건 없는 사랑 속으로 빠져들어 갔는데, 빛과 하나가 되자 진동이 멈췄다고 한다. 그 후 잠에 빠졌다가 대략 한 시간 반쯤 후에 깨어나 언덕을 내려왔다 한다. 그녀는 이 체험에서 말로 표현할 수 없는 황홀경을 느꼈고, 우주적인 의식(cosmic consciousness)과 함께 말로 표현할 수 없는 사랑에 대해 깨달을 수 있었다고 한다.

이 체험이 있은 지 몇 달 후 퀴블러-로스 박사는 버클리에 있는 '초개인 심리학회'의 초청을 받아 그녀의 체험을 발표했는데, 사람들은 그녀가 경험했던 그 의식을 '우주 의식(cosmic consciousness)'이라고 부르기

---

[28] Culadasa, Mattehw Immergut, Jeremy Graves 지음, 김용환 옮김, 『비추는 마음 비추인 마음』, 학지사, 2017, pp.333-334.

로 했다. 그녀는 우주 의식과 하나가 되는 이러한 체험에 대해 조금 더 설명한다. 그 체험 속에서 인간은 모든 고뇌가 사라지는 것을 경험하고, 육체적, 감정적, 지적, 영적 요소가 조화를 이룬 존재가 된다는 것이다. 그리고 이때 인간은 본래의 모습을 회복하여, 자기 고집을 부리지 않고 이기적인 마음에서 벗어나 참된 사랑을 이해하고 실천하는 존재가 될 수 있다는 것이다. 그녀가 말하고자 하는 것이 곧 불교에서 말하는 지혜와 자비, 기독교에서 말하는 사랑이라고 봐도 좋을 것이다. 그녀의 이러한 신비 체험은 그녀의 인격을 바꾸어 놓았다.[29]

3. 맺는 말씀

엘리자베스 퀴블러-로스 박사는 세계 곳곳에서 죽음을 선고받았다가 다시 살아난 사람들의 사례를 2만 가지 정도 수집하고 그 사례를 연구했다. 퀴블러-로스 박사에 따르면 인간의 몸은 고치에 비유될 수 있다고 한다. 우리의 몸은 잠시 살기 위한 집에 지나지 않는다는 것이다. 따라서 우리 몸이 참 자아일 수는 없다. 그녀는 삶과 죽음이라는 것도 한 집에서 더 아름다운 집으로 옮겨가는 것과 같다고 이야기한다. 고치(몸)가 회복 불능의 상태가 되면 나비(영혼)가 태어나듯이, 몸이 죽으면 영혼은 빠져 나간다. 맥박이 뛰지 않고 뇌파가 측정되지 않아도 몸을 빠져 나온 영혼은 죽음을 맞는 장소에서 일어난 모든 일을 알 수 있다. 뇌파가 꺼진 사람이 자동차 번호판을 읽는 일을 어떻게 설명할 수 있을까? 이것은 퀴블러-로스 박사가 임사 체험을 겪은 그녀의 환자들로부터 확인한 내용이

---

29 엘리자베스 퀴블러-로스 지음, 최준식 옮김, 『사후생』, 대화출판사, 2020, pp.114-120.

다. 그래서 그녀는 세상에는 우리가 이해할 수 없는 수만 가지 일들이 있다는 것을 겸손하게 받아들여야 한다고 말한다.[30]

퀴블러-로스 박사는 분명히 영혼의 윤회를 말하고 있다. 그녀가 말하는 윤회는 영혼의 윤회이기 때문에 불교의 윤회와는 다르다. 앞으로 말하겠지만 그녀가 말하는 윤회는 힌두교의 윤회나 플라톤이 말하는 윤회와 비슷하다고 할 수 있다. 우리가 퀴블러-로스 박사의 말을 그대로 믿고 따라야 할 이유는 없다. 그러나 죽음의 의미를 과학적으로 연구하려고 애쓴 사람의 말을 그냥 무시하기도 어렵다. 다른 각도에서 임사 체험 연구에 대해 알아볼 필요가 있다. 다음 5강에서는 네덜란드의 심장 전문의 핌 반 롬멜(Pim van Lommel, 1943-) 박사의 임사 체험 연구에 대해 살펴볼 예정이다.

---

[30] 엘리자베스 퀴블러-로스 지음, 최준식 옮김, 『사후생』, 대화출판사, 2020, pp.19-21.

5강

핌 반 롬멜의 임사 체험 연구

예비적 고찰

지금까지 이 강의에서 소개한 임사 체험 연구 보고서는 모두 심사를 받은 논문이 아니었다. 죽은 줄 알았던 사람이 살아나서 하는 이야기를 듣고 개인적 판단에 의해 사후 세계의 존재를 인정하게 되었다고 하는 내용이 전부였다. 이런 종류의 이야기는 비록 옳은 내용일지라도 그것이 옳다는 것을 밝히는 데 여러 가지 어려움이 따르기 마련이다. 팸 레이놀즈의 경우처럼 정확한 의료 기록이 남아 있는 경우는 드물고, 대부분 증인이나 증거물이 사라졌기 때문이다. 이제는 보다 학술적인 관점에서 연구한 사례를 살펴볼 필요가 있다.

임사 체험자들이 말하는 사후 세계나 유체 이탈을 긍정하는 연구자나 학자는 비록 소수지만 주류 학계에서도 이들의 연구를 부정하는 것만은 아니다. 임사 체험이나 윤회전생에 관한 연구 보고는 의학 저널에도 게재된다. 세계 3대 의학 저널로는 『랜싯(Lancet)』, 『뉴 잉글랜드 의학 저널(New England Journal of Medicine)』, 『미국 의사 협회 저널(Journal of the American Medical Association)』을 꼽는다. 이 가운데 『랜싯』에 게재된 핌 반 롬멜(Pim van Lommel, 1943-) 박사의 임사 체험 사례 연구에 대해 살펴보자.

1. 핀 반 롬멜의 임사 체험 연구

1) 연구의 동기

핌 반 롬멜 박사는 의과 대학에서 공부할 때 의식은 뇌의 산물이라는 것을 당연하게 여겼다고 한다. 그러다 1986년 미국의 정신과 의사 조지 리치(George G. Ritchie, 1923-2007)가 쓴 『미래로부터의 귀환(Return from Tomorrow)』을 읽고 생각을 달리하게 되었다고 한다. 조지 리치는 의과 대학생이었던 스무 살 때 양쪽 폐의 염증으로 사망 선고를 받은 후 임사 체험을 했다. 외관상으로는 죽었기 때문에 근무 중인 의사는 두 번이나 사망 선고를 내렸다. 사망 선고를 받은 후 의과 대학생이 죽은 것을 안타깝게 여겼던 간호사가 의사를 설득하여 심장에 직접 아드레날린을 주사했다. 다행히 그는 죽은 지 9분 후에 다시 살아났다. 그때 그는 유체 이탈을 경험했는데, 자신의 몸이 시트로 덮여져 있어 그것이 자신의 몸인 줄 아는 데 꽤나 어려움을 겪었다고 한다. 조지 리치의 체험이 담긴 책을 읽고 난 후 롬멜 박사는 심장병으로 죽었다가 살아난 경험이 있는 사람들에게 의식이 없었던 동안 무슨 일이 있었는지 물어보기 시작했다. 몇 년에 걸쳐 만났던 50명의 환자 중 12명이 그에게 임사 체험을 이야기했다. 이런 경험으로부터 임사 체험에 관심을 갖게 된 롬멜 박사는 1988

년부터 그전의 임사 체험 연구와는 다른 전향적 연구(prospective study, 조사 시점 이후의 데이터를 사용한 연구)를 시작했다. 그전까지는 후향적 연구(retrospective study, 조사 시점 이전의 데이터를 사용한 연구)만 있었다.

참고로 말하자면 그전의 후향적 임사 체험 보고는 모두 남의 이야기를 듣고 그 이야기를 전한 것이었다. 그러한 연구 보고는 체험자의 기억 왜곡이나 연구자의 선입견이 작용했을 수 있기 때문에 과학적 자료로서의 가치가 떨어졌다. 하지만 롬멜 박사의 전향적 연구를 통해 나온 연구 보고는 그러한 위험에서 자유로웠기 때문에 후향적 연구에 비해 과학적 자료로서의 가치가 훨씬 더 컸다. 이제 그 연구 내용을 살펴보자.

2) 연구 내용

핌 반 롬멜 박사는 1988년부터 네덜란드의 병원 열 곳과 협의하여 심장 마비 상태에서 심폐 소생술로 살아난 환자가 발생한 즉시 해당 환자를 방문하여 인터뷰했다. 살아난 환자는 모두 344명이었는데, 이들 중 18%는 전형적인 임사 체험을 말했고, 82%는 의식이 없던 기간 중의 일에 대해 아무런 기억을 못했다. 롬멜 박사는 이 연구 결과를 2001년 권위 있는 의학 저널인 『랜싯(Lancet)』에 발표했다. 롬멜 박사는 임사 체험의 내용을 듣는 것으로 그치지 않고 임사 체험자들의 임사 체험 후 삶에 어떤 변화나 영향이 있는지를 2년, 8년에 걸쳐 추적 조사했다. 그 결과 이들의 삶은 임사 체험 후에 크게 변한 것으로 나타났다.

체험자들은 타인에 대한 이해와 수용이 커졌고, 사랑과 공감을 더 잘 표현한다고 답했다. 삶의 목적이나 의미에 대해서도 더 잘 이해하고, 일상에 대한 감사의 마음이 눈에 띄게 커졌으며, 죽음에 대한 두려움이 크게 낮아지고, 사후 세계에 대한 믿음이 커졌다고 했다. 몇 분간의 짧은 체험으로 이런 변화가 일어나면서 삶의 태도가 달라졌던 것이다. 임사 체험이 뇌가 만든 잠깐 동안의 환각이나 착각에 불과한 것이라면 이런 변화는 설명하기 어렵다.

 롬멜 박사는 또한 임사 체험을 한 환자와 그렇지 않은 환자 사이에 무슨 차이가 있는지 조사했다. 조사 결과 임사 체험을 한 18%의 환자와 임사 체험을 하지 않은 82%의 환자 사이에 아무런 차이를 발견할 수 없었다. 심장 마비 지속 시간이 2분이든 8분이든, 혼수상태가 5분이든 3주든, 그 차이는 발견되지 않았다. 뇌에서의 산소 부족도 임사 체험과는 관계가 없었다. 약물 사용이나 죽음에 대한 두려움, 종교도 관련이 없었다. 박사는 심장 마비 지속 시간의 길이, 산소 부족 및 약물 사용이 임사 체험과 관계가 없다는 것을 주의 깊게 조사했다고 강조했다. 이것은 주목할 만한 내용이다. 왜냐하면 임사 체험자들의 신기한 경험이 뇌에 산소 공급이 부족할 때나, 특정한 약물을 사용할 때 일어날 수도 있다는 보고가 있기 때문이다.

 롬멜 박사가 특별히 인상적이라고 밝힌 경우는 44세 남자였다. 그는 농장에서 의식 없이 쓰러진 채로 발견되었다. 사람들이 흉부 압박을 시도했지만 적절한 심폐 소생이 되지 않아 30분 후에 앰뷸런스에 실려 관상 동맥 응급실로 옮겨졌다. 병원에 도착했을 때 그의 몸은 이미 차갑고 파랬다. 숨은 멎고, 심장 박동과 혈압이 없고, 눈동자는 빛에 반응하지 않았다. 한마디로 희망이 없는 환자였다. 구급 요원들이 전기 충격기를 써 봤지만 효과가 없었기에 간호사가 산소를 더 많이 투여하기 위해 관을 삽입했다. 이 작업을 하던 간호사는 환자의 틀니를 보고 그것을 빼내어 응급 환자용 카트에 넣어 두었다. 환자의 혈압이 오르고 심장이 다시 뛰기 시작한 것은 이로부터 1시간 반 후의 일이었는데, 그는 여전히 의식이 없었다. 그는 혼수상태였고 관을 통하여 인공호흡을 했다. 그는 중환자실로 옮겨진 후 일주일 동안 인공호흡을 했고, 그 후 일주일 동안 계속 혼수상태에 있었다고 한다. 일주일간의 혼수상태 후 의식을 찾은 그는 유체 이탈을 체험했다고 하면서 소생술을 받았던 병실과 그 안에 있던 사람들을 정확히 묘사했다. 더욱 놀라운 점은 그가 커튼 뒤의 일도 정확히 알고 있었고, 무엇보다도 자신의 잃어버린 틀니가 응급 환자용 카트의 서랍에 있다는 것도 알고 있었다는 것이다.

3) 비국소적 의식

핌 반 롬멜 박사는 자신의 연구를 포함하여 임사 체험에 대한 다른 연구자들의 연구 결과를 바탕으로 인간의 의식이 비국소적(non-local)으로 작용한다고 보았다. '비국소적 의식'이라는 것은 의식이 두뇌에 갇혀 있지 않고 시간과 공간을 초월하여 어느 곳에나 있고 작용한다는 뜻이다. 육체와 뇌는 단지 접속 장치(interface)나 송수신기(transceiver) 역할을 한다고 보는 것이다. 롬멜 박사가 임사 체험을 설명하기 위해 '비국소적 의식'이라는 개념을 도입한 것은 임사 체험자들의 경험을 우리의 통상적인 시공간 개념으로는 설명할 수 없는 경우가 있기 때문이다. 예를 들면 2강에서 설명한 바와 같이 칼 융을 비롯한 많은 임사 체험자들이 짧은 시간 동안 자신의 과거 전체가 주마등처럼 지나가는 것을 보았다고 하는 것이 좋은 예다. 어떻게 잠깐 죽었다가 살아난 짧은 시간에 자신이 살아온 인생 전체를 다시 경험할 수 있을까? 이것은 통상적인 시간 개념으로는 생각할 수 없는 일이다. 롬멜 박사의 조사 연구에 의하면 임사 체험을 경험한 이들은 2-3분 정도 지속되었을 자신의 경험에 대해 몇 시간이나 몇 주에 걸쳐서 이야기한다. 이런 일이 일어나는 이유는 임사 체험의 세계에서는 여러 가지 일이 동시에 일어나기 때문이라고 한다. 또 임사 체첨 도중에 미래의 사건을 마주하는 경우도 있다고 한다. 즉, 임사 체험에는 과거, 현재, 미래가 함께하는 것이다. 롬멜 박사는 많은 수의 임사 체험자들이 같은 말을 하는 현상을 설명하기 위해서는 의식이 시간을 초월하여 활동한다는 것을 인정해야 한다고 보았다. 이러한 이유에서 그는 '비국소적 의식'이라는 개념을 도입했다. 유체 이탈도 마찬가지다. 임사 체험자들 중에는 먼 곳에서 일어난 일을 보았다고 하는 이들이 있는데, 이러한 현상 역시 통상적인 공간 개념으로는 설명할 수 없는 일이다.

롬멜 박사는 시간과 공간을 초월하여 작용하는 의식을 '비국소적 의식'이라고 부르는 데 그치지 않고, 그러한 의식을 양자 역학적으로도 설명하려고 시도했다. 양자 역학에서 이야기하는 '양자 얽힘(quantum entanglement)'이라는 비국소적 현상을 통해 의식의 비국소성을 설명하려고 한 것이다. 비물리적 현상을 양자 현상으로 설명하려는 시도에는 당연히 비판이 따르기 마련이다. 그러나 양자 얽힘을 비유적으로 인용하여 인간의 의식에도 비국소성이 있다고 말한다면 문제가 될 것이 없다. 실제로 유체 이탈이나 인생 전체를 짧은 시간에 경험하는 현상이 공인된다면 의식에도 비국소성이 있다고 말할 수 있다. 핵심적인 문제는 이런 용어의 사용에 있는 것이 아니라 유체 이탈을 비롯하여 임사 체험의 내용을 과학적으로 입증하는 것이다. 예를 들어 의식이 없었던 환자가 응급 환자용 카트에 자신의 틀니가 있다는 것을 알았던 사례가 실제로 일어났던 일인지를 확인해야 한다. 그 사례가 사실이 아니라면 롬멜 박사의 주장은 받아들이기 어려운 것이 된다. 하지만 그 사례가 사실이라면 유체 이탈을 인정할 수밖에 없게 되며, 과학이 할 일은 어떻게 그런 일이 일어날 수 있는지를 설명하는 것이 된다.

2. 롬멜 박사의 연구에 대한 비판

핌 반 롬멜 박사는 권위 있는 학술지에 자신의 임사 체험 연구를 발표함으로써 이 주제에 대한 의학계의 관심을 환기시켰다는 점에서 중요한 역할을 했다. 하지만 그의 연구에 대한 전문가들의 의견은 정확히 둘로 나뉜다. 사후 세계의 존재를 인정하는 의사나 전문가들은 롬멜 박사의 연구를 높이 평가하고 임사 체험 연구의 좋은 자료라고 생각한다. 반면 대부분의 전문가들은 그의 주장이 과학적인 접근에서 벗어나 있고, '삶을 떠나 존재하는 의식' 역시 사이비 과학의 범주에 속한다고 평한다. 더구나 비국소적 의식을 주장하고 그것을 설명하기 위해 양자 역학을 끌어들인 것은 말도 안 된다는 평을 듣기도 한다. 특히 '의학적 사망'의 정의에서 롬멜 박사가 잘못을 저질렀다는 평이 많다. 여러 비판적 의견을 종합하여 비판을 가하는 대표적인 인물은 마이클 셔머다. 셔머의 책 『천국의 발명』에 나오는 내용을 간단히 요약하면 다음과 같다.

응급의 마크 크리슬립(Mark Crislip, 1957-)은 롬멜 박사와 동료들이 『랜싯(Lancet)』에 발표한 임사 체험 연구를 분석했다. 이 연구에서 저자들은 임상적 사망을 이렇게 정의했다. "임상적 사망이란 부적절한 혈액 순환이나 부적절한 호흡, 혹은 양쪽 모두에 의해 뇌로 공급되는 혈액이 부족할 때 생기는 무의식 기간이다. 이 상황에서 심폐 소생술을 5-10분 내로 하지 않으면 뇌에 비가역적인 손상이 일어나 환자는 죽는다." 하지만 크리슬립에 의하면 이런 환자들은 대부분 심폐 소생술을 받았고, 이러한 처치는 산소가 든 혈액을 뇌로 보낸다. 이것을 지적하면서 크리슬립은 이렇게 말한다. "『랜싯』에 실린 논문에 제시된 정의에 따르면 임상적 사망을 경험한 사람은 아무도 없습니다." 크리슬립은 이렇게 결론 내리면서 한마디 덧붙였다. "심장이 2분에서 10분 정도 멈추었다가 즉각적으로 소생했다고 해서 임상적으로 사망한 것은 아닙니다. 그저 심장이 박동하지 않고 의식이 없을 수 있다는 의미죠." 따라서 임사 체험을 한 사람들이 죽어서 저승을 다녀왔다는 주장은 이들이 실제로 죽지 않았다는 사실로 반박할 수 있다.[31]

비판자들은 '임상적 죽음'이라는 것은 심장 박동 정지, 호흡 멈춤, 두뇌 활동 정지라는 세 가지 요소의 결합인데, 롬멜 박사가 발표한 논문에서의 죽음은 두뇌 활동 정지라는 요소를 결여하고 있다고 지적했다. 여기서 잠시 3강에서 살펴보았던 팸 레이놀즈의 임사 체험에 대해 비판자들이 했던 말을 되새겨 보자. 팸은 저체온 심정지 상태에서 수술을 받았기 때문에 수술 당시 팸의 상태는 롬멜 박사를 비판하는 사람들이 제시하는 임상적 죽음의 조건을 만족시킨다. 이것은 팸의 수술에 대한 상세한 의학적 기록을 통해서도 입증된다. 그럼에도 불구하고 마취의 제럴드 우얼리와 심리학자 크리스토퍼 프렌치는 팸이 '마취 중 각성' 상태에서 임사 체험을 했으리라고 추측했다. 그만큼 정통 과학계에서는 사후 세계를 받아들일 수 없는 것이다. 팸의 수술에는 상세한 의학적 기록이 존재한다는 사실을 염두에 둔다면, 우얼리와 프렌치 같은 사람들은 '현대적 미신'에 사로잡혀 파괴적 회의주의자의 입장에 서 있다고 볼 수도 있다. 물론 팸의 경우처럼 상세한 의학적 기록이 있는 경우가 흔치 않기 때문에 현재로서는 우얼리와 프렌치가 현대적 미신에 사로잡혔다고 속단할 수는 없다. 상세한 의학적 기록이 있는 임사 체험 사례가 앞으로 더 많이 나와야 그들의 주장에 대한 정확한 판단을 할 수 있을 것이다. 다시 롬멜 박사로 돌아가자.

크리슬립은 롬멜 박사와 그의 동료들이 실신 및 회복 가능한 뇌 손

---

[31] 마이클 셔머 지음, 김성훈 옮김, 『천국의 발명』, 아르테, 2019, p.152.

상을 뇌의 활동이 완전히 멈추는 '임상적인 죽음'과 혼동했다고 비판한다. 롬멜 박사를 비판하는 이들은 뇌로 들어가는 혈류의 부족으로 인한 의식 상실이 일어났을 때에도 두뇌의 일부 기능은 여전히 유지될 수 있다고 말한다. 따라서 의식을 상실한 사람이라 하더라도 여전히 유지되는 뇌의 일부 기능으로 인해 어떤 환각을 경험할 수 있으며, 이 경험을 사후 세계에 다녀온 것으로 착각할 수 있다고 말한다. 비판자들의 이야기도 충분히 일리가 있지만 이번에는 롬멜 박사의 말을 들어 보자.

3. 비판에 대한 롬멜 박사의 생각

신비적 세계관을 주로 다루는 덴마크의 잡지 『코스모스(Kosmos)』의 기자가 핌 반 롬멜 박사와 인터뷰한 기사를 보면 그의 생각이 잘 나타나 있다. 롬멜 박사는 많은 사람들이 약물 사용과 산소 부족으로 임사 체험과 유사한 경험을 한다는 보고를 접하고 그것에 대해 면밀히 검토했다. 임사 체험을 한 환자와 하지 않은 환자들의 차이를 조사한 후, 롬멜 박사는 약물 사용 및 산소 부족은 임사 체험과 관계없다는 결론을 내렸다. 종교와 심리적인 해석도 임사 체험과 관계없었다. 롬멜 박사에 따르면 학술 저널은 임사 체험을 다룬 연구를 쉽게 수용하지 않으려고 했고, 과학계와 의료계 역시 이 주제에 대해 많은 편견을 갖고 있었다고 한다. 현재 관련 학계에서 널리 받아들여지고 있는 인식 체계는 철저하게 유물론적인 물리주의(physicalism)다. 물리주의에서는 두뇌의 상태가 곧 마음이라고 본다. 물리주의 입장에서 보면 두뇌 활동이 없는 환자가 무엇을 경험한다는 것은 있을 수 없는 일이다. 이 물리주의에 입각하여 학계에서는 임사 체험의 내용을 산소 부족이나 두뇌의 작용에 의한 환각이라고 본

나. 임사 체험의 정의에 대해 논란이 있지만 롬멜 박사의 생각은 다음과 같다.

> "우리가 아는 것은 심장 마비가 일어나면 수초 안에 의식을 잃는다는 것이다. 대뇌 피질 반응의 하나인 신체 반응이 사라진다. 뇌간의 반응도 사라져 목구멍에 손가락을 넣어도 구역질 반응이 없어진다. 그러한 환자들에게는 각막 반사(corneal reflex)나 동공 확장(widening pupil) 등 빛에 대한 반응이 없는 임상적 소견을 보인다."[32]

롬멜 박사가 연구 대상으로 삼은 환자들은 뇌의 활동이 전혀 없었다고 한다. 하지만 뇌의 활동이 전혀 없는 동안에도 지각, 감정, 인지, 기억 등이 가능한 고양된 의식(enhanced consciousness)이 있었던 것으로 보고된 사람들이 있었다고 한다. 롬멜 박사는 이러한 체험을 어떻게 이해해야 할지 동료들과 토론해야 했다고 한다. 롬멜 박사의 연구에서 특별히 문제가 되는 것은 '임상적 사망'의 정의인데, 이 점에서 그는 토론을 제의했다. 2019년 인터뷰에서 롬멜 박사는 의식에 대해 일반적으로 알려진 의학적 정의를 재검토해야 할 것이라고 말했다. 그가 검토한 모든 환자들은 두뇌가 기능하지 않는 동안에도 의식이 명료했고, 감정과 인지 및 기억이 또렷했다는 것이다. 롬멜 박사는 자신이 생각하기에 의식은 두뇌에 국한된 것이 아니라고 말했다.

---

[32] 덴마크의 계간지 *Kosmos*의 기자 엔스 크리스티안 헤르만센(Jens Christian Hermansen)의 롬멜 박사 인터뷰 기사인 "Returning from Death-Interview with Dr. Pim van Lommel"에 나오는 내용이다.

4. 합리적 판단

전문가 집단의 의견이 둘로 나뉘었을 때 전문가 아닌 사람이 '임상적 사망'과 같은 전문적인 문제를 두고 어느 쪽의 주장이 옳은지를 따질 수는 없다. 그러나 거짓과 속임수가 없다면 둘의 주장 가운데 어느 쪽의 주장이 더 옳을지를 확률적으로 따져서 판단할 수는 있다. 『랜싯(Lancet)』에 실린 논문이라면 거짓과 속임수는 없다고 보아도 좋을 것이다. 롬멜 박사는 344명의 환자 가운데 임사 체험을 했던 사람과 임사 체험을 하지 않았던 사람 사이에 어떤 차이가 있는지 주의 깊게 조사했다. 그 결과 심장 마비 지속 시간의 길이, 산소 부족 및 약물 사용이 임사 체험과 관계 없다는 것을 알았다고 한다. 이 말은 받아들여야 할 것이다. 그렇다면 임사 체험자의 체험이 두뇌의 환각 작용일 가능성은 적다고 보아야 할 것이다. 특히 주목할 만한 환자는 농장에서 쓰러져 구급차로 실려 온 44세 남자의 경우다. 이 남자의 경우 '임상적 사망'의 정의가 어떻든 간호사가 틀니를 치울 때 의식이 없었다고 한다. 비판자들은 그래도 그 사람의 두뇌는 활동을 하고 있어서 의식이 있었을 가능성이 있다고 한다. 하지만 그 정도의 중환자가 병실 사정은 물론 자신의 틀니 위치까지 알았을 가능성은 거의 없다고 보는 것이 합리적인 판단일 것이다. 그리고 그가 틀니의 위치를 알았던 것을 두뇌의 환각 작용으로 설명하는 것 역시 무리일 것이다.

5. 맺는 말씀

핌 반 롬멜 박사가 말하는 '비국소적 의식'에 대해 생각해 보자. '두뇌 상대 = 마음'이라는 믿음이 확고하다면 비국소적 의식은 생각조차 할 수 없는 개념이다. 그러나 이것은 소설 같은 이야기이기만 한 것도 아니고, 롬멜 박사가 처음으로 제안한 개념도 아니다. 뛰어난 심리학자 윌리엄 제임스(William James, 1842-1910)도 의식을 전자파, 두뇌를 라디오에 비유했다. 칼 융의 집단 무의식(collective unconscious)도 비국소적이다. 칼 융은 "무의식 상태에서는 모든 구별이 사라지므로 서로 분리된 마음들 사이의 구별 역시 사라진다."고 하면서 집단 무의식이 불교의 한마음〔一心〕과 같다고 말한다.[33]

의식에 관한 문제는 수 세기 동안 철학자들과 과학자들이 생각해 온 문제다. 하지만 의식이 어디에서 비롯되는가는 아직까지 수수께끼로 남아 있다. 현 단계의 뇌·신경 과학은 우리 뇌 속의 전기 화학적 과정에서 의식이 어떻게 발생하는지를 설명하지 못한다. 신경 세포들 사이에는 아무런 의미가 없는 전기 화학적 신호만 오갈 뿐이다. 그러는 가운데 신경망 전체에서 의미가 생겨난다. 그것이 의식인가? 그렇다면 서울 시민도 서로 간에 의사를 주고받는다. 이 가운데서 서울 시민 전체의 의식이 생겨나는가? 인공 신경망은 또 어떤가? 아직 의식의 본질도 모르면서 '두뇌 상태 = 마음'이라는 도식을 하나의 도그마로 내세울 이유는 없다. 열린 마음이 필요하다. 그것이 과학이다. 롬멜 박사의 '비국소적 의식'은 아직 정립된 개념은 아니지만 비과학적이라고 비난 받아야 할 개념도 아니다. 열린 마음이라면 하나의 가설로 받아들일 수 있을 것이다.

다음 6강에서는 사후 세계나 두뇌의 활동 없이도 작용하는 의식을 받아들이지 않으면서도 임사 체험을 합리적으로 설명할 수 있는지 알아보고자 한다. 이를 위해 임사 체험에 대한 대안론에 속하는 심리적 요인

---

[33] 파드마삼바바 지음, 유기천 옮김, 『티벳 해탈의 서』, 정신세계사, 2000, pp.54-67.

에 의거하는 설명과 마취 중 각성에 의거하는 설명에 대해 살펴볼 예정이다.

6강

심리적 요인과 마취 중 각성

우리가 인식하고 있는 세상, 움벨트는 계속 바뀌어 왔다. 21세기를 살아가는 우리의 움벨트는 과학적이고 합리적인 것만 용납한다. 이런 분위기에서 임사 체험을 심리적 요인이나 마취 중 각성으로 설명할 수 있다면 참으로 합리적인 설명이라고 환영받을 수 있을 것이다. 설명에 문제가 있더라도 꾸준히 계속해서 합리적 설명을 시도하는 것이 과학이다. 거기에서 과학의 힘이 나온다.

예비적 고찰

임사 체험과 관련하여 많이 언급되는 내용들은 대략 다음과 같은 10가지로 정리할 수 있다.

    1. 의식이나 주의력이 평소보다 더 분명하고 강해진다.

2. 긍정적인 감정, 9-23%는 부정적인 감정.**34**

3. 체외 이탈(유체 이탈)을 경험하고, 죽었다는 사실을 지각한다.

4. 터널, 다리 등을 통과한다.

5. 밝은 빛과 교신하고, 종교의 성인을 만나기도 한다.

6. 황홀하고 아름다운 색깔을 관찰한다.

7. 천상(사후 세계)을 관찰한다.

8. 죽은 친척, 모르던 친척, 혹은 어떤 사람을 만난다.

9. 자신의 생을 주마등처럼 회고한다.

10. 우리가 하나임을 깨닫는다.

이들 내용은 체험자들이 전하는 내용이기 때문에 그대로 받아들일 수밖에 없다. 하지만 사후 세계의 존재를 상정하지 않고 다른 방법으로 이들을 설명할 수 있다면 그것이 더 합리적일 것이다. 이러한 내용을 합리적으로 설명할 수 있다고 생각하는 과학적 근거 가운데 하나를 살펴보겠다.

스위스의 로잔 공과대학(École Polytechnique Fédérale de Lausanne, EPFL)의 올라프 블랑케(Olaf Blanke, 1969~) 교수는 2002년 사람의 오른쪽 두뇌의 특정 부분을 전극 전류로 자극하면 유체 이탈 현상을 체험할 수 있다는 것을 발견했다. 『네이처(Nature)』에 실린 그의 논문에 의하면 간질병을 앓고 있는 43세의 여성은 당시 상황을 이렇게 묘사했다.

"나는 침대에 누워 있는 나를 위에서 내려다보고 있습니다. 그런데 다리와

---

34 어느 한 집단의 통계가 아니라 여러 집단의 통계를 올린 것이기 때문에, 조사하는 사람들과 조사 대상에 따라 부정적인 감정에서 차이가 난다.

몸 아래쪽만 보입니다."³⁵

블랑케 교수의 이 실험은 초자연적 현상의 증거로 이용되던 유체 이탈을 자연 현상 중 하나로서 설명할 수 있음을 보여 준 실험으로 큰 주목을 받는다. 그러나 이것이 임사 체험에서 경험하는 유체 이탈과는 다르다는 반론도 만만치 않게 제기된다. 두뇌 없이도 의식이 활동할 수 있다고 보는 사람들은 임사 체험을 초자연적 현상이라고 주장하는 것이고, 심리적 요인이나 마취 중 각성으로 임사 체험을 설명할 수 있다고 대안론을 제시하는 사람들은 임사 체험을 특별한 자연 현상 중 하나로 보는 것이다. 이제 임사 체험을 초자연적 현상이라고 생각하는 학자들과 임사 체험을 심리적 요인이나 마취 중 각성으로 설명할 수 있다고 생각하는 학자들의 주장을 비교해 보자.

---

1. 대안론과 반론

뇌에 자극을 주거나 이상이 있을 때, 유체 이탈과 영적 체험을 비롯하여 임사 체험과 유사한 경험을 하는 것이 확인된 이상, 합리주의와 경험주의를 함께 내세우는 과학의 풍토에서는 임사 체험자들이 말하는 체험 내용을 두뇌의 이상 상태나 어떤 심리적 요인에서 오는 것이라고 보는 견해가 우세하기 마련이다. 임사 체험을 자연 현상 중 하나로 보고 합

---

35 Olaf Blanke, Stephanie Ortigue, Theodor Landis, Margitta Seeck, "Stimulating illusory own-body perceptions", *Nature* vol.419 no.6904, 2002, p.269.

리적으로 설명하려는 대안론은 크게 보아 심리적 요인, 마취 중 각성, 그리고 두뇌의 작용에 의거하여 임사 체험을 설명한다. 이번 6강에서는 이 세 가지 가운데 심리적 요인과 마취 중 각성에 의거하는 대안론에 대해 살펴보자.

1) 심리적 요인

● **소망 사고(wishful thinking)의 투사**

소망 사고란 심리학적 용어로서 사물을 있는 그대로 보지 않고 자기가 원하거나 희망하는 대로 보는 태도를 뜻한다. 임사 체험자들이 평소에 바라던 것을 임사 체험 속에서 경험한다는 것인데, 예를 들면 사랑하는 이를 만나거나, 행복감을 느끼거나, 장애인이 온전한 신체를 갖는 것 등이다. 이에 대한 반론은 다음과 같다. 먼저 엘리자베스 퀴블러-로스 박사의 말을 들어 보자.

> "휠체어에 의존해야만 움직일 수 있고, 언어 구사에 문제가 있던 환자들은 임사 체험에서 살아난 후 즐거운 표정으로 이렇게 말한다. '로스 박사님, 내가 내 몸에서 빠져나가 있었을 때 나는 다시 춤을 추었습니다.' 평상시에 휠체어를 탔지만 유체 이탈에서 춤을 추게 된 사람은 너무나 많다. 물론 유체 이탈 체험이 끝나면 그들은 앓던 몸으로 되돌아온다. … 머리카락이 모두 빠진 작은 소녀는 임사 체험에서 머리칼을 가지게 되고 유방암 치료로 유방이 없어진 여자들은 다시 유방을 갖게 된다."[36]

---

[36] 엘리자베스 퀴블러-로스 지음, 최준식 옮김, 『사후생』, 대화출판사, 2020, pp.23-24.

임사 체험을 초자연적 현상으로 보는 데 대해 비판적인 사람들은 이런 사례들을 소망 사고의 투사로 설명할 것이다. 사실 위에서 말한 내용은 소망 사고로 보는 것이 합리적일 것이다. 그러나 시각 장애인이 임사 체험에서 사물을 정상인처럼 바로 본다면 그것을 소망 사고로 설명하는 것은 무리일 것이다. 이 점에서 많은 학자들이 반론을 제기하고 있지만, 이에 대해 가장 쉽고 분명하게 설명하는 것은 퀴블러-로스 박사다. 그녀는 적어도 10년 이상 빛을 전혀 보지 못했던 시각 장애인들만을 관찰했다. 그런데 그들은 유체 이탈을 경험한 후 사람들이 지니고 있던 보석의 색깔, 그리고 그들이 입고 있던 스웨터나 넥타이의 모양과 색깔 등을 말할 수 있었다. 이 사실들을 소망 사고로 설명하기는 어려울 것이다.[37]

시각 장애인이 눈을 뜨고 싶다는 소망이 있어 임사 체험에서 눈을 뜨는 경험을 했다면 그것은 소망 사고라고 설명하는 것이 합리적일 것이다. 그러나 유체 이탈 상태에서 정상인과 똑같이 사물을 정확히 보았다면, 그것도 10년 이상 빛을 보지 못했던 사람이 현재의 사물을 정확히 봤다면 그것은 소망 사고로 설명하기 어려울 것이다. 시각 장애인의 체험뿐만 아니라 2강에서 말한 브루스 그레이슨 교수가 체험한 홀리의 경우도 마찬가지다. 뇌를 자극해서 유체 이탈이 일어났다는 올라프 블랑케 교수의 발견은 대단히 흥미로운 현상임은 분명하다. 그러나 그렇게 자극한다고 해서 홀리처럼 멀리 떨어진 곳에 있는 일을 다 알 수는 없을 것이다. 퀴블러-로스 박사가 말한 시각 장애인의 유체 이탈 체험과 그레이슨 교수가 말한 홀리의 일을 자연 현상의 하나로 설명하려면 다른 대안을 찾아야 할 것이다. 유체 이탈에 대한 대안론을 살펴보았으니 이제는 임사 체험에서 경험하는 또 다른 현상인 과거의 회고를 심리적 방어

---

[37] 엘리자베스 퀴블러-로스 지음, 최준식 옮김, 『사후생』, 대화출판사, 2020, p.25.

기제에 의거하여 설명하는 합리적 대안론을 살펴보자.

● **심리적 방어 기제**

죽음에 임박한 사람은 무의식적으로 자신이 어떤 위험에 처했다는 것을 알고 불안을 느낄 것이다. 이 불안한 상황에서 사람은 스스로를 보호하기 위해 자신의 마음을 무의식적으로 조절하거나 왜곡하면서 마음의 평정을 찾는 심리적 메커니즘을 작동시키게 되어 있다. 임사 체험에서 일어나는 여러 가지 즐거운 체험이나 평온한 감각은 바로 이 심리적 방어 기제(defence mechanism) 때문이라는 것이 임사 체험을 합리적으로 설명하려는 대안론 중 하나다.

팸 레이놀즈와 엘리자베스 퀴블러-로스 박사를 비롯하여 많은 임사 체험자들이 사후 세계나 어떤 영적인 세계에서 빛을 보고 평화와 사랑을 느꼈다고 한다. 이러한 모든 체험을 위급한 순간에 자신의 마음을 안정시키려는 심리적 방어 기제로 보는 것은 두뇌를 떠나서 활동하는 의식을 상정하는 것보다 합리적인 설명이라고 할 수 있다. 심리적 방어 기제는 이전의 즐거운 기억들로 퇴행하는 것만을 포함하는 것이 아니다. 2강에서 칼 융이 임사 체험을 하면서 자신의 모든 과거를 한순간에 주마등처럼 경험했다고 했는데, 이렇게 삶을 회고하는 체험 역시 심리적 방어 기제로 볼 수 있다. 심리적 방어 기제는 확실히 합리적이고 설득력이 있지만 여기에 대한 반론도 만만치 않다. 그러한 반론으로는 오랫동안 임사 체험 사례를 연구한 제프리 롱(Jeffrey Long, 1954-) 박사의 의견을 들어 보는 것이 좋을 것이다.

방사선 종양학과 전문의인 롱 박사는 1984년 『미국 의사 협회 저널(*Journal of the American Medical Association*)』에서 처음으로 '임사 체험'이라는 말을 접했다. 그리고 몇 년 후 친구 부인으로부터 그녀가 체험했다고 하는 임사 체험 이야기를 전해 듣고 호기심으로 임사 체험을 연구하다가, 1998년 '임사 체험 연구 재단(Near-Death Research Foundation)'을 설립했다. 그는 세계 각지로부터 1,300여 명에 달하는 임사 체험자들의 사례를 수집한 후, 그 내용을 검토하고 분석했다. 연구 조사는 모두 공개적으로 이루어졌다. 그는 자신의 연구 결과를 책으로 써서 발표했는데, 그가 쓴 책 『죽음, 그 후(Evidence of the Afterlife)』[38]는 《뉴욕 타임스》 베스트셀러가 되었다. 이 책에서 그는 과거에 대한 회고가 심리적 방어 기제라면 즐거운 것, 경험하고 싶은 것을 경험해야 할 것인데, 임사 체험에서는 즐겁지 않은 기억들도 만나게 된다는 점을 지적한다. 만일 삶을 회고하는 임사 체험이 심리적 도피라면 즐겁지 않은 일을 되살려 기억할 이유가 없을 것이기 때문이다. 롱 박사가 조사한 바에 의하면 임사 체험자의 30% 정도는 공포 등 즐겁지 않은 경험을 한다고 한다. 임사 체험을 경험하게 만드는 사건이 대부분 돌발적으로 일어난다는 점 또한 주목할 필요가 있다. 그러한 상황에서 임사 체험자들은 거의 즉각적으로 무의식 상태에 이르게 되기 때문에, 그러한 임사 체험 중에 심리적 방어 기제가 작동할 틈은 사실상 없다. 전신 마취의 경우에도 임사 체험자들은 아무 것도 지각하지 못하는 상황에서 즉각적으로 무의식 상태에 이른다. 이 경우에도 어떤 심리적 준비가 일어난다는 것은 있을 수 없는 일이다.[39]

롱 박사의 반박은 설득력이 있다. 자신이 위험에 처하게 될 것을 예측할 시간이 없으면 심리적 방어 기제가 작동할 틈이 없을 것이다. 더욱이 심리적 방어 기제로는 장님이 주변 상황을 정확히 묘사하는 것을 설명할 수 없다. 다른 대안론이 필요하다. 그 다른 대안론 중 하나가 마취

---

[38] 제프리 롱, 폴 페리 지음, 한상석 옮김, 『죽음, 그 후』, 에이미팩토리, 2010.
[39] 제프리 롱, 폴 페리 지음, 한상석 옮김, 『죽음, 그 후』, 에이미팩토리, 2010, p.153.

중 각성에 의거한 설명이다.

2) 마취 중 각성

3강에서 보았듯, 네덜란드의 마취의 제럴드 우얼리(Gerald Woerlee)는 팸 레이놀즈의 임사 체험을 마취 중 각성(anesthesia awareness)으로 본다면 모든 것이 다 합리적으로 설명된다고 했다. 이에 대해 제프리 롱 박사는 마취 중 각성으로 팸의 경우를 설명하는 것은 마취제가 다량 사용된 상태에서 일어나는 임사 체험을 무시하는 논리일 뿐만 아니라, 임상 데이터도 무시하는 논리라고 반박한다. 임상 데이터를 조사해 보면 환자 1,000명당 1-3명에게서 마취 중 각성이 일어나는데, 이때의 체험은 임사 체험과는 전혀 다르다. 마취 중 각성을 경험하는 사람들은 그 순간을 대단히 불쾌하고 끔찍스럽게 고통스러웠던 것으로 기억한다. 그리고 임사 체험의 경우에는 대부분 시각적인 경험을 하는 데 반해, 마취 중 각성에서는 시각적인 경험은 거의 없고 청각적인 경험이 대부분이다. 그리고 이 경우 대부분 극심한 통증에 시달린다. 뿐만 아니라 전신 마취 중에 임사 체험이 일어날 때 많은 사람들이 유체 이탈을 경험하게 되는데, 이때 이들이 본 자신의 모습은 마취가 풀린 상태가 아니라 완전히 의식을 잃은 채 응급 상태에 놓인 자신이다. 그는 전신 마취 중에 일어나는 임사 체험을 마취 중 각성으로 설명할 수는 없으며, 의식이 두뇌를 떠나서도 활동한다는 것 말고는 달리 그것을 설명할 방법이 없다고 말한다.[40]

롱 박사가 한 말을 염두에 두고 3강에서 소개한 팸 레이놀즈의 임사 체험을 다시 생각해 보자. 마취의 우얼리와 심리학자 크리스토퍼 프렌

---

[40] 제프리 롱, 폴 페리 지음, 한상석 옮김, 『죽음, 그 후』, 에이미팩토리, 2010. p.138.

치는 팸의 유체 이탈이나 사후 세계의 경험이 마취 중 각성으로 설명할 수 있다고 주장했다. 그러나 그들의 주장은 의료 기록과 집도의 스페츨러의 증언을 무시하고 팸의 체험을 인간이 이해할 수 있는 방식으로 설명하려고 한 것에 불과할 수 있다. 어떻게 마취 중 깨어난 환자가 눈을 가린 상태에서 자신의 몸을 내려다볼 수 있고, 전에 본 적이 없는 수술용 칼을 보고 그 모양을 비슷하게 묘사할 수 있겠는가? 비록 우리는 전문가가 아니지만 롱 박사의 반론이 옳다고 판단할 수 있다.

마취의 우얼리와 심리학자 프렌치가 팸의 경우를 마취 중 각성으로 설명하는 것은 과학이 아니다. 과학이라면 그 주장의 근거를 말해야 할 것이다.

2. 맺는 말씀

지금까지 살펴본 바와 같이 대안론 중 심리적 요인에 의거한 설명과 마취 중 각성에 의거한 설명으로는 이해할 수 없는 임사 체험 사례가 분명히 있다. 퀴블러-로스 박사가 말한 시각 장애인의 임사 체험과 팸 레이놀즈의 임사 체험이 그런 경우다.

올라프 블랑케 교수의 유체 이탈 실험에 대해서도 제프리 롱 박사는 인위적으로 일으킨 유체 이탈과 임사 체험에서 체험자가 말하는 유체 이탈은 근본적으로 다르다고 말한다. 여기서 블랑케 교수의 유체 이탈 실험에 대해 조금 더 자세히 설명하겠다.

블랑케 교수의 실험에서 인위적인 자극에 의해 유체 이탈을 경험한 43세의 여성은 자신의 몸통 아래쪽과 다리만 보았다고 한다. 또 다른 부위를 자극했더니 다리가 짧아지는 느낌이 들기도 했고, 다리가 자기 얼굴을 향해 날아오는 느낌이 들기도 했다고 한다. 인접한 또 다른 부위를 자극했더니 침대 위 2m 정도, 천장과 가까운 위치로 가볍게 떠오르는 느낌이 들었다고 한다. 과학자들은 전기 자극을 조절하여 환자가 떠오르는 느낌을 받는 높이까지 조절할 수도 있었다고 한다.

 이 연구 보고와 관련하여 롱 박사는 인위적으로 일으킨 유체 이탈과 임사 체험자가 경험하는 유체 이탈은 다르다고 지적한다. 임사 체험 중에 일어나는 유체 이탈에서는 몸을 부분적으로만 보는 경우가 없다. 더구나 팸을 비롯하여 1강에서 소개한 케네스 링 교수의 학생 크레이그(Craig)의 예에서 보듯이, 임사 체험에서는 의식이 보통 때보다 더 명료하다. 그러나 인위적으로 일으킨 유체 이탈에서는 환각이 일어난다. 롱 박사는 다른 사람들과 함께 논문을 써서 블랑케 박사의 유체 이탈 실험과 진정한 유체 이탈의 차이점을 밝혔다고 한다.[41]

 지금까지의 논의를 살펴보면 롱 박사가 하는 말이 더 타당해 보인다. 팸의 경우나 퀴블러-로스 박사가 밝힌 바에 의하면 임사 체험자는 장애인일지라도 완벽한 몸을 갖는 것을 경험한다. 지금까지 설명한 것만으로도 심리적 방어 기제에 의거한 설명이나 마취 중 각성에 의거한 설명과 같은 대안론이 임사 체험을 제대로 설명하지 못한다는 것을 이해할 수 있을 것이다. 다음 7강에서는 임사 체험을 설명하는 또 다른 대안론으로 두뇌의 작용에 의거한 설명과 산소 결핍증에 의거한 설명을 살펴볼 것이다.

---

41 제프리 롱, 폴 페리 지음, 한상석 옮김, 『죽음, 그 후』, 에이미팩토리, 2010, p.155.

7강

두뇌의 작용과 산소 결핍증

우리가 세상을 보는 것은 '있는 그대로의 어떤 것'을 보는 것이 아니다. 우리가 보는 것은 두뇌가 만들어낸 것이다. 여기에 대한 뇌 과학적 증거는 많이 있지만 우리가 이해하기 쉬운 예 중의 하나는 에덜슨 체스판 (Adelson's Checkerboard)의 그림자 밝기다.[42]

[그림 1]   [그림 2]

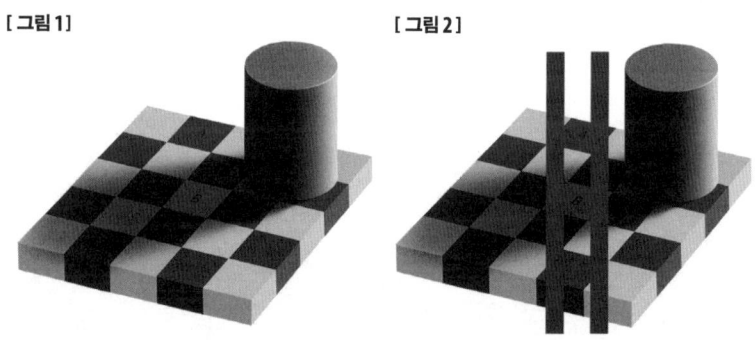

42 "Checker shadow illusion" by Edward Adelson.
    https://persci.mit.edu/gallery/checkershadow.

〔그림 1〕의 체스판에 있는 A칸과 B칸을 비교해 보자. A칸이 B칸보다 더 어두워 보일 것이다. 그런데 사실은 A칸과 B칸의 명도는 같다. 〔그림 2〕처럼 같은 색깔의 막대를 걸쳐두면 두 칸의 명도가 같다는 것을 알 수 있다. 〔그림 1〕의 A칸과 B칸의 밝기는 사실 꼭 같은데 아무리 보아도 다르게 보인다. 밝기가 같다는 사실을 알아도 다르게 보인다. 왜 그럴까? 〔그림 1〕의 B칸은 막대의 그림자 속에 있다. 그림자 속에 있으면 원래의 밝기보다 어둡게 보인다. 이 사실과 체스판의 무늬는 어두움과 밝음이 교차된다는 사실이 결합하여 우리의 두뇌가 우리로 하여금 두 칸의 밝기를 다르게 인식하도록 조작한 것이다.

에덜슨 체스판의 그림자 밝기는 우리가 있는 그대로의 것이 아니라 우리가 관심을 두는 것만 선택해서 본다는 것을 말해 준다. 이것은 두뇌가 우리의 고정 관념에 맞게 사물을 편집해서 본다는 것을 보여 준다. 우리가 경험하는 것이 꿈처럼 우리의 두뇌가 조작한 것이라면, 임사 체험도 두뇌가 조작한 것이라고 볼 수 있을 것이다. 실제로 많은 사람들이 그렇게 생각한다. 이제 임사 체험을 설명하는 대안론으로 두뇌의 작용에 의거한 설명과 산소 결핍증에 의거한 설명에 대해 살펴보자.

예비적 고찰

2013년 미시간 대학교(University of Michigan)의 신경 과학자 지모 보르지긴(Jimo Borjigin) 교수가 쥐를 대상으로 연구를 하던 중 갑자기 쥐가 죽었다. 보르지긴 교수는 쥐의 심장이 멈춘 뒤에도 뇌에서는 여러 신경 전달 물질이 활성화되어 있음을 발견했다. 감정을 조절하는 신경 전달 물질인 세로토닌 수치는 약 60배, 기분을 좋게 만드는 신경 전달 물질인 도파민은 약 40배 내지 60배, 집중력을 증가시키는 신경 전달 물질인 노르에피네프린은 약 100배 증가했다. 여기서 보르지긴 교수는 죽음의 정의에 대해 다시 생각해 보아야 한다고 생각했다.

의사들은 오랫동안 심장이 멈춘 후 맥박이 돌아오지 않으면 이를 임상적으로 '죽음'이라고 정의해 왔다. 심정지 상태에서는 뇌가 반응하지 않는 것처럼 보인다. 이런 상태에서 사람은 말을 할 수도, 서 있을 수도, 앉아 있을 수도 없다. 그러나 보르지긴 교수는 "이것은 심정지이지 뇌정지가 아니다."라고 말한다. 뇌가 기능하기 위해서는 엄청난 양의 산소가 필요하다. 심장이 멈춰 혈액이 돌지 않으면 산소가 뇌에 도달할 수 없다. 이에 따라 심장이 멈추면 표면적으로는 뇌 또한 더 이상 기능하지 않거나 적어도 거의 활동하지 않는 것처럼 보인다. 하지만 보르지긴 교수는 심정지 상태에서도 뇌가 고도의 활동 상태에 있음을 발견한 것이다.

2023년 보르지긴 교수의 연구팀은 혼수상태에 빠져 생명 유지 장치에 의존하는 환자 네 명에게 뇌파를 기록해 뇌의 활동을 보여 주는 전극을 부착했다. 이들 네 명은 죽어 가던 상태로, 의료진과 가족들이 함께 모여 상의한 후 가족들의 허가 하에 생명 유지 장치를 껐다. 생명 유지 장치를 껐음에도 불구하고 연구진은 이 중 2명의 뇌에서 고도로 활동적인 모습을 관찰했다. 활동적인 부분은 바로 인지 기능을 암시하는 부분이었다. 뿐만 아니라 이들의 뇌에서는 감마파도 감지되었다. 감마파는 사람이 고도로 긴장하거나 정신을 집중할 때 방출되는 뇌파로, 복잡한 정보 처리 및 기억에 관여한다. 그리고 환자 한 명의 경우 뇌의 양쪽 측두엽에서 높은 활동이 감지되었다. 오른쪽 측두-두정 접합[43]은 공감 능

---

[43] 측두엽과 두정엽이 만나는 부분.

력에 크게 기여하는 부분이다. 이 관찰을 바탕으로 보르지긴 교수는 임사 체험자가 임사 체험 후 더 나은 사람이 되었다고 말하는 것을 설명할 수 있을 것 같다고 생각했다. 심정지에서 살아난 이들의 20-25%가 하얀 빛을 봤다거나 무언가를 봤다고 말하는데, 보르지긴 교수는 이것은 시각 정보 처리를 담당하는 대뇌 피질 부분인 시각 피질이 활성화되었음을 암시한다고 생각했다.

보르지긴 교수가 연구한 사례 외에도 의식이 두뇌 신경의 전기 화학적 작용에서 일어나는 현상이라고 볼 수 있는 증거는 많이 있다. 질병이나 사고, 노화 등으로 두뇌 신경에 문제가 생기면 확실히 우리의 정신 활동에 문제가 생긴다는 것은 여러 가지 측면에서 확인할 수 있다. 이런 증거를 바탕으로 신경 과학자들은 두뇌가 활동하지 않으면, 즉 뇌파가 정지하면 의식이 활동하지 않을 것이라고 확신한다. 이 밖에도 마이클 셔머는 『천국의 발명』에서 임사 체험의 여러 가지 사례를 조목조목 반박하면서 임사 체험은 두뇌의 작용에서 비롯된 환상일 뿐이라고 주장한다.

보르지긴 교수의 연구에 덧붙여 신경 과학자들의 주장을 살펴보면 임사 체험을 두뇌의 작용이라고 보는 것은 확실히 합리적인 것처럼 보인다. 그런데 사후 세계를 인정해야 한다고 주장하는 학자들도 과학적인 증거를 바탕으로 이런 주장을 한다. 의식은 두뇌 신경의 활동이라고 보는 학자들은 어떤 설명을 하는지 들어 보고 이에 대한 반론도 함께 살펴보자.

1. 임사 체험과 두뇌의 작용

보르지긴 교수의 연구는 비교적 최근의 일이지만, 그전에도 비슷한 연구 결과는 많이 있었다. 이런 연구 결과를 두고 판단하면 임사 체험을 두뇌의 작용으로 이해해야 한다는 생각은 확실히 과학적으로 뒷받침되는 것처럼 보인다. 그러나 그렇게 보인다는 것과 정말 반론의 여지없이 설득력 있게 임사 체험을 잘 설명하느냐 하는 것은 또 다른 문제다. 임사 체험을 두뇌의 작용으로 설명할 수 있다는 주장에도 열 가지 이상의 여러 가지 설이 있는데, 이들 중 대표적인 것 세 가지만 살펴보자.

1) 유체 이탈은 인위적으로 일어난다는 견해

앞서 6강에서 올라프 블랑케 교수가 두뇌에 전기 자극을 가하면 유체 이탈을 경험할 수 있다고 했는데, 이보다 훨씬 오래 전인 1940년대에 캐나다의 신경 과학자 와일더 펜필드(Wilder Penfield, 1891-1976)[44]가 G. A.라고 알려진 여성 환자의 두뇌에 전기 자극을 가했더니 유체 이탈 체험이 일어나는 것을 관찰했다. 전기 자극을 가하는 부위에 따라 이 여자는 "제가 여기 없는 듯한 이상한 느낌이 들어요. … 반은 있는데 반은 다른 데 있는 것 같아요."라고 말하기도 했고, "침대에 누워 있는 나를 내려다보는데, 다리만 보여요."라고 말하기도 했다.

블랑케 교수나 펜필드가 인위적으로 일으킨 유체 이탈로 임사 체험자들이 말하는 내용을 잘 설명할 수 있다면 유체 이탈은 확실히 두뇌의 작용에서 비롯되는 일종의 환각이라고 볼 수 있을 것이다. 이를 확인하

---

[44] 인간의 대뇌와 신체 각 부위 간의 연관성을 규명한 '펜필드의 지도'로 유명한 신경 과학자다.

기 위해 올라프 블랑케가 일으킨 인위적인 유체 이탈에 대해 보다 상세히 살펴보고, 인위적인 유체 이탈로는 임사 체험을 설명할 수 없다는 반론을 검토해 보자.

    6강에서 이미 우리는 올라프 블랑케가 어느 여성 환자의 뇌 특정 부위에 전기 자극을 가했을 때 그 환자가 몸이 떠오르는 느낌을 받았다는 사례에 대해 살펴본 바 있다. 이러한 현상을 놓고 보면 두뇌의 적당한 곳에 자극을 받으면 자기 몸이 아주 멀리 떨어진 곳에 있다고 착각하게 될 수도 있을 법하다. 그러나 마이클 세이봄 박사, 제프리 롱 박사, 엘리자베스 퀴블러-로스 박사 등 의식이 두뇌를 떠나서도 활동할 수 있다고 생각하는 사람들은 이러한 인위적인 유체 이탈은 임사 체험자들이 경험하는 유체 이탈과는 차이가 있다고 말한다. 이들의 주장을 요약하면 다음과 같다.

    임사 체험 중에 일어나는 유체 이탈에서는 몸을 부분적으로만 본다거나 다리가 자기를 향해 날아온다거나 하는 식의 환각적 경험이 보고된 바 없다. 뿐만 아니라 임사 체험자들이 유체 이탈 중에 경험했다고 하는 것 중에는 실제 상황을 정확하게 묘사한 것이 셀 수 없이 많다. 유체 이탈 상태에서 현실의 사건을 정확히 관찰했다는 것은 임사 체험이 실제임을 나타내는 강력한 증거라고 볼 수 있다. 앞서 살펴봤던 세이봄 박사, 퀴블러-로스 박사, 핌 반 롬멜 박사 등은 임사 체험자가 현실의 사건을 정확히 인지하고 있었다고 말했다. 특히 롱 박사는 그의 책 『죽음, 그 후』에서 이 문제에 대해서 자세히 설명하고 있는데, 그는 이 책에서 특별히 노스 텍사스 대학교(University of North Texas) 상담학 교수 제니스 홀든(Janice M. Holden)의 연구 조사를 소개하고 있다. 홀든 교수는 임사 체험자 중 유체 이탈을 경험한 사람이 말하는 내용의 정확성을 조사했는데 92%가 오류 없이 정확했다고 한다.⁴⁵ 이 조사를 할 때 홀든 교수는 임사 체험을 다루는 모든 학술 서적과 논문에 나온 유체 이탈에 관한 이야기를 수집하고, 면담을 했다. 홀든 교수는 면담을 통해 수집한 유체 이탈 시 경험한 내용이 세부 사항에서 1%만이라도 부정확하면 그 사례를 부정확한 것으로 분류했다고 한다. 따라서 유체 이탈 체험자가 말한 내용의 92%가 정확했다는 것은 대단히 높은 비율이라고 볼 수 있다.

이 문제에 있어서 다시 한 번 언급하고 싶은 것은 2강에서 설명한 적이 있는 버지니아 대학 정신의학과 브루스 그레이슨 교수가 경험한 환자 홀리의 경우다. 홀리는 의식을 잃고 응급실에 누워 있었지만 멀리 떨어진 휴게실에서 일어난 일을 정확히 알고 있었다. 이것을 어떻게 인위적으로 불러일으킨 유체 이탈로 설명할 수 있겠는가? 적어도 현재까지 알려진 연구 조사 결과를 놓고 판단하면 인위적으로 불러일으킨 유체 이탈로는 임사 체험자들이 말하는 유체 이탈 체험을 설명할 수 없다고 결론을 내려도 좋을 것이다. 임사 체험을 두뇌의 작용으로 설명할 수 있다고 제안한 또 하나의 강력한 주장은 산소 부족에 의한 두뇌의 환각이다.

2) 임사 체험은 산소 부족에 의해 일어난 환각이라는 견해

뇌에 전기 자극을 가하는 것이 아니더라도 환각제나 기타 동물의 마취제로 사용하던 케타민(ketamine)과 같은 약물을 사용할 때도 임사 체험과 유사한 경험을 일으킬 수 있다. 뇌에 공급되는 혈류에 산소가 부족해도 환각이 일어날 수 있다. 제트 전투기의 조종사들은 비행 중에 급선회를

---

45 J. Holden, J. Long, and J. MacLug, "Characteristics of Western Near-Death Experiences" in Janice Miner Holden, Bruce Greyson, Debbie James eds., *The Handbook of Near-Death Experiences: Thirty Years of Investigation*, Praeger, 2009.

하게 뇌년 큰 충격을 받게 된다. 이때 뇌로 가는 혈류기 저히되면서 산소 결핍 상태가 되어 실신하는 경우가 있다. 'G-LOC(G-force induced Loss Of Consciousness)'이라고 불리는 이 현상과 관련하여, 일부 사람들이 꿈을 꾸는 듯한 기분이 들었다거나 터널과 같은 시각 상태가 있었다고 보고했다.

산소 부족 문제가 임사 체험에서 크게 주목을 받게 된 것은 『미국 의사 협회 저널(Journal of the American Medical Association)』 244호(1984년)에 실린, 정신과 의사 리처드 블레처(Richard Blacher, 1924-2014) 박사와 심장병 전문의 마이클 세이봄(Michael Sabom, 1944-) 박사 사이의 논쟁 때문이었다. 세이봄 박사는 심장 박동이 정지하고 혼수상태에 빠졌다가 살아난 107명의 환자들을 대상으로 체계적인 조사를 실시한 후, 임사 체험을 의학적으로는 설명할 수 없다고 주장했다. 세이봄 박사의 이 주장에 대해 블레처 박사는 이런 체험이 '죽음에 대한 환각'이며 저산소증에 빠진 뇌가 '의료 절차나 질병에 대한 불안'을 처리하려고 애쓰는 모습에 불과하다고 반박했다. 여기서 한걸음 더 나아가 블레처 박사는 "의사들은 종교적인 믿음을 과학적 자료로 받아들이는 일이 없도록 조심해야 한다."고 말했고, 이 말에 대해 세이봄 박사는 "과학적 믿음을 과학적 자료로 받아들이는 일이 없도록 조심해야 한다."고 응수했다. 이 논쟁에서 나온 말, 즉 '종교적 믿음', '과학적 믿음', '과학적 자료'는 우리가 사물을 판단할 때 어디에 근거를 두고 판단하는지 살펴보아야 할 때 중요한 개념들이다. 어떤 선입견을 고수하기 위해 명백히 존재하는 사실을 억지로 부정한다면 그런 태도는 '종교적 믿음'이건 '과학적 믿음'이건 다 같이 미신이라고 봐야 할 것이다. 정확한 확인도 없이 비합리적인 것을 믿는 것을 '고대적 미신'이라고 한다면, '과학적 자료'가 있음에도 불구하고 자신이 정한 합리적 기준에 맞지 않는다고 해서 무조건 배척하는 것은 '현대적 미신'에 해당한다고 할 수 있을 것이다. 블레처 박사는 세이봄 박사가 '고대적 미신'에 빠졌다고 주장했고, 세이봄 박사는 블레처 박사가 '현대적 미신'에 빠졌다고 주장했던 것이다. 어느 쪽이 '과학적 자료'를 놓고 판단하는 것인지, 그리고 어느 쪽이 단지 '과학적 믿음'에 불과한 것을 '과학적 진실'이라고 주장하는지 비전문가인 우리가 판단해 보자.

G-LOC 상태에 빠진 사람이 환각을 경험하는 것이 합리적이라고 한다면, 심장 박동이 정지함에 따라 뇌에 충분한 산소를 공급 받지 못한 환자가 환각을 보게 된다고 하는 블레처 박사의 생각 역시 무척 합리적으로 보인다. 그런데 세이봄 박사는 환자로부터 심장 수술을 하는 동안 몸을 빠져나와서 수술하는 모습을 눈으로 분명하고 상세히 지켜본 유체 이탈 경험을 진술 받았다고 한다. 세이봄 박사는 이것을 과학적 자료라고 주장하는 것인데, 블레처 박사는 이것을 산소 결핍증에서 오는 환각이라고 판단한 것이다. 세이봄 박사가 제시한 사례 하나만으로 그것을 과학적 자료라고 단정하기는 어려울 수 있다. 여러 번 같은 사례가 있어야 그것을 과학적 자료라고 할 수 있을 것이다. 논쟁 당시 블레처 박사는 몰랐겠지만, 그 후 비슷한 사례가 여러 번 보고되었다. 특히 앞서 말한 제니스 홀든 교수의 연구가 발표된 뒤에도 누군가가 블레처 박사와 같은 주장을 되풀이 한다면, 이때 그의 주장은 파괴적 회의주의에서 나온 것이라고밖에는 달리 생각할 수 없을 것이다. 유체 이탈이 환각이라면 홀든 교수가 조사한 내용을 설명하기 어려울 것이다. 유체 이탈 체험자 중 92%가 유체 이탈 중 본 내용을 한 치의 오류도 없이 정확히 묘사했다는 것은 '과학적 자료'다. 이 자료를 반박하고 무시하려면 먼저 홀든 교수의 연구에 어떤 오류가 있는지 지적해야 할 것이다. 그리고 나서 임사 체험은 산소 결핍증에서 오는 환각이라고 말해야 할 것이다.

세이봄 박사는 임사 체험이 산소 부족에서 오는 환각일 뿐이라는 주장을 반박한다. 그는 심각한 저산소증을 겪은 사람들은 의식을 잃기 전에 심각한 인지 능력 손상을 피할 수 없고, 그 결과 혼란스러운 기억을 갖게 된다는 임상 보고에 주목한다. 세이봄 박사는 저산소증을 겪은 이들과는 달리 임사 체험자들은 보통 때보다 더 명료한 의식을 가질 뿐만 아니라 의식을 잃은 후에도 신체적 감각을 통해 현실을 분명하게 인식하기 때문에, 그들의 임사 체험은 저산소증에서 비롯되는 기억 왜곡과 다르다고 말한다. 더욱이 그는 자신이 연구한 임사 체험 사례들 대부분이 '의료 절차나 질병에 대한 불안'과는 상관없는 상황에서 일어났다고 말한다.[46] 퀴블러-로스 박사는 산소 부족으로 임사 체험을 설명하려고 하는 이들에 대해 이렇게 말한다. "나는 그들이 하는 주장에 대해 더 이상 상관하고 싶지 않다. 그들도 죽을 때 그 사실을 알게 될 테니까."[47]

세이봄 박사의 반론에 의지하지 않더라도, 팸 레이놀즈의 임사 체험, 핌 반 롬멜 박사의 연구 조사, 브루스 그레이슨 교수가 경험한 홀리의 임사 체험 등은 인위적으로 불러일으킨 유체 이탈이나 저산소증에 의한 환각으로는 설명될 수 없다는 것이 분명하다. 그러면 이제 임사 체험이 뇌의 작용이라고 주장하는 또 다른 학설인 렘 침입설(REM intrusion theory)에 대해 알아보도록 하자.

3) 임사 체험은 렘 침입에 의해 일어난다는 견해

2강에서 레이먼드 무디 박사를 소개할 때, 그리고 3강에서 팸 레이놀즈

---

[46] 제프리 롱, 폴 페리 지음, 한상석 옮김, 『죽음, 그 후』, 에이미팩토리, p.39.
[47] 엘리자베스 퀴블러-로스 지음, 최준식 옮김, 『사후생』, 대화출판사, 2020, p.39.

의 임사 체험을 소개할 때 미국 켄터키 대학교 신경과 교수인 케빈 넬슨을 언급한 바 있다. 그는 수련의 시절부터 환자가 임사 체험을 말하는 것을 듣고 흥미를 느꼈으며, 다른 존경할 만한 의사들이 그런 체험을 흔히 접한다는 것도 알았다. 하지만 케빈 넬슨은 그들이 임사 체험을 애써 숨기거나 마지못해 누설하는 것을 보면서 스스로 연구해 볼 생각을 갖게 되었다. 그는 임사 체험 사례들을 모아 연구를 시작했고 그 결과 '렘 침입설'을 제안했다.

'렘수면(REM sleep)'이란 안구가 빠르게 움직여 뇌가 활성화된 상태의 수면을 말한다. 이것은 육체의 회복과 관계되는 것으로 '몸의 잠'이라고도 한다. 반면에 렘(REM), 즉 급속한 안구 운동(Rapid Eye Movement)이 없고 뇌파가 완만한 곡선을 이루어 뇌의 활동이 저하되어 있는 수면을 '비(非)렘수면(Non-REM sleep)'이라고 한다. 이것은 대뇌의 회복과 관계되는 것으로 '뇌의 잠'이라고도 한다. 뇌의 활동만 놓고 보면 렘수면 상태에서는 각성(wakefulness) 상태와 구별할 수 없을 정도로 뇌가 활발하게 활동한다. 그런데 일상의 깨어 있는 상태에서 렘수면의 특징이 불쑥 나타날 수 있다. 이를 '렘 침입(REM intrusion)'이라고 하는데, 렘 침입이 일어나면 의식이 각성과 수면의 중간 상태가 된다. 많은 사람들은 이때 꿈을 꾼다. 케빈 넬슨 교수는 임사 체험과 관련하여 '렘 침입설(REM intrusion theory)'을 제기했다. 뇌가 사망의 위기에 처하게 되었을 때 렘 침입이라는 수면 장애가 발생하게 되는데, 이 상태에서 여러 가지 비정상적인 경험을 하는 것이 임사 체험이라는 것이다.

렘 침입설은 신경 과학자들로부터 강력한 지지를 받고 있으나 다른 대안론처럼 결정적인 약점도 있다. 임사 체험자가 유체 이탈을 통해 현실에서 일어나는 일을 정확히 묘사하는 것은 렘 침입설로는 설명할 수 없다. 뿐만 아니라, 렘 침입 상태에서는 공포 체험이 주를 이룰 뿐, 터널

체험이나 선 생애를 소망하는 것과 같은 임사 체험의 요소는 볼 수 없다. 렘 침입이 일어날 수 없는 조건(렘수면을 억제하는 약제를 복용한 상태 등)에서도 임사 체험은 일어난다. 태어나면서부터 시각 장애인인 사람들의 임사 체험과 전신 마취 중에 일어나는 임사 체험도 렘 침입으로는 설명하지 못한다.

2. 맺는 말씀

지금까지 우리는 임사 체험의 대안론으로 모두 여섯 가지를 살펴보았다. 하지만 이러한 대안론들은 그것에 대해 제기되는 비판에 대해 적절한 대답을 못한다. 실제로 비판론자들이 제시하는 이론은 두뇌의 작용에 관한 이론만 하더라도 열 가지가 넘고, 약물 사용 등을 비롯한 다른 이론까지 합치면 스무 가지도 넘는다. 이것은 무엇을 뜻하는 것일까? 이들 스무 개가 넘는 대안론들 중 한 가지 대안론만을 놓고 본다면 다른 비판자들이 보기에 그것은 대안론으로서 타당하지 않다는 뜻일 것이다. 그래서 새로운 대안론이 나오고, 또 다른 비판자들이 보기에는 그 이론도 타당하지 않아서 또 다른 대안론이 나오게 되는 것이라고 생각된다. 대안론이 많다는 것은 비판자들이 보기에도 그럴듯한 대안론이 없다는 것을 뜻한다. 적절한 대안론이 없는데도 불구하고 왜 주류 신경 과학계는 임사 체험자들이 말하는 '두뇌를 떠나 활동하는 의식'을 인정하지 않는 것일까? 그것은 '두뇌 상태 = 마음'이라는 과학적 믿음 때문일 것이다. 이 믿음으로 뇌·신경 과학이 훌륭한 일을 많이 해 온 것은 맞다. 하지만 이 믿음이 절대적 진리라고 할 수는 없다는 것을 임사 체험 사례들이 보여 준다. 이 사례들을 다음과 같이 정리해 두겠다.

[브루스 그레이슨 교수의 증언]

홀리는 의식을 잃고 응급실에 있었는데, 복도 끝에 있는 휴게실에서 일어난 일을 자세히 알고 있었다. 그레이슨 박사의 넥타이에 생겼던 토마토 소스 얼룩도 알고 있었다. (2강 참조)

[팸 레이놀즈의 사례]

팸 레이놀즈는 눈을 가리고 귀를 막은 채 뇌동맥류 수술을 받았다. 하지만 의식이 완전히 없는 상태에서도 수술 도구와 의사들의 대화를 정확히 알고 있었다. (3강 참조)

[핌 반 롬멜 박사의 증언]

7일 간 의식이 없던 44세의 남자가 커튼 뒤의 일을 정확히 알고 있었으며, 잃어버린 틀니가 어느 서랍에 있는지 정확하게 알고 있었다. (5강 참조)

[엘리자베스 퀴블러-로스 박사의 증언]

엘리자베스 퀴블러-로스 박사 본인이 망자를 만나고 유체 이탈을 체험했다. (4강 참조) 또한 적어도 10년 이상 빛을 본 적이 없는 시각 장애인도 임사 체험을 경험한 뒤에는 임사 체험 동안 자신이 보았던 것들에 대해 말할 수 있었다. (6강 참조)

위의 네 가지 사례를 놓고 볼 때, 우리가 알고 있는 과학적 믿음으로는 임사 체험을 설명할 방법이 없다는 쪽이 더 설득력이 있어 보인다.

8강

정신은 뇌가 아니다

예비적 고찰

이번 8강에서는 임사 체험에 대한 과학적 검토를 종합적으로 정리하고, 보통 사람들이 임사 체험에서 말하는 사후 세계나 '두뇌를 떠나서 활동하는 의식'의 진실성을 판단하고자 할 때 참고할 만한 자료를 제공하고자 한다.

앞서 2강에서 홀리의 사례를 소개할 때 언급했던 버지니아 의과 대학 정신의학과 명예 교수인 브루스 그레이슨의 이야기를 조금 더 해 보자. 그레이슨 교수는 어렸을 때부터 증명할 수 있는 과학의 잣대로 삶을 대하도록 화학자인 아버지에게서 교육을 받았고, 그 가르침에 따라 주류 과학을 쫓으며 경력을 쌓았다고 한다. 하지만 그레이슨 교수는 의대를 막 졸업한 직후 홀리의 임사 체험 이야기를 듣고 크게 놀라게 된다. 그 후로 그레이슨 교수는 정신과 의사로서 정상적인 진료와 연구를 하면서도 임사 체험 연구를 계속해 오고 있다. 수십 년에 걸쳐 1,000명이 넘는 임사 체험자의 사례를 모으고 연구한 결과, 그레이슨 교수는 임사 체험을 단순한 꿈이나 환각으로 치부해 버릴 수 없다고 생각하게 되었다. 그리고 정신은 뇌가 아니라는 결론을 내리게 되었다.

그레이슨 교수는 여전히 임사 체험을 둘러싼 의견 대립을 조화시키기 위해 노력 중이다. 그는 임사 체험이 명확히 설명할 수 없는 그 어떤 생리적 과정의 소산이라는 생각도 일견 타당하다고 생각한다. 아직 과학이 밝혀 내지 못한 어떤 프로세스가 분명 있을 것이기 때문이다. 하지만 다른 한편으로 그는 임사 체험이 어떤 영적인 산물이라는 생각 또한 그럴 듯하다고 생각한다. 왜냐하면 '두뇌를 떠나 활동하는 의식'의 존재를 진지하게 받아들여야 할 증거가 충분하기 때문이다. 그는 과학적으로 설명할 수 없다는 이유로 홀리의 사례를 무시하는 것 또한 과학적 태도가 아니라고 생각한다.

1. 그레이슨이 정리한 임사 체험의 특징

임사 체험자들이 말하는 임사 체험의 특징은 열 가지 내지 스무 가지로 정리할 수 있다. 그레이슨 교수는 과학적 관점에서 설명하기 힘든 몇 가지 특징을 다음과 같이 정리했다.

첫째, 시간을 초월한 경험을 하게 된다. 임사 체험자들은 굉장히 빠른 속도로 생각한다. 이것은 뇌에 산소가 부족할 때 경험할 수 있는 증상이 아니다. 생각의 속도가 빨라진다는 것은 시간이 천천히 흐른다는 뜻이다. 심리학자 조 그린(Joe Green)은 추락하는 순간에 대한 임사 체험자의 설명이 아인슈타인의 상대성 이론에 영향을 주었을지 모른다고 생각했다.

둘째, 인생을 되돌아보게 된다. 인생을 되돌아보는 것은 사람들이 상실감, 죄책감, 갈등, 패배감을 극복하고 자신의 삶과 해 온 일에서 의미를 찾도록 하는 데 도움을 줄 수 있으며, 앞으로의 행동을 바꾸는 데도 도움을 줄 수 있다. 바바라라는 한 여성의 사례는 임사 체험의 이러한 특징을 잘 보여 준다. 어렸을 때 어머니에게 학대를 받았던 바바라는 32세 때 척추 수술을 받다가 임사 체험을 했다. 임사 체험을 하는 동안 그녀는 학대 받던 어린 시절을 다시 경험했다. 또한 그녀는 아버지, 어머니, 오빠와 하나가 되는 경험도 했는데, 이때 바바라는 그녀의 어머니가 어린 시절에 받았던 학대를 경험했다. 이 경험을 통해 바바라는 자신이 받았던 학대를 이해하고 받아들이게 되었으며, 스스로의 삶을 변화시켜 자신의 아이들에 대해서는 학대의 악순환을 반복하지 않게 되었다. 이런 치유 효과는 일반적인 정신과 치료로써는 쉽게 얻을 수 없다.

셋째, 언어로 표현할 수 없는 체험을 하게 된다. 그레이슨 교수는 2년 6개월간 1,600명에 가까운 심장병 환자들을 면담했다. 면담 결과 심장 박동이 완전히 멈췄던 경험이 있는 116명 가운데 10%가, 그리고 심장이 완전히 멈추지는 않았지만 심장 마비나 다른 심각한 심장 질환을 겪었던 환자 중 1%가 임사 체험을 했다는 것을 알게 되었다. 임사 체험을 경험했던 심장병 환자들은 온갖 문화적·종교적 은유를 동원했음에도 불구하고 그들의 체험을 말로 표현하기 어려워했다고 한다.

넷째, 몸에서 분리되는 경험을 하게 된다. 그레이슨 교수가 만났던 임사 체험자 중 한 사람이었던 트럭 운전사 앨 설리반은 어느 월요일 아침에 가슴 통증을 느꼈다. 설리반은 급히 구급차에 실려 갔지만 이미 심장 동맥이 완전히 막혀 수술을 해야 하는 상태였다. 설리반은 수술 중에 임사 체험을 했는데, 수술대 위에 가슴을 드러내고 누워 있는 자신의 모습과 자신의 심장, 그리고 수술을 맡은 외과 의사가 날아가려고 애쓰듯이 팔을 퍼덕거리는 모습을 보았다고 했다. 그레이슨 교수는 그 외과 의사를 만나 수술실에서 정말로 그런 특이한 행동을 했는지 물어보았다. 그레이슨 교수의 질문에 외과 의사는 실제로 그랬다고 대답했다. 멸균 장갑을 낀 손에 혹시라도 세균이 묻을까 걱정한 나머지 손은 멸균 가운에 올려놓은 채로 팔꿈치로 여러 수술 도구들을 가리키며 조수들을 지휘했다는 것이었다.

2. 임사 체험과 환각

마이클 세이봄 박사는 임사 체험자들이 예상 밖의 일들까지 아주 구체적이고 정확하게 묘사한다는 사실을 발견했다. 반면 심장 박동이 멈췄다 되살아났지만 임사 체험을 하지 않은 환자들의 설명은 모호하고 어긋난 부분이 많았다. 중환자실 간호사 페니 사토리도 같은 말을 했다. 이것은 7강에서 소개한 상담학 교수 제니스 홀든 교수의 연구 결과와도 일치한다. 홀든 교수의 연구는 반복해서 살펴보고 강조할 필요가 있다. 홀든 교수는 임사 체험 중 유체 이탈을 경험한 사람들이 말한 내용에 대한 기록 93건을 검토했다. 이 가운데 92%가 완전히 정확한 내용이었고, 6%는 조금 어긋난 내용이었으며, 1%만 완전히 어긋난 내용이었다. 홀든은 이때 유체 이탈 시 경험한 내용이 세부 사항에서 1%만이라도 부정확하면 그 사례를 부정확한 것으로 분류했다고 하는데, 유체 이탈 체험자가 말한 내용 가운데 92%가 정확했다는 것은 대단히 높은 비율이라고 볼 수 있다.

그레이슨 교수 역시 유체 이탈을 단순한 환각으로 치부하기는 어렵다고 생각했다. 다만 그레이슨 교수는 통제된 실험에서도 유체 이탈이 확인될 수 있어야 한다고 생각했다. 그래서 그는 유체 이탈과 관련된 통제된 실험 결과를 확인해 보았다. 1990년 이후로 임사 체험 중의 유체 이탈 상태에서 인식한 내용이 얼마나 정확한지 알아보려는 6건의 연구가 발표되었다. 이 실험을 위해 연구자들은 임사 체험 중에 유체 이탈 상태에 들어간 사람들이 볼 수 있는 위치에 예상치 못한 물건이 보이도록 놓아두었다. 여섯 차례 연구를 통틀어 열두 명이 임사 체험을 했는데, 그들 중 아무도 이상한 물건을 보지 못했다고 했다. 통제된 실험에서는 유체 이탈의 증거를 찾지 못했다. 하지만 임사 체험이 환각과는 다르다는 사실을 보여 주는 증거는 여럿 있다. 그래서 그레이슨 교수는 이번에는 심리학적인 방법을 통해 임사 체험자들의 체험과 환각이 어떻게 다른지 조사해 보았다.

심리학에는 실제 겪은 일들에 대한 기억과 공상을 구별하는 방법들이 있다. 그레이슨 교수는 실제 사건에 대한 기억과 공상이나 꿈을 구별하기 위해 사용하는 척도인 '기억 특성 질문지(Memory Characteristics Questionnaire, MCQ)'를 활용하여 임사 체험자들에게 다음 세 가지 경험에 대한 기억을 평가해 달라고 부탁했다.

첫째, 임사 체험에 대한 기억.

둘째, 같은 시기에 일어났던 또 다른 일에 대한 기억.

셋째, 같은 시기에 상상했던 기억.

조사 결과 임사 체험에 대한 기억이 상상했던 일에 대한 기억보다는 실제 사건에 대한 기억과 비슷했다. 실제 사건에 대한 기억이 상상했던 일에 대한 기억보다 더 현실적이었고, 임사 체험에 대한 기억이 실제 사건에 대한 기억보다 더 현실적이었다. 임사 체험에 대한 기억이 실제 사건에 대한 기억보다 더 자세하고, 더 명료하며, 전후 사정을 더 잘 기억하고, 더 강렬한 감정을 느낀다는 점에서 그랬다. 반면에 죽을 고비를 넘겼으나 임사 체험을 하지 않은 사람들은 죽을 뻔했던 일에 대한 기억을 다른 실제 사건에 대한 기억보다 더 생생하게 떠올리지 못했다. 다른 조사팀도 비슷한 결과를 얻었다.

벨기에와 이탈리아의 다른 연구 팀도 같은 결론을 내렸다. 임사 체험을 떠올릴 때의 뇌파를 측정하면 상상했던 일을 떠올릴 때보다는 실제 사건을 떠올릴 때와 비슷하다. 심리 테스트와 뇌파 측정에 의하면 임사 체험은 환각과 확실히 달랐다. 환각과 다를 뿐만 아니라 임사 체험이 현실보다 오히려 더 현실적이었다. 이것은 6강의 내용과도 부합한다. 6강에서 살펴본 바와 같이 인위적으로 일으킨 유체 이탈과 임사 체험자들이 체험한 유체 이탈을 비교해 보면, 인위적으로 일으킨 유체 이탈에서는 그 경험이 비현실적이었고 환각도 나타났지만 임사 체험자들이 체험한 유체 이탈은 현실적이었고 현실보다 의식이 더 또렷했다.

다른 한편 발작을 일으키는 환자들도 유체 이탈의 경험을 말하지만 그들의 유체 이탈 경험은 불쾌했다고 한다. 확실히 임사 체험자들이 경험하는 유체 이탈은 두뇌의 작용이 아니다.

3. 맺는 말씀

뇌가 정신을 만들어 낸다는 개념은 일상생활을 하는 데에는 상당히 적절하다. 뇌와 우리의 행동이나 생각 및 느낌과의 관계를 말해 주는 연구는 넘쳐 난다. 정신이 뇌와 별개라는 개념은 우리의 일상적인 경험과 정면으로 충돌하는 것처럼 보인다. 그러나 신경 과학자들도 '두뇌 상태 = 마음'이라는 도식만으로는 설명할 수 없는 현상이 있음을 알고 있다. '말기 자각(terminal lucidity)'이나 '역설적 자각(paradoxical lucidity)'이 바로 그러한 현상인데, 이와 관련된 사례로는 내과 의사 팀의 아버지 이야기를 들 수 있다.[48] 팀의 아버지는 10년 동안 알츠하이머병을 앓았다. 어머니의 헌신적인 노력에도 불구하고 아버지는 점차 쇠약해져 식물인간처럼 되고 말았다. 어느 날 아버지가 앞으로 고꾸라졌고, 팀과 형은 놀라서 911에 전화를 하려고 했다. 그때 아버지가 갑자기 명료한 목소리로 말했다. "911에 전화하지 마라. 네 엄마에게 아빠가 사랑한다고 전하거라." 팀의 아버지는 갑작스럽게 사망했기 때문에 부검을 해야 했는데, 실제로 부검을 해 보니 그의 뇌는 이미 거의 파괴되어 있었다. 이 사건으로 인해 팀은 오랫동안 스스로에게 질문을 해야 했다고 한다. "'누가 말을 하는가? 우리는 진정 누구인가?' 나는 이 질문들에 의학적 지식의 도움을 거의 받지 못했습니다. 삶의 많은 부분을 설명할 수 없습니다. 삶은 단지 목격할 수 있을 뿐입니다." 내과 의사이자 과학자로서 팀은 뇌와 신체를 넘어선 의식의 신비와 마주했다. 보통 사람도 죽기 몇 시간 전에는 팀의 아버지와 같이 설명할 수 없는 놀라운 회복력을 보여 준다. 말기 자각은 지극히 드문 현상이긴 하지만 신경 과학자들에게는 수수께끼다.

 그레이슨 교수가 50년 동안 고민하면서 조사 연구한 결과는 그 자신의 경험과 연구는 물론 다른 사람들의 경험과 연구까지 종합한 것이다. 유체 이탈이나 두뇌를 떠나 활동하는 의식을 부인할 수 없게 만드는 증거는 이 강의에서 소개한 것 말고도 많이 있다. 정통 과학계 역시 말기 자각과 같이 두뇌의 활동만으로는 설명할 수 없는 현상을 알고 있다. 그럼에도 불구하고 정통 과학계가 유체 이탈과 같은 현상을 환각이나 착각이라고 생각하는 것은 그들이 아직 '정신은 뇌가 아니다.'라는 사실을

---

[48] 잭 콘필드 지음, 이재석 옮김, 『마음이 아플 땐 불교심리학』, 불광출판사, 2020, p.63.

받아들일 준비가 되어 있지 않기 때문일 것이다.

    이제 이 강의에서는 앞선 강의에서 설명한 내용과 그레이슨 교수의 종합적 판단을 받아들여 '정신은 뇌가 아니다.'라고 결론을 내리겠다. 임사 체험에 대한 고찰은 이것으로 마무리하고, 이후부터는 윤회(rebirth)와 환생(reincarnation)에 대해 살펴보도록 하자.

최면 퇴행과 윤회

9강

윤회 사상의 역사적 배경

예비적 고찰

과학이 발달하기 전에는 이 세상 거의 모든 민족이 윤회 사상을 갖고 있었다. 역사가 시작되기 전 어느 한 때에는 모든 인간이 비범한 통찰력을 가지고 있었고, 환생이라는 과정을 물리적 실체만큼이나 분명하게 인식하고 있었다는 설이 있다.[49] 이 연구에 의하면 네안데르탈인들도 환생을 믿고 있었다는 고고학적 증거가 있다고 한다. 그리고 여러 민족들에게서 전해져 내려오는 전설을 분석하면 까마득한 옛날에는 물질적 영역으로부터 신의 영역으로 들어간 사람들이 있었고, 이런 뛰어난 인물들이 다시 인간으로 환생했다고 한다.

고고학적 증거는 학자들의 해석이나 추론이라고 할 수 있지만, 기록이 있는 경우만 살펴보더라도 고대인들은 일찍부터 윤회 사상을 갖

---

[49] Joe Fisher, *The Case for Reincarnation*, Somerville House, 1998, p.85.

고 있었다. 윤회라고 하면 대부분의 사람들은 불교와 같이 인도를 배경으로 하는 종교에서 나온 개념인 것으로 생각한다. 하지만 고대 이집트의 종교인들과 그리스의 피타고라스 학파, 엘레우시스 밀교(Eleusinian Mysteries), 오르페우스 밀교(Orphic Mysteries 또는 Orphism)에서도 윤회를 믿었다. 아래 그림50에서 보는 '비옥한 초승달 지역'의 고대 종교는 모두 윤회 사상을 갖고 있었다.

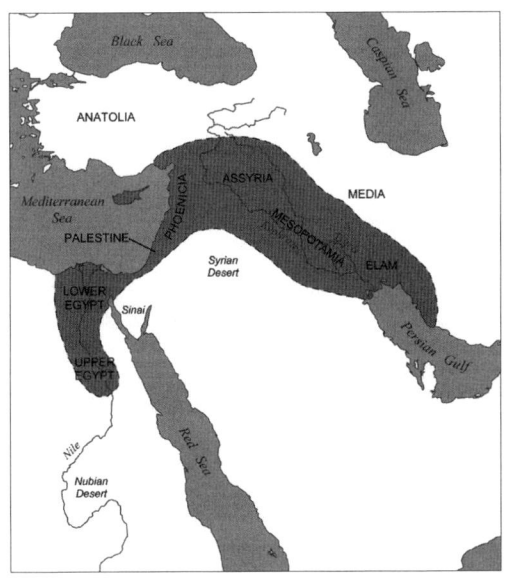

켈트인들, 바이킹이나 고대 게르만족과 같이 북구 신화에 나오는 민족들, 시베리아의 퉁구스인, 에스키모, 아메리카 원주민들, 남태평양 및 호

---

50 "Fertile Crescent map" by NormanEinstein, CC BY-SA 3.0.
https://commons.wikimedia.org/wiki/File:Fertile_Crescent_map.png

주의 원주민들 및 아프리카의 여러 부족들도 윤회 사상을 가지고 있었다. 중국도 물론이다. 『장자(莊子)』에는 다음과 같은 구절이 있다.

"삶과 죽음은 밤낮이 바뀌는 것과 같다."[51]

"삶이 좋은 것이라 여기는 사람은 죽음도 좋은 것이라 여겨야 한다."[52]

독일의 문호 괴테(Johann Wolfgang von Goethe, 1749-1832)도 「위대한 갈망」이라는 제목의 시에서 다음과 같이 읊었다.

"죽어서 성장함을 깨닫지 못하는 한, 그대
어두운 지구를 지나가는 고달픈 나그네에 지나지 않으리."

기원후 553년 콘스탄티노플에서 열린 5차 공의회에서 윤회를 부인하기로 결정하기 전까지는 초기 기독교에서도 윤회를 믿었고 가르쳤다. 이렇게 거의 모든 민족들이 윤회 사상을 갖고 있는 것을 어떻게 이해해야 할까? 옳고 그름을 떠나 영혼과 윤회는 인간의 마음 깊은 곳에서 솟아 나온 개념으로 보아야 할 것이다. 우리에게 익숙한 인도 문화를 배경으로 하는 윤회 사상이 아닌 다른 윤회 사상 몇 가지만 살펴보자. 윤회 개념은 일찍이 이집트에도 있었지만, 이번 9강에서는 그리스인과 초기 기독교인이 가지고 있던 윤회 사상에 대해 살펴보도록 하자.

---

[51] 『莊子』「外篇」18편 至樂 4절: 死生 爲晝夜
[52] 『莊子』「內篇」6편 大宗師 10절: 善吾生者 乃所以善吾死也

1. 고대 그리스의 밀교

석가모니 부처님(기원전 560-480, 또는 기원전 624-544)[53]보다 훨씬 오래 전에, 그리고 기원전 1000년 무렵에 성립된 우파니샤드보다 몇 백 년 전에 고대 그리스인은 이미 환생을 믿고 있었다. 이것은 '비옥한 초승달 지역'에 이미 윤회 사상이 있었음을 뜻한다. 그리스인뿐만 아니라 유대교 일부와 기독교 및 이슬람의 코란에서도 윤회 사상의 흔적을 발견할 수 있다. 먼저 그리스인의 윤회 사상에 관해 살펴보겠다.

먼저 종교학에서 말하는 '밀교'가 무엇인지에 대해 알아보자. 불교, 기독교, 이슬람교와 같은 현대의 종교는 성자의 가르침에 바탕을 둔 경전이 있고, 그 가르침은 누구나 접근할 수 있도록 공개되어 있다. 이와 대조적으로 밀교(密敎) 또는 밀의 종교(密儀宗敎)의 가르침은 공개되어 있지 않고 오직 해당 종교의 입문자 또는 비전가(祕傳家)에게만 전해진다. 이 종교들은 비전(祕傳)과 종교적 수행과 실천의 세부 내용을 외부로 밝히지 않는 비밀주의를 주된 특징으로 한다.

밀교의 종교 의례에는 입회 의례와 본 의례가 있는데, 전자에는 단식이나 세례, 후자에는 비교(秘敎)의 전수, 성스러운 물건을 받는 비의(祕儀)나 신성한 결혼의 비의 등이 포함된다. 이 의식에 참여함으로써 얻어지는 재생 또는 신화의 과정에는 종종 엑스터시가 수반된다. 밀교의 뿌리는 고대 이집트의 오시리스 밀교와 이시스 밀교에 있다고 볼 수 있다. 이것이 헬레니즘, 로마 세계로 널리 유포되면서 민족적, 사회적, 성

---

[53] 석가모니 부처님의 탄생과 열반 년도는 아직까지 불분명하다. 학자들은 대체로 부처님이 기원전 560년경에 태어나 480년경에 열반에 들었다고 추정한다. 그런데 미얀마에서 1954년부터 1956년까지 2년간 6차 결집을 하면서 1956년을 부처님이 열반한지 2,500년이 되는 해로 정했다. 이에 따르면 석가모니 부처님은 기원전 624년에 태어나 544년에 열반에 든 것이 된다.

적 구별을 초월하여 인간 개인의 영혼 구제에 초점을 두게 되었다. 고대 그리스에서 성행했던 밀교는 엘레우시스 밀교(Eleusinian Mysteries), 디오니소스 밀교 또는 디오니소스교(Dionysian Mysteries), 오르페우스 밀교 또는 오르페우스교(Orphic Mysteries 또는 Orphism)다. 이들 세 가지 가운데 엘레우시스 밀교와 오르페우스 밀교에 대해 살펴보겠다. 그리고 이어서 피타고라스와 플라톤의 윤회 사상을 각각 살펴보겠다.

1) 엘레우시스 밀교

엘레우시스 밀교의 출발은 그리스 문명이 탄생하기 전, 미케네 문명 시기에 해당하는 기원전 1,500년 전까지 거슬러 올라간다. 고대 그리스의 엘레우시스 밀교에서 주관하던 엘레우시스 제전(祭典)에서는 환생 의식이 중심 주제였다.

고전학자이자 변호사인 미국의 브라이언 무라레스쿠(Brian C. Muraresku)가 쓴 『불멸의 열쇠』에 의하면 엘레우시스 밀교와 그리스도교는 공통점이 매우 많다고 한다.[54] 현대의 일부학자들은 엘레우시스 밀교를 가리켜 "인간계 너머 신계의 영역으로 인간을 들어 올려 신이 되게 함으로써 구원을 성취하게 하고 불멸성을 획득하도록 하기 위하여 의도된 것"[55]이라고 한다. 어떤 학자들은 엘레우시스 밀교의 뿌리는 미케네 문명보다 더 오래전에 크레타 섬을 중심으로 번영했던 미노스 문명(Minoan civilization, 기원전 3650-1170)의 어떤 컬트 종교라고 보고 있다.

엘레우시스(Eleusis, 현재의 Elefsina)는 아테네에서 북서쪽으로 20km

---

[54] 브라이언 무라레스쿠 지음, 박중서 옮김, 『불멸의 열쇠』, 흐름출판, 2022, p.160.
[55] Martin P. Nilsson, *Greek Popular Religion*, Legare Street Press, 2022, p.52.

정도 떨어져 있는 도시다. 기원전 6세기경부터 엘레우시스 밀교가 범그리스적인 것이 되면서, 그리스 전역과 외부로부터 온 순례자들이 이 밀의 종교(密儀宗敎) 또는 신비 제전에 참여하기 위해 엘레우시스를 찾았다. 기원전 300년경부터는 고대 아테네 도시 국가가 엘레우시스 밀교를 관장했다.

엘레우시스 밀교에 참가하기 위해서는 반드시 비밀 엄수 서약을 해야 했다. 제전에 참가하면 비전을 전수했는데, 비전 전수를 받는 유일한 자격 조건은 살인 전과가 없고, 야만인(그리스어를 말할 수 없는 사람)이 아니어야 한다는 것이었다. 이러한 조건이 충족되면 남녀 차별 없이 모두 비전을 받을 수 있었으며, 심지어 노예도 참가할 수 있었다. 이들은 입문식 때부터 주술적인 춤을 추거나 명상을 하거나 또는 버섯이나 약초 등의 환각제를 복용한 후 무아지경 상태에서 신비 체험을 했던 것으로 보이는데, 깊은 경지에 이른 사람들은 '에포프테이아(epopteia)'를 성취했다고 한다. '에포프테이아'는 그리스어로 '보여진 것'이라는 뜻으로, 명상 또는 묵상의 경지를 뜻한다.

고대 로마의 정치가이자 철학자였던 키케로(Marcus Tullius Cicero, 기원전 106-43)는 엘레우시스 밀교에 대해 다음과 같이 극찬했다고 전해 온다.

"당신들 아테네인들이 가져다 와서 인간의 삶에 기여한 많은 뛰어난 제도들과, 참으로, 신으로부터 받은 영감에 기반한 것이라고 말할 수 있는 제도들 중에서, 나의 견해로는, 그 어느 것도 [엘레우시스] 밀교보다 더 나은 것은 없다. 왜냐하면 [엘레우시스] 밀교 덕분에 우리[로마인]들은 야만적이고 미개한 삶의 양식을 벗어나서 교육 받고 품위를 지닌 문명의 상태로 될 수 있었기 때문이다. … 그리고 [엘레우시스] 밀교의 의식들은 '비전들(initiations)'이라고 불리는데, 비전, 즉 비법 전수라는 말에 합당하게 진실로 우리[로마인]들은 [엘

> 레우시스 밀교의 의식들로부터 삶의 시작에 대해 배웠으며, [현생에서] 행복하게 사는 힘을 얻었을 뿐만 아니라, 더 나은 희망을 가지고 죽을 수 있게 되었다."[56]

키케로가 마지막에 한 말은 깊이가 있는 말이다. 사람에게 내일이 없다면 오늘 사는 것은 큰 의미가 없을 것이다. 만족스럽게 살았다고 해도 어딘가 허전할 것이다. 그러나 내일이 있다면 보다 성실하고 보람 있게 살려고 노력할 것이다. 키케로는 바로 엘레우시스 밀교에서 가르치는 윤회의 의미를 말한 것이다. 이번 생에 이렇게 죽더라도 다음 생에는 더 나은 삶을 살려고 노력하게 된다는 뜻이다. 다음으로는 오르페우스 밀교에 대해 알아보자.

2) 오르페우스 밀교

오르페우스 밀교는 트라키아 지방에서 성행하던 술의 신이고 연극과 황홀경의 신이면서 또한 죽음과 재생의 신이기도 한 디오니소스(Dionysos, 로마 신화의 Bacchus)에 대한 숭배가 기원전 8세기경 그리스 지역으로 전파되면서 생겨난 밀교다. 오르페우스(Orpheus)는 그리스 신화에 나오는 시인이자 음악가인데, 기원전 8세기부터 5세기까지 그리스 각지에는 그의 가르침을 포교하는 사람들이 각지를 돌아다녔다고 한다.

오르페우스 밀교에서는 인간이 영혼과 육체로 이루어져 있는데, 영혼은 선(善)의 요소를 대표하고 육체는 악(惡)의 요소를 대표한다고 본

---

[56] 마르쿠스 툴리우스 키케로 지음, 성염 옮김, 『법률론』, 한길사, 2007, p.156; 브라이언 무라레스쿠 지음, 박중서 옮김, 『불멸의 열쇠』, 흐름출판, 2022, p.76.

다. 이 가르침에 따르면 원래 인간의 영혼은 완전하고 불멸하는 존재였으며, 신들 가운데 하나였다. 하지만 죄를 짓는 바람에 그 벌로 육체라는 감옥에 갇혀 지상에 태어나고, 죄를 완전히 씻을 때까지 계속해서 지상에서의 삶을 반복해야 한다. 영혼은 죽음을 통해 일시적으로 그 감옥인 육체에서 벗어나게 되지만, 아직 완전히 죄를 씻은 것은 아니기 때문에 다시 육체로 돌아오게 된다. 생전에 죄를 지으면 반드시 그에 상응하는 벌을 받게 되지만, 금욕적 도덕률을 지키고 죄를 완전히 씻어내면 마침내 불사의 본질로 복귀하게 된다. 오르페우스 밀교의 이러한 윤회 사상은 피타고라스와 플라톤에게도 영향을 미쳤다고 볼 수 있다.

3) 피타고라스

피타고라스(Pythagoras)는 네 번의 전생을 기억했으며, 누군가가 개를 때리자 그 개는 자신의 전생의 친구라고 말하며 말렸다는 일화가 전해진다. 만물의 원리는 수(數)라고 주장했고, 철학(philosophy)이라는 말을 맨 처음 사용했으며, 자신을 '철학자(philosopher)'라고 부른 최초의 사람이 피타고라스다.[57] 영국의 철학자이자 수학자인 버트런드 러셀(Bertrand A. W. Russell, 1872-1970)은 피타고라스를 이렇게 평했다.

> "사상의 영역에서 피타고라스만큼 영향력이 큰 사람은 더 없을 것이다. 플라톤 사상처럼 보이던 점이 분석을 거치고 나면 실제로는 피타고라스 사상으로 드러난다. 지성에는 드러나지만 감각에 드러나지 않는, 순수하고 영원

---

[57] 디오게네스 라에르티오스 지음, 김주일, 김인곤, 김재홍, 이정호 옮김, 『유명한 철학자들의 생애와 사상 1』, 나남, 2021, p.30.

한 세계의 착상은 피타고라스에서 비롯된다. 피타고라스가 없었다면, 그리스도교는 그리스도를 말씀으로 생각하지 못했을 테고, 신학자들은 신과 불멸에 대한 논리적 증명을 추구하지 않았을 것이다."[58]

뛰어난 수학자이자 서양 철학에 큰 영향을 미친 피타고라스가 어떻게 윤회 사상을 믿게 되었는지는 우리가 생각해 볼 문제다. 피타고라스는 네 번에 걸친 자신의 전생을 기억한다고 했는데, 이성적 추론에 의해서 윤회를 믿었던 것은 아니라고 볼 수 있다. 그렇다면 어떤 특수한 심적 상태에서 전생을 보았다고 해야 할 것이다. 이제 플라톤의 윤회 사상에 대해 알아보자.

4) 플라톤

플라톤(Platon, 기원전 428/427-348/347)은 현상 세계의 배후에 이데아(idea)가 있다고 보았다. 이데아는 모든 사물의 원인이며 본질이다. 현상계에는 생(生)·주(住)·이(異)·멸(滅)이 있지만 이데아는 시간이 흘러도 변하지 않는다. 현상계는 감각 기관으로 접하고 느낄 수 있어 실재하는 것 같지만 그것은 억견(臆見, doxa)이다. 이데아는 보이지 않지만 실재이며 오직 이성적 사유에 의해서만 알 수 있다.[59] 플라톤의 '이데아 – 현상계'는 본질적으로 실체론이다. 하지만 이것은 불교의 '무위–유위'와 유사하게

---

[58] 버트런드 러셀 지음, 서상복 옮김, 『러셀 서양철학사』, 을유문화사, 2020, p.96.
[59] 플라톤은 사람이 사물을 인식하는 것을 'doxa'와 'episteme'라는 두 가지 개념으로 나타냈다. 'doxa'는 '억견(臆見)' 또는 '속견(俗見)'이라고 번역하는데, 감각이 만들어낸 억지스런 주관적 인식으로서 참된 인식이 아니다. 반면 'episteme'는 이성에 의해 얻은 참된 지식이나 인식을 뜻한다.

보이는 면이 있다. 플라톤은 '동굴의 비유'에서 사람이 감각적으로 인식하는 현상계는 동굴에 갇혀 앞의 벽만 볼 수밖에 없는 죄수들이 벽면에 비친 그림자를 보고 실제 세계라고 생각하는 것과 같다고 했다. 이것은 『금강경』의 구절을 연상케 한다.

> "모든 유위법은 꿈과 같고 환(幻)과 같으며 거품과 같고 그림자와 같으며 이슬과 같고 번개와 같나니…"

플라톤 철학에 의하면 현상계에서 일어나는 일은 지혜롭지 못한 인간의 감각적 인식이 만들어낸 것이니 거품과 같고 그림자 같을 수밖에 없다. 그런데 플라톤에 의하면 현상계에서 확실하다고 생각하는 죽음과 삶이라는 것도 그림자에 불과하다. 그렇다면 진실은 무엇일까? 그것은 윤회하는 삶이다.

플라톤의 저서로는 『파이돈』, 『국가』, 『메논』, 『파이드로스』, 『티마이오스』, 『향연』 등 여러 가지가 있는데, 이들 모두가 영혼과 윤회에 대해서 조금씩 언급하고 있다. 이 책들 가운데 특히 『파이드로스』와 『티마이오스』에서 전생의 행위가 응보의 원인이라는 것을 분명하고 구체적으로 말한다. 이 두 책 중 우주와 만물의 기원과 영혼론의 완결판이라고 볼 수 있는 『티마이오스』를 중심으로 플라톤의 윤회 사상을 정리하면 다음과 같다.

● **만물의 창조**
현상계는 생성된 것이다. 생성된 것은 원인이 있어야 한다. 다음의 세 가지가 원인이다.

- 이데아 : 원래부터 있던 것, 불변의 진리
- 사물의 근원(arche) : 만물의 원질(原質)
- 장인 데미우르고스(dēmiurgós)

창조주 데미우르고스는 카오스(chaos) 상태의 원질로 이데아의 원리에 맞게 질서 있는 우주(kosmos)를 만들었다. 만물의 창조에는 순서가 있다. 먼저 원질들로 우주의 영혼을 만들고, 그 다음으로 지(地)·수(水)·화(火)·풍(風)의 4원소로 우주의 몸을 만든 다음, 다시 생물체들의 영혼과 몸을 만들었다.

창조주는 지성(nous)을 혼(psyche) 안에 넣고, 혼은 몸 안에 함께 있게 하여 우주를 구성했다. 지성은 이데아에 속하는 것이기 때문에 영혼은 이데아에 속하며 불멸이다. 그러나 몸은 현상계에 속한다. 인간의 영혼은 이데아 계(界)에 있었지만 육신을 얻고 이데아를 망각하게 되어 지상으로 내려오게 되었다. 여기서 플라톤의 윤회론이 나온다.

● 윤회론

육신에 갇힌 영혼은 죽음으로 이데아를 경험한다. 하지만 아직 완벽한 이데아를 갖추지 못한 이들은 다시 이 세상으로 돌아온다. 이때 전생에 어떻게 살았느냐에 따라 인간뿐만 아니라 동물로 태어나기도 하면서 내세로 유전한다. 생을 거듭해 가며 배우고 또 배우면 이데아를 완전히 알게 되고 결국 윤회를 벗어나게 되는데, 그 직전의 인간이 바로 철학자다.

플라톤의 우주론과 영혼론은 부분적으로 기독교의 창세기와 비교할 만한 점도 있고 힌두교의 범아일여(梵我一如) 사상과 유사한 데도 있지만 독창적이라고 볼 수 있다. 그만큼 고대에는 동서양을 막론하고 지구상의 거의 모든 민족이 윤회 사상을 갖고 있었다고 보아도 좋을 것이다.

이제는 윤회 사상을 배격하고 있는 기독교와 이슬람교에도 윤회 사상의 흔적이 있는지 살펴보자.

2. 초기 기독교, 유대교, 이슬람교

그리스와 로마에서 윤회 사상을 믿었다면 기독교에도 그 영향이 미쳤을 것이라고 생각하는 편이 자연스러울 것이다. 19세기 말 미국의 잡지 편집자 에드워드 워커(Edward Dwight Walker, 1859-1890)는 그의 저서 『환생: 잊혀진 진실에 대한 연구(Reincarnation: a Study of Forgotten Truth)』에서 "성경에는 환생에 관한 내용이 당연시되면서, 중요한 주춧돌처럼 여기저기 나타나 있다."고 말했다고 한다.[60] 또한 영국 태생으로 성공회 사제였으며, 철학 교수로서 미국 남가주 대학(University of Southern California)의 종교대학장을 역임했던 게디스 맥그리거(Geddes MacGregor, 1909-1998)도 기독교의 윤회 사상을 연구하고 책 『기독교에서의 환생(Reincarnation in Christianity)』을 썼는데, 이 책에 의하면 종교의 역사에 나타났던 모든 사상 가운데에서 윤회보다 더 보편적으로 매력 있는 사상은 없었다고 한다. 그리고 초기 기독교에서도 교리 논쟁이 있었지만 윤회 사상을 받아들이고 가르쳤다고 한다.[61] 사실 아래의 『성경』 구절에서 알 수 있듯이, 『성경』에서 윤회 사상의 흔적을 찾는 것은 어렵지 않다.

---

60 Joe Fisher, *The Case for Reincarnation*, Somerville House, 1998, p.96.
61 Geddes MacGregor, *Reincarnation in Christianity*, The Theosophical Publishing House, 1989.

"모든 선지자와 율법의 예언한 것이 요한까지이니, 만일 너희가 즐겨 받을 진대 오리라 한 엘리야가 곧 이 사람이니라."**62**

"예수께서 대답하여 가라사대 엘리야가 과연 먼저 와서 모든 일을 회복하리라. 내가 너희에게 말하노니 엘리야가 먼저 왔으되 사람들이 알지 못하고 임의로 대했도다. 인자도 이와 같이 그들에게 고난을 받으리라 하시니 그제야 제자들은 예수의 말씀하신 것이 세례 요한인 줄을 깨달으니라."**63**

"여호와의 말씀이 내게 임하니라. 이르시되 '내가 너를 복중에 짓기 전에 너를 알았고, 네가 태에서 나오기 전에 너를 구별했고 너를 열방의 선지자로 세웠느니라.'"**64**

"우리 오래 전 세대에도 이미 있었느니라. 이전 세대를 기억함이 없으니 장래 세대도 그 후 세대가 기억함이 없으리라."**65**

이상 살펴본 바와 같이 기독교에도 초기에는 윤회 사상이 있었으나 553년 콘스탄티노플에서 열린 5차 공의회에서 윤회를 부정하기로 결정했다. 이 공의회 이후 윤회를 주장하는 사람들은 이단으로 낙인 찍혔고, 그들이 남긴 저서나 글 역시 대부분이 사라지게 되었다.

---

62 「마태복음」 11장 13-14절.
63 「마태복음」 17장 11-14절.
64 「예레미야」 1장 5절.
65 「전도서」 1장 11절.

윤회 사상의 흔적은 유대교와 이슬람교에서도 찾을 수 있다.

"알라가 땅에서 너를 나오게 했다.
마치 식물이 나오는 것처럼.
그런다음 그는 다시 너를 땅 속으로 돌려보낼 것이며
너에게 새로운 생명을 줄 것이다."[66]

유대교 신비주의의 기원은 카발라(Kabala)인데, 카발라 철학의 고전으로 그 기원이 기원후 1세기까지 올라가는 『조하르(Zohar)』에는 이런 말이 나온다.

"영혼은 절대계에서 생겨났으며 다시 그곳으로 돌아가야 한다.
그러나 이런 목적을 이루기 위해서는 완성의 경지에 도달해야 하는데,
모든 영혼 안에는 완성의 씨앗이 잉태되어 있다.
만일 한 번의 생애에 완성의 경지에 이르지 못하면
다음 생, 또 그 다음 생을 계속 살아야 하는 것이다.
신과 재결합할 자격을 얻을 때까지."[67]

---

[66] 『코란』 71장 17-18.
『코란』의 한국어 번역본(김용선 역주, 『코란』, 명문당, 2023)에는 다음과 같이 번역되어 있다.

"너희들을 대지에서 초목처럼 키워주셨다.
이윽고 너희들을 대지로 환원시킨 뒤에 재차 이끌어 내셨다."

영문판 『코란』의 구절(Sura71 : 17-18)은 다음과 같다.

"And Allah hath caused you to spring forth from the earth like a plant ;
Hereafter will He turn you back into it again, and will bring you forth anew-."

[67] Joe Fisher, *The Case for Reincarnation*, Somerville House, 1998, p.96.

3. 맺는 말씀

종교학자 크리스토퍼 베이치(Christopher M. Bache, 1949-)가 쓴 책 『윤회의 본질』에 의하면 벤저민 프랭클린, 레오 톨스토이, 윌리엄 제임스, 헨리 워즈워스, 롱펠로, 랠프 월도 에머슨, 헨리 소로, 월트 휘트먼, 솔 벨로, 리하르트 바그너, 구스타프 말러, 장 시벨리우스, 폴 고갱, 데이비드 로이드 조지, 조지 스미스 패튼, 찰스 린드버그, 헨리 포드, 칼 융 등이 윤회를 믿었다고 한다.[68]

지금까지 살펴본 바와 같이 거의 모든 민족들이, 또 적지 않은 수의 저명한 인사들이 윤회 사상을 갖고 있었다. 이것을 어떻게 이해해야 할까? 옳고 그름을 떠나 이러한 사실은 영혼과 윤회가 인간의 깊은 마음속에서 솟아 나온 개념이라는 것을 가리킨다고 볼 수 있다. 그렇다면 '두뇌 상태 = 마음'이라는 '과학적 믿음' 내지는 가설 때문에 사후 세계의 존재나 윤회의 개념을 배척할 것이 아니라 진지하게 검토해 보는 것이 옳은 태도일 것이다. 즉, 1강에서 설명한 바와 같이 호의적 회의주의의 입장에서 이 문제를 바라보는 것이 바람직한 태도일 것이다.

윤회를 지지하는 과학자들이 생각하는 윤회는 인간의 몸이 죽은 후에도 의식(意識)은 계속 활동하여 새로운 몸을 얻고 태어나 새로운 삶을 계속한다는 것이다. 이때 과학자들이 생각하는 '의식'이 통상적으로 말하는 영혼인지 아닌지는 말할 수 없다. 현대 과학은 아직 의식의 본질이 무엇인지 말할 수 있는 단계에 이르지 않았기 때문이다. 다만 '인간의 몸이 죽은 후에도 의식이 활동한다.'는 것은 보고 듣고 느끼고 과거를 기억하며 사물을 인식하는 의식의 기능이 두뇌 없이도 계속된다는 것을 뜻

---

[68] 크리스토퍼 M. 베이치 지음, 김우종 옮김, 『윤회의 본질』, 정신세계사, 2017, p.23.

한나. 이것은 사후 세계가 있다는 것과 같은 의미다.

이제는 힌두교의 윤회와 불교의 윤회를 살펴보고 윤회의 개념을 정리해 보겠다. 이 책의 목적이 윤회의 진실성을 과학적으로 고찰하는 것이므로, 종교적 색채나 교리와는 무관하게 윤회를 개념적으로 정리하겠다. 교리 설명을 생략한다면 힌두교의 윤회는 간단하다. 항상 존재하고 불변의 영혼인 아트만(ātman)이 옷을 갈아입듯이 몸을 바꾸어 태어나고 죽는 것을 반복하는 것이다. 언제 윤회를 그치느냐 하는 것은 힌두교의 교리와 관련되는 것이지만 그것을 설명하는 것은 그다지 어렵지 않다. 사람이 교리에 맞게 바르게 살면서 꾸준한 수행을 통해 자신의 아트만이 힌두교에서 말하는 유일 실재인 브라흐만(Brahman)과 같은 것임을 깨닫는 순간 그는 더 이상 윤회를 하지 않는다. 힌두교에서는 이를 해탈(解脫, moksha)이라고 한다. 힌두교의 윤회에 비해 불교의 윤회는 간단히 설명하기 어렵다. 무아 윤회(無我輪廻)이기 때문이다. 무아 윤회는 불교의 핵심 교리인 연기법과 연결된 개념으로, 종교학자들조차 오해하기 쉽다. 따라서 불교의 윤회는 3부에서 별도로 자세히 살펴보겠다.

다음 10강에서는 사후 세계에 있는 영혼과 대화를 하고, 사후 세계의 소식을 전한다고 하는 영매(靈媒)에 대해 알아볼 것이다. 심령 현상과 사후 세계에 대해 연구하려는 과학자들이 제일 먼저 접촉한 것이 영매이기 때문이다.

10강

영매

예비적 고찰

사후 세계를 말하면서 영매(靈媒)에 관한 이야기를 빼놓을 수는 없다.

영매는 신령이나 죽은 사람의 영혼과 의사가 통하여 혼령과 인간을 매개하는 사람을 뜻하는데, 서양의 심령 연구회에 단골로 등장하는 사람들이다. 우리나라의 무당이나 원시 부족의 주술사도 영매라고 할 수 있다.

영매는 선사 시대부터 존재하던 사람들로, 고대에는 특수한 능력이 있다고 인정받은 사람들이었다. 그들은 깊은 트랜스(trance, 최면 상태나 황홀경) 상태에서 무의식 속에서 일어나는 어떤 내용, 즉 저 세상의 소식을 전했다. 영매가 전하는 소식이 과학적으로 의미가 있든 없든 영매는 인간의 마음이 얼마나 깊은지를 말해 준다고 할 수 있다.

한때 영국과 미국의 과학자들이 영매를 통해 텔레파시, 투시술, 사후 세계에 있는 존재와의 소통과 같은 심령 현상 또는 초상 현상(超常現

象, paranormal phenomenon)을 연구한 적이 있다. 이들이 한 일을 알아보자.

1. 심령 연구회

현대의 지성인들은 영매나 영매가 전하는 사후 세계와 같은 것들을 모두 사이비 과학이라고 생각하고 무시한다. 거기에는 그럴 만한 이유가 있다. 한때 과학자들이 진지한 자세로 영매를 매개로 하여 사후 세계에 대해 연구한 적이 있었다. 그러나 대부분의 영매들이 돈벌이에 눈이 어두워 많은 속임수를 썼다. 그러니 어떻게 영매가 하는 말을 믿을 수 있겠는가? 과학자들과 영매들 사이에 어떤 일이 있었는지 알아보자.

1) 영국 심령 연구회

영국의 과학자들은 당대의 과학 지식으로는 예측과 설명이 불가능한, 상식을 초월하는 심령 현상이나 초상 현상(超常現象)을 일반 심리 현상과 같이 심리학의 연장선에서 연구할 수 있다고 보았다. 그래서 그들은 1882년 영국 케임브리지 대학에서 '심령 연구회(Society for Psychical Research)'를 발족시켰다. 케임브리지 대학은 물리학자 뉴턴을 배출한 곳으로, 영국의 과학 연구에서 중심이 되는 대학이다. 이런 대학에서 심령 연구회를 창립한 것을 보면 당시 과학자나 철학자들이 심령 현상을 어떻게 생각했는지 짐작할 수 있다. 초대 회장은 케임브리지 대학 교수로서 빅토리아 시대를 대표하는 철학자인 헨리 시즈윅(Henry Sidgwick, 1838-1900)이 맡았다.

심령 연구회에는 명망 있는 학자들이 많이 참여했다. 심령 연구회는 이들을 통해 사회적 신용을 얻어 각계로부터 많은 명사들을 불러 모을 수 있었다. 시인이자 철학자인 프레데릭 마이어스(Frederic W. H. Myers, 1843-1901)는 창립 멤버였는데, '텔레파시(telepathy)'라는 용어를 처음 만든 사람이었다. 프랑스의 생리학자 샤를 리셰(Charles Robert Richet, 1850-1935)는 1913년 노벨 생리학상을 탔고, 윌리엄 바레트(William F. Barret, 1844-1925), 올리버 롯지(Sir Oliver Joseph Lodge, 1851-1940), 윌리엄 크룩스(Sir William Crookes, 1832-1919)는 모두 당대의 뛰어난 물리학자들이었다. 이 가운데 올리버 롯지는 무선 전신을 발명한 업적을 인정받아 1902년에 기사 작위를 받은 사람이었다. 윌리엄 크룩스는 물리학자 겸 화학자로서 1861년에 탈륨을 발견하고 그 원자량을 정했다. 또한 1883년에는 최초의 희토류 원소인 이트륨(Yttrium)분리에 성공했으며, 1870년에는 그의 이름을 따서 '크룩스관'이라고 불리는 진공관을 만들었다. 이런 학문적 공로를 인정받아 크룩스는 1897년에 기사 작위를 받았으며, 영국 과학 진흥 협회의 회장과 영국 학사원(British Academy) 회장을 역임했다. 이 밖에도 생물학자인 윌리엄 베이트슨(William Bateson, 1861-1926), 동화 『이상한 나라의 엘리스』의 작가로서 '루이스 캐럴(Lewis Carroll)'이라는 필명으로 알려진 수학자 찰스 도지슨(Charles Lutwidge Dodgson, 1832-1898), 작가 존 러스킨(John Ruskin, 1819-1900)과 유명한 추리 소설 『셜록 홈즈』의 작가 아서 코난 도일(Sir Arthur Conan Doyle, 1859-1930)이 심령 연구회에 참여했다. 찰스 다윈(Charles Robert Darwin, 1809-1882)은 강신술에 참여했는데, 다윈과 함께 진화론을 발표한 알프레드 월레스(Alfred Russel Wallace, 1823-1913)는 강신술에 빠져 교수직을 잃을 뻔했다. 프랑스 파리의 심령 연구회의 강신술에는 마리 퀴리도 참석했다고 전해진다.

심령 연구회는 텔레파시, 최면, 트랜스, 투시, 유령 현상, 물리적 심령 현상(poltergeist) 등을 연구했는데, 영매를 통한 강신술 시연회가 대중의 인기를 끌었다. 그 당시 서구 사회에서 큰 인기를 모았던 강신술 시연회는 죽은 이들의 영혼을 불러내 갖가지 기이한 일을 보여 주는 모임이었다. 영혼과 소통하는 능력을 지닌 것으로 알려진 영매가 모임을 주도했는데, 이들 중 상당수는 트릭을 써서 순진한 사람들을 등치는 사기꾼에 지나지 않았다. 19세기 말부터 20세기 초까지 강신술 시연회는 서커스 입장료의 네 배를 받아도 사람들이 찾아오는 매력적인 비즈니스였다.

영매들이 속임수로 여러 가지 신기한 심령 현상을 시연해 보였기 때문에, 이 사실을 눈치챈 연구회는 이들의 속임수를 밝혀내는 데 많은 노력을 기울였다. 연구회는 나름대로 여러 가지 연구를 하고 결과물을 출판했으나 과학계에서 인정할 만한 연구 성과는 얻지 못했다. 그렇다면 과학자들은 속기만 하고 아무 소득이 없었던 것일까? 그렇지는 않다. 미국 심리학의 아버지라고 할 수 있는 윌리엄 제임스(William James, 1842-1910)에 의하면 결정적인 것 하나는 있다고 한다. 바로 유명한 '흰 까마귀론'이다.

2) 미국 심령 연구회

미국 심리학의 아버지라고 불리는 윌리엄 제임스는 영국 심령 연구회에 참석하다가 마침내 1885년에 영국 심령 연구회의 설립자 윌리엄 바렛과 협력하여 보스턴에 '미국 심령 연구회(American Society for Psychical Research)'를 설립했다. 초대 회장으로는 하버드 대학의 천문대장을 역임하고 1884년부터 존스 홉킨스 대학 교수로 있던 천문학자 사이먼 뉴컴(Simon Newcomb, 1835-1909)이 취임했다.

미국 심령 연구회의 사정도 영국과 별반 다르지 않았다. 제임스는 심령 연구회 회원인 새비지 목사(Minot Judson Savage, 1841-1918)와 함께 보스턴의 이름 있는 영매들이 주관하는 시연회에 모두 참석하여 그들이 하는 일을 꼼꼼하게 조사했다. 하지만 결국 알게 된 것은 그들이 속임수를 쓴다는 것뿐이었다. 미국에서도 영매들은 돈벌이에 눈이 어두웠던 나머지 트릭을 써서 신기한 일을 연출하기만 했을 뿐 믿을 만한 심령 현상은 보여 주지 못했다. 제임스는 인간의 의식이 꼭 두뇌에 한정된 것만은 아니며, 심령 현상이나 초상 현상도 심리 현상의 연장선 위에서 연구해야 한다고 생각한 사람이었지만 결국 영매들을 믿지 않게 되었다. 하지만 제임스의 이러한 생각은 레오노라 파이퍼(Leonora Evelina Piper, 1857-1950)라는 영매를 만나본 후로 완전히 달라졌다.[69]

● **레오노라 파이퍼의 초능력**

제임스의 장모 엘리자 기븐스(Eliza Gibbens)가 레오노라 파이퍼를 찾아갔을 때, 레오노라는 장모에게 그녀의 가족 구성원 전체의 이름과 가족에게 일어났던 일을 상세하게 말했다. 이것은 초능력이 없으면 있을 수 없는 일이었다. 장모는 경악했다. 하지만 이런 일은 불가능하다고 생각한 장모는 봉인된 편지를 딸 마가렛에게 주면서 절대 편지를 개봉하지 말고 레오노라에게 누가 그 편지를 썼는지 물어보라고 시켰다.

레오노라는 누가 편지를 썼으며, 편지를 쓴 그 여자가 왜 대서양을 건너왔는지 자세히 말했다. 마가렛은 레오노라 앞에 편지를 가지고 있었을 뿐 편지를 개봉하지는 않았다. 더욱이 마가렛이 일부러 이탈리아

---

[69] 레오노라 파이퍼에 대한 이야기는 다음의 자료에서 일부분을 가져온 것이다. Deborah Blum, *Ghost Hunters: William James and the Search for Scientific Proof of Life After Death*, Penguin Publishing Group, 2007.

어로 쓰인 편지를 골랐기 때문에 레오노라가 그 내용을 알 리 없었다. 이 사실을 알게 된 제임스는 아내와 함께 직접 레오노라를 만나 보았다. 그들은 자신들이 누구인지 말하지도 않았고, 그전에 왔던 장모와 처제 마가렛도 그들의 신분을 밝히지 않았다. 레오노라는 트랜스 상태에 이르자 그 전에 제임스의 장모에게 말한 것과 꼭 같은 이름을 반복한 뒤, 더 듬거리면서 다른 이름을 대기 시작했다. 그러더니 가족사에 대하여 이야기하는데, 모두 정확한 내용이었다. 그리고 제임스의 죽은 아들의 성별과 체구를 말하고 이름이 '헤르만(Herman)'이라는 것도 말했다. 제임스는 후에 친구에게 보낸 글에서 이것은 믿을 수 없는 일이고 과학적으로 불가능한 일이며, 레오노라가 초능력을 가졌을 것이라고 말했다. 그러자 심령 연구회 회원으로서 제임스의 친구인 새비지 목사가 신분을 숨기고 레오노라를 방문했다. 레오노라는 새비지 목사의 가족사를 가족의 일원처럼 자세히 말하고, 죽은 이복 형제의 이름을 말하면서 그가 어떻게 죽었는지를 말했다. 이에 새비지 목사는 무척 놀랐지만 다시 한 번 까다로운 방법으로 레오노라를 시험해 보기로 했다.

　새비지 목사는 딸에게 레오노라를 방문하라고 부탁했다. 딸은 친구에게 면담 요청 편지를 쓰게 하고, 또 다른 친구는 세 사람의 머리카락을 책갈피 앞쪽과 가운데와 뒤쪽에 분리해서 넣었다. 딸은 그 책을 들고 레오노라를 만났다. 딸은 그 머리카락의 주인이 누구인지, 심지어 살아 있는 사람인지조차 몰랐다. 이 모든 것은 레오노라에게 사이코메트리(psychometry)[70] 능력이 있다는 소문을 들은 새비지 목사가 그녀를 시험해 보기 위해 꾸민 일이었다. 그 당시 심령 연구를 하는 사람들은 사이코메

---

[70] 물건과 관련된 과거 역사를 아는 능력. 사이코메트리는 여러 나라와 민족의 민속 신화에서 발견할 수 있는데, 건물은 그 속에서 일어난 살해나 폭력과 같은 사건을 기록해 둘 수 있고 영매는 이를 알 수 있다는 믿음이 있다. 이 믿음에서 유령 이야기가 전승된다.

트리가 과연 있을 수 있는지 궁금해 하고 있었다. 딸은 아버지에게 어떻게 이런 것을 알아낼 수 있겠느냐고 푸념했다고 한다. 그런데 딸이 레오노라를 만나자 레오노라는 머리카락의 주인이 누구인지 알아내었을 뿐만 아니라 머리카락을 가져온 친구가 누구인지도 알아냈다. 결국 새비지 목사와 윌리엄 제임스는 미국 심령 연구회에 "그들이 영매와 관련하여 제기했던 모든 질문들에 대한 과학적인 연구에 시간과 돈을 투자할 가치가 있으며, 기회를 놓치지 않길 바란다."는 내용의 보고서를 제출했다. 이제는 심령 연구회가 나설 차례였다. 심령 연구회에서 레오노라 파이퍼의 능력을 조사하는 과정에서 레오노라는 사후 세계의 소식을 전했다.

● 사후 세계의 소식

미국 심령 연구회는 보다 엄격한 방법으로 레오노라 파이퍼의 능력을 시험해 보려고 했다. 영매들의 속임수 수법이 워낙 교묘하여 웬만한 주의력으로는 속을 수도 있기 때문이었다. 당시 유럽에서 최고의 영매로 이름을 떨치던 유사피아 팔라디노(Eusapia Paladino, 1854-1918)가 영국 심령 학회의 초청을 받고 강신술을 시연했던 적이 있었다. 그런데 리처드 호지슨(Richard Hodgson, 1855-1905)이라는 인물이 그녀의 강신술이 속임수임을 밝혀냈다. 호지슨은 꼼꼼한 과학자들조차 감쪽같이 속이는 영매들을 철저히 조사하여 그들의 속임수를 밝혀냄으로써 명사가 된 사람이었다. 마침 어떤 심령주의자가 영국에 있는 호지슨에게 자금을 대 줄 테니 보스턴에 와서 레오노라를 조사해 달라는 제안을 했다.

호지슨이 보스턴에 와서 레오노라를 만났을 때, 그녀는 호지슨의 죽은 친척에 관하여 당사자가 아니면 알 수 없는 정보를 말했다. 철저한 회의론자였던 호지슨은 어떤 속임수가 있다고 생각하고 레오노라에게 몰래 정보를 주는 스파이가 있는지 조사해 보았다. 하지만 어떠한 의심스러운 섬도 발견하지 못한 호지슨은 윌리엄 제임스에게조차 비밀로 하고 정보원을 고용하여 레오노라의 행동을 감시하게 했다. 그리고 호지슨 자신이 직접 우편물을 몰래 조사하는 한편, 레오노라의 상담 과정에도 빠짐없이 참석하여 의심스러운 점을 찾으려고 노력했다. 그럼에도 불구하고 호지슨은 아무런 문제점도 찾을 수 없었다. 마침내 호지슨은 윌리엄 제임스와 상의해 레오노라를 영국에 보내기로 결정했다. 영국이라는 낯선 환경에서는 레오노라가 스파이를 고용할 수 없으리라는 생각에 그러긴 했지만, 다른 복안도 있었다. 보스턴이라는 환경과 보스턴 주민들의 집단 무의식이 레오노라의 능력과 어떤 관련이 있는지 확인하려는 생각도 있었다.

영국에서 레오노라에 대한 조사를 맡은 사람은 영국 심령 연구회의 창립 멤버인 물리학자 올리버 롯지와 인문학자 프레데릭 마이어스였다. 보스턴에서 멀리 떨어진 영국에서도 레오노라는 어떤 비밀스런 일에 대해서도 척척 대답했다. 레오노라의 정보력은 영국에서도 변하지 않았다. 그녀의 정보력이 스파이로부터 얻는 것이 아니라면 텔레파시로 다른 사람과 정보를 주고받는 것일 수도 있다고 생각한 롯지와 마이어스는 그것을 확인해 보기로 했다. 롯지에게는 마침 로버트라는 이름의 삼촌이 있었는데, 그에게는 20년 전에 죽은 쌍둥이 형이 있었다. 롯지는 로버트 삼촌에게 편지를 써서 죽은 쌍둥이 삼촌의 소지품 하나를 보내달라고 부탁했고, 이후 삼촌으로부터 낡은 금시계 하나를 소포로 받았다. 롯지는 자신 말고는 소포를 본 사람이 없도록 조심했다.

레오노라 파이퍼는 트랜스 상태에서 시계의 주인과 로버트 삼촌과 롯지의 관계를 정확히 말하다가 갑자기 부드럽고 조용한 목소리로 말했다. "이건 내 시계다. 로버트는 내 동생이고, 나는 지금 여기에 있다. 나는 제리 삼촌이야." '제리'는 롯지의 죽은 삼촌의 이름이었다. 롯지는 이것이 텔레파시일 수도 있다고 생각했다. 왜냐하면 롯지의 머릿속에 '제리'란 이름이 있었기 때문이었다. 레오노라가 텔레파시로써 자신의 머릿속에서 일어나는 일을 읽었을 수도 있다고 생각한 롯지는 "삼촌! 삼촌과 로버트 삼촌만이 알 수 있는 이야기를 말해 보세요. 내가 알 수 없는 이야기를요."

그러자 레오노라는 죽은 삼촌의 음성으로 어릴 적 개울에서 헤엄을 치다가 빠져 죽을 뻔했던 일, 스미스네 밭에서 고양이를 죽인 일, 어릴 때 작은 소총을 가졌던 일, 뱀 가죽을 가지고 있던 일을 말했다. 이를 들은 롯지는 로버트 삼촌에게 편지를 써서 사실 확인을 부탁했다. 롯지의 삼촌은 개울에서 수영을 하다 위험에 처했던 일을 기억한다고 했고, 뱀 가죽은 지금도 가지고 있다고 했다. 그리고 나머지 이야기는 기억에 없다고 했다. 그래서 또 다른 삼촌에게 편지를 보냈더니 그 삼촌은 모든 것을 기억하고 있었다. 롯지는 레오노라가 스파이를 고용하여 자신과 자신의 삼촌에 관한 정보를 얻었을 가능성을 생각하고 그 점에 대해서도 조사를 해 봤다. 하지만 아무런 증거도 찾을 수 없었다. 그 정도면 레오노라의 초능력을 인정하고 사후 세계의 존재도 인정할 만했다. 하지만 호지슨과 심령 협회는 더 조사할 필요가 있다고 생각했다.

레오노라에 대한 조사가 진행된 후 8년째로 접어들 무렵, 호지슨의 친구이며 회의론자였던 작가 조지 펠루(George Pellew, 1859-1892)가 말에서 떨어져 죽는 사고가 발생했다. 그런데 공교롭게도 펠루는 죽기 전에 호지슨에게 의미심장한 말을 한 적이 있었다. 만일 자기가 죽어 사후 세계를 확인하면 반드시 그 사실을 호지슨에게 알려 주겠다고 했던 것이다. 그런데 신기하게도 이즈음 자신을 펠루라고 주장하는 영혼이 레오노라를 통해 호지슨을 불러내는 일이 생겼다. 이 영혼은 레오노라를 통해 다음과 같은 말을 했다. "처음에는 아무것도 분간할 수 없었네. 죽었는데도 여전히 존재하고 있다는 사실에 무척 놀랐다네. 이성의 힘으로는 도저히 설명할 수 없는 일이었지. 이제는 당연한 것으로 받아들이고 있지만 말일세."

뜻밖의 일이 벌어지자 호지슨은 펠루를 아는 사람들과 모르는 사람들을 뒤섞어 레오노라의 방 안에 한 사람씩 들여보냈다. 레오노라(펠루의 영혼)는 펠루의 지인이 방 안에 들어올 때마다 그와의 추억이나 자기들만이 아는 일에 관해 대화를 나누었다. 호지슨은 130명의 사람들을 들여보냈는데, 그중 펠루의 지인은 20명이었다. 레오노라는 단 한 명을 제외하고는 모두를 알아보았다. 알아보지 못했던 한 명은 18세 소녀였고, 펠루와 만났을 때는 겨우 열 살이었다. 얼굴이 변해 알아보지 못했던 것이다. 그러나 결국 레오노라는 그녀를 알아보았다.

펠루의 지인을 알아보는 일은 레오노라가 텔레파시로써 해낼 수 있는 일이 아니었다. 호지슨은 1898년에 출판된 두 번째 보고서에서 레오노라가 영혼과 접촉해 정보를 얻는 것이 맞다는 결론을 내렸다. 그러나 시즈윅은 아직도 텔레파시의 가능성을 배제하긴 이르다고 반박했다. 이후 미국과 영국에서 까다로운 과학자들이 30년 동안 그녀를 테스트했으나 그녀에게서 속임수를 발견하지 못했다.

레오노라는 트랜스 상태에서 믿기 어려운 말을 한 적이 있었고, 틀린 예언을 한 적도 있었으며, 터무니없는 소리를 한 적 역시 있었다. 어느 때 레오노라가 트랜스 상태에 있을 때 닥터 피니(Phinuit)라고 하는 제2의 인격이 나타나 자신이 프랑스 마르세이유에서 의사 생활을 했으며 1790년부터 1860년까지 살았다고 주장했다. 하지만 그가 말했던 거주지를 찾아가 조사해 보아도 그런 인물의 존재를 확인할 수 없었다. 더욱이 프랑스인이라고 하면서 불어를 제대로 구사하지 못했고, 의사라고 하면서 의학 지식이 보잘 것 없었다.

트랜스 상태에서 터무니없는 소리를 한다거나 틀린 예언을 하고 믿을 수 없는 말을 했다고 하더라도 그것은 속임수와는 다르다. 그런 일이 왜 일어났는지는 이해할 수 없지만 그런 일이 있었다고 해서 비밀스런 내용을 정확히 아는 그녀의 신비한 능력을 무시할 수는 없을 것이다. 윌리엄 제임스가 레오노라를 인정하게 되자 사람들은 사이비 과학에 빠진 것 아니냐고 하면서 제임스를 힐난했다. 이때 제임스는 유명한 말을 남겼다. "모든 까마귀가 검다는 주장을 반박하려면 단 한 마리의 흰 까마귀를 보여 주는 것만으로도 충분하다." 제임스는 심령 현상과 사후 세계를 믿었던 것이다.

뛰어난 학자였던 윌리엄 제임스가 레오노라를 인정했다고는 하지만 100년이 지난 시대를 사는 우리에게는 그녀의 사례가 잘 실감이 나지 않는다. 이번에는 비교적 최근에 일어난 사례에 대해 알아보자.

2. 특별한 깨달음

『특별한 깨달음(Extraordinary Knowing)』[71]은 미국 버클리 대학교 심리학과 교수인 엘리자베스 로이드 마이어(Elizabeth Lloyd Mayer, 1945-2005)가 쓴 책이다. 여기서는 이 책에 나오는 그녀의 일화 하나를 소개해 보겠다.

이 책에는 마이어 교수의 딸이 도둑맞은 하프를 되찾는 과정의 일화가 나온다. 마이어 교수의 딸이 쓰던 하프는 장인이 만든 귀중한 물건이었다. 마이어 교수는 딸의 하프를 되찾기 위해 백방으로 수소문했지만

71　Elizabeth Lloyd Mayer, *Extraordinary Knowing: Science, Skepticism, and the Inexplicable Powers of the Human Mind*, Bantam Books, 2007. 엘리자베스 로이드 마이어 지음, 이병렬 옮김, 『왜 여자의 육감은 잘 맞는 걸까』, 21세기북스, 2009.

아무래도 하프를 찾을 수 없었다. 이때 마이어 교수는 친구로부터 다우징(dowsing) 전문가에게 의뢰해 보라는 조언을 받게 된다. 답답했던 마이어 교수는 다우징 전문가를 찾아 일을 맡겼다. 그리고 놀랍게도 마이어 교수는 이 전문가를 통해 도난당했던 딸의 하프를 되찾게 된다.

마이어 교수는 그녀의 상식으로는 이해할 수 없었던 이 일을 합리적으로 설명할 방법을 찾기 위해 노력했다. 마이어 교수는 동료 심리학자들과 정신과 의사들의 도움을 받으려고 했지만 오히려 그들로부터 자신들이 겪었던 기이한 사례들에 대한 이야기들을 듣게 되었다. 결국 이 일을 계기로 마이어 박사 역시 윌리엄 제임스처럼 초심리 현상을 믿게 되었다.

3. 맺는 말씀

'있는 그대로의 세상'은 우리가 인식한 세상보다 훨씬 넓다. 초상 현상(超常現象)만 해도 그렇다. 정통 과학자들은 그것을 사이비 과학으로 보지만, 엘리자베스 로이드 마이어 교수의 예에서 보듯, 정통 과학자들 중에서도 그것을 부정하지 못하는 경우가 종종 있다. 이번에는 뛰어난 물리학자 프리만 다이슨(Freeman John Dyson, 1923-2020)이 초상 현상에 대해 갖고 있는 견해를 소개하겠다.

프리만 다이슨은 『특별한 깨달음』의 추천사를 썼다. 이 추천사에서 그는 ESP(Extra Sensory Perception, 초감관지)에 대해 그것이 아예 존재하지 않는다는 견해가 있고, 반대로 그것이 실재하며 과학적인 방법으로 입증될 수 있다는 견해도 있다고 소개한다. 그리고 그 자신은 ESP가 실재하지만 과학을 통해서는 입증될 수 없다고 본다고 말한다.

왜 ESP는 실재하지만 과학을 통해서는 입증될 수 없는 것일까? 그것은 과학이 통제된 조건하에서의 반복적 실험을 통해 어떤 이론을 검증하지만, ESP는 과학적으로 통제될 수 없는 고도의 긴장이나 정신 집중 상태에서만 일어나기 때문이다.

프리만 다이슨의 말은 음미해 볼 만하다. 합리적으로는 잘 납득이 되지 않는 사례를 접하게 되었을 때, 그것의 진실성을 따져 보지도 않고 무작정 받아들여서는 안 되겠지만, 무조건 배척하기만 해서도 안 될 것이다. 호의적 회의주의자의 입장에서 여러 가지 정보나 이야기를 대하는 것이 우리의 삶을 넉넉하게 만들 것이다.

다음 11강에서는 최면 퇴행에 의한 전생 연구의 선구자라고 할 수 있는 알렉산더 캐논 박사의 주장을 검토해 볼 것이다.

11강

캐논 보고서

예비적 고찰

윤회를 말하는 대표적인 사람들은 불교인들과 힌두교인들이다. 윤회는 불교와 힌두교의 수행자들이 선정 가운데서 경험한 것이다. 이들뿐만 아니라 선정 체험과 관련이 없는 다른 분야에서도 사후 세계나 윤회에 관해 이야기한다. 과학자들이 사후생이나 전생에 대하여 관심을 가지고 연구한 분야를 살펴보면 다음과 같다.

- 명상
- 임사 체험
- 최면퇴행72
- 자발적 기억
- 영매

72 최면에 의해 피최면자가 과거의 기억을 떠올리도록 하는 것.

이 다섯 가지 분야 중 임사 체험에 관해서는 이미 설명을 마쳤고, 최면 퇴행에 관해서는 이번 11강부터 네 강의에 걸쳐 살펴볼 예정이다. 영매(靈媒)가 전하는 사후 세계나 죽은 자와의 교신에 대해서는 지난 10강에서 심리학자 윌리엄 제임스와 레오노라 파이퍼의 이야기를 살펴본 것에서 더 나가지 않으려고 한다. 레오노라 파이퍼와 같은 영매는 찾기 어렵고, 속임수를 쓰면서 영매를 자처하는 이들은 너무도 많았기 때문이다. 영매에 그런 문제가 있다면 최면 퇴행에 의한 전생 이야기는 어떨까? 그리고 그렇게 체험한 전생은 선정 가운데서 체험한 전생과는 어떤 차이가 있을까?

1. 최면 퇴행과 전생 요법

최면 퇴행(hypnotic regression)에 의해서 윤회전생을 체험할 수 있다고 말하는 사람들이 있다. 그런데 최면에 의해 윤회를 검증하는 것에는 두 가지 어려움이 있다. 하나는 피체험자가 최면 속에서 보고 경험했다고 하는 것이 피최면자의 무의식이 꿈처럼 만들어 낸 것인지 아닌지 확인할 길이 없다는 것이다. 또 다른 문제점은 최면자의 암시에 의해 무의식 속에 저장된 기억이 왜곡될 수도 있고, 피최면자 스스로 자신의 전생을 만들어 낼 수도 있다는 점이다. 물론 최면자의 암시에 의하지 않고 피체험자가 자연스레 전생으로 보이는 장면을 떠올리는 경우도 있다. 그러나 많은 경우 이것이 사실인지 아닌지를 확인할 길이 없다. 피체험자가 몇 백 년 전 어느 외국에서 무엇을 경험했다고 하면 그것을 어떻게 확인할 수 있겠는가? 이런 문제점이 있음에도 불구하고 최면 퇴행은 주목해 볼 만한 가치가 있다. 적어도 의학적으로는 큰 가치가 있다. 최면 퇴행에 의한 전생 요법이 난치병이나 불치병을 낫게 한다면, 적어도 의학적으로는 이것을 진실로 받아들여야 할 것이다.

전생 요법은 그 치료 효과가 강력할 뿐더러 심리적 효과도 대단히 크다고 한다.『최면과 전생퇴행』을 저술한 동아대학교 설기문 교수에 의하면 "전생 퇴행을 경험하고 나면 종교인은 더욱 신앙심이 깊어지고, 종교가 없는 사람도 영원의 세계나 절대자의 존재에 대해 진지하게 생각하게 되며, 종교 간의 대립과 갈등을 뛰어넘어 모든 생명체를 아끼고 사랑하는 생명 존중의 마음이 생겨난다."[73]고 한다.

최면 퇴행에는 이런 긍정적인 면이 있다. 그래서 이 강의를 포함하여 앞으로 네 강의에 걸쳐 최면 퇴행에 대해 살펴볼 것이다. 최면 퇴행을 경험한 사람들의 인생관이 좋은 쪽으로 바뀌는 것은 분명히 긍정적 측면이지만, 최면 퇴행에서 보는 전생은 피최면자의 무의식이 조작해낸 것일 가능성도 있다. 따라서 최면 퇴행에 의한 전생 연구의 내용을 살펴보기 전에, 먼저 선정에서의 전생 체험과 최면 상태에서의 전생 체험의 차이점에 대해서 짚고 넘어가도록 하자. 이 차이점을 알아보는 것은 선과 선 수행의 의미를 바르게 이해하는 데에도 도움이 될 것이다.

2. 선정과 최면의 차이

선정 삼매(禪定三昧)에 드는 것과 최면 상태에 드는 것은 모두 깊은 마음 속에서 일어난 일을 보고 말한다는 면에서 비슷한 점이 있는 것처럼 보

---

[73] 설기문 지음,『최면과 전생퇴행』, 정신세계사, 2000, 머리말.

인다. 그러나 둘 사이에는 결정적인 차이가 있다. 최면 상태에서 말할 때 피체험자는 무의식 속에서 자기가 무슨 말을 하고 있는지 모른다.[74]

그렇다면 피최면자가 최면 속에서 본 것이 꿈과 어떻게 다른지 묻지 않을 수 없다. 꿈은 두뇌 또는 무의식이 꾸며 낸 것이기 때문에 이치에 닿지 않는 내용이 있다. 최면 속에서 보고 말하는 내용도 그럴 가능성이 있다. 반면에 선 수행의 요체는 '깨어 있음'이다. 위빠싸나든 간화선이든 선 수행에서 중요한 것은 '깨어 있음'이다. 깨어 있다는 것은 자신이 무엇을 느끼고 무엇을 생각하며 무슨 말을 하는지 알고 있다는 뜻이다. 선정의 여러 가지 단계를 설명하는 부처님의 설법에는 이런 말이 자주 나온다.

> "나는 내가 원하는 대로 초선에 든다. … 나는 내가 원하는 대로 두 번째 … 세 번째 … 무색계 사선에 들고, 나는 내가 원하는 대로 완전히 무한 의식의 세계를 뛰어넘어 아무것도 없다고 알아채어 지각하는 것도 아니고 지각하지 않는 것도 아닌 세계에 든다[멸진정에 든다]. 나는 내가 원하는 대로 여섯 가지 신통력을 경험한다."[75]

위의 인용에서 부처님은 자신의 마음속에서 일어나는 모든 일이 자신이 원해서 일어난 것이라고 말한다. 달리 말해 자신의 마음속에서 일어나는 모든 일을 자신이 알고 있다고 말한다. 이것은 완전히 깨달은 자에게는 무의식의 작용이 없다는 것을 뜻한다. 그렇다면 깨달음이란 자신이

---

[74] 앞으로 14강에서 다시 말하겠지만, 유명한 신비가 에드가 케이시는 깨어서 자기가 최면 중에 했다는 말을 듣고 놀랐다고 한다.

[75] 『쌍윳따니까야』 16:9 「선정과 곧바로 앎의 경」.

모르는 가운데 작용하고 진행되는 마음이 없는 상태를 말하는 것이다. 부처님과 같이 깨달은 사람은 그릇된 욕망에 이끌려 도리에 맞지 않는 일을 하거나 성내거나 어리석은 짓을 하지 않는다. 항상 생생히 깨어 있어서 자신도 모르게 진행되는 마음, 즉 무의식이 없기 때문이다. 따라서 부처님에게 있어서 깨달음은 완전히 깨어 있음을 뜻한다. 부처님은 숙명통과 천안통을 통해 중생들의 전생을 본다고 하는데, 이것은 완전히 깨어서 보는 것이기 때문에 무의식이 조작한 것일 수 없다.

올바른 선정은 '깨어 있음'을 강조한다. 요즈음 많이 사용하는 '마음 챙김 명상'이라는 말은 팔정도에서 말하는 정념(正念)을 심리학자들이 번역한 말이다. 마음 챙김 명상의 요체 역시 '깨어 있음'이다. 큰 깨달음이 없더라도 올바르게 선정 수행을 하면 깨어 있기 때문에 선정에서 본 내용은 무의식이 조작한 것일 수 없다. 이런 이유에서 선정 가운데서 보는 전생은 있는 그대로의 사실이고, 최면 상태에서 보는 전생은 진실과 무의식이 조작한 것이 섞인 것이라고 할 수 있다. 이 점을 염두에 두고 최면 퇴행의 의미를 살펴보고, 또 최면 퇴행에 따르는 논란이 어디에서 비롯된 것인지도 생각해 보기로 하자.

3. 알렉산더 캐논의 캐논 보고서

오늘날에는 최면을 통한 전생 연구에 관심을 가진 정신과 의사나 기타 심리 요법가들이 많이 있다. 하지만 1950년대까지만 해도 정규 교육을 받은 의사가 전생 연구에 관심을 갖는 것은 쉬운 일이 아니었다. '영국 의사 협회(British Medical Association)'에서 최면을 치료법으로 공인한 것은 1955년이었고, '미국 의사 협회(American Medical Association)'에서 최면을 의학과 지의학에서 합법적으로 사용될 수 있도록 공인한 것은 1958년이었다. 그리고 '미국 정신의학회(American Psychiatric Association)'는 1961년에 이르러서야 최면을 치료법으로 사용할 수 있도록 공인했다. 그러니 1940년대나 그 이전 1930년대에 최면을 사용하는 사람은 정상적인 사람으로 평가 받기 어려웠다. 어려운 정도가 아니라 사실은 이상하고 기이한 사람으로 따돌림 받았다. 그러나 치료 과정에서 피험자가 우연히 과거세(전생)로 돌아가는 것이 뜻밖의 치료 효과를 보이면서, 전생 요법은 심리 요법가들 사이에서 큰 관심을 끌게 되었다.

정규 교육을 받은 의사로서 최면 퇴행을 통해 전생 연구를 했던 사람을 꼽는다면 먼저 영국 왕 에드워드 8세를 진료한 알렉산더 캐논(James Alexander Cannon, 1896-1963) 박사를 들 수 있다. 그는 정신과 의사이면서 티베트와 인도 요기들의 여러 가지 비법도 연구하고, 이를 진료에 응용한 사람이었다. 그는 최면 퇴행을 통해 윤회를 확인했다고 주장했다.

캐논 박사는 일반적인 정신 요법으로 치료가 어려운 환자에게 최면 요법을 사용했는데, 뜻밖에도 그들이 최면 중에 전생의 일을 이야기하는 것을 발견했다. 전생의 일을 말하라고 암시를 준 적도 없는데, 피최면자 스스로 전생에 대해 말했던 것이다. 캐논 박사는 무수한 임상적 증거를 접하면서도 윤회론을 거부하려 했던 자신의 경험을 그의 저서『내면의 힘(The Power Within)』에서 이렇게 밝혔다.

"내게 윤회론은 악몽과도 같았다. … 나는 최면술에 의해서 혼수상태에 빠진 피최면자들이 헛소리를 하고 있다는 것을 증명함으로써 이러한 재생설을 반증해 보려고 최선을 다했다. 말도 안 되는 이야기라며 내담자들과 다투기도 했다. 그러나 내담자들이 전생을 떠올리는 일이 끊이질 않았다. … 지금까지 나는 천 번도 넘는 전생 사례를 조사해야만 했고, 결국 윤회의 가능성을 인정할 수밖에 없었다."[76]

캐논 박사 역시 처음에는 과학자의 입장에서 영혼이나 윤회를 부정했다. 그러나 최면술을 이용하여 연령 퇴행[77]을 시켜 봤더니, 뜻밖에도 사람들이 전생을 체험하는 경우를 자주 대하게 되었다. 이에 캐논은 실험 대상자들이 한 말을 조사할 수 있는 데까지 조사해 보았다. 그 결과 캐논 박사는 그들의 세세한 개인사는 알 수 없으나 그들이 말한 역사적 사실은 큰 틀에서 모두 맞는다는 결론을 내리게 되었다. 그는 이렇게 조사한 1,382명에 대한 전생 자료를 수집하여 1952년에 『내면의 힘』을 출판했다. 이 책을 가리켜 사람들은 '캐논 보고서'라고도 한다. 이 책은 전생 이야기를 전하고 있지만 전생 이야기를 소개하는 것 자체를 목표로 하지는 않는다. 캐논 박사는 이 책의 서문에서 사람들에게 인간의 마음속에 잠재된 힘, 바로 '내면의 힘'을 알리고 행복의 길로 안내하는 것이 출간 목적이라고 밝히고 있다. 그는 인간의 마음속에 잠재된 힘이 거의 무한하다고 본다.

캐논 박사는 이 책에서 서양 심리학의 한계를 설명하고, 서양 심리학이 동양 심리학의 내적 지식과 연결될 수 있는 방법을 제안한다. 또한 그는 이 책에서 텔레파시와 투시술 및 환생과 같은 심령 현상이 과학적으로 엄격한 검증을 통해 입증된다고 하며, 이러한 것들은 인간의 내면에 잠재된 무의식의 위력을 보여 주는 것이라고 주장한다. 이 점에서 캐논 박사는 '집단 무의식' 개념을 제안하고 분석 심리학을 창시한 독일의

---

[76] Alexander Cannon, *The Power Within*, E. P. Dutton & Co, 1956, p.170.
[77] 참고로 연령 퇴행은 무의식 속에 감추어져 있으면서 정신적 문제를 일으키는 요소를 찾아내기 위해서 필요하다. 꾸준한 대화를 통해 알아낼 수도 있으나 최면으로 알아내는 것이 빠르다.

심리학자 칼 융과 유사한 관점을 가지고 있다고 볼 수 있다. 칼 융은 인간 개개인의 무의식이 깊은 심층 심리에서는 서로 연결되어 있고, 따라서 인류 전체가 하나의 무의식을 공유한다고 주장했다. 칼 융은 이와 같이 인류가 심층 심리 차원에서 공유하는 무의식을 '집단 무의식'이라고 불렀다. 칼 융은 『티벳 해탈의 서』에서 불교의 '한마음'과 집단 무의식이 같은 것이라고 했는데,[78] 이것은 우주와 '나(The Self)'가 하나이며, 인간의 깊은 마음속에는 무한한 능력이 잠재되어 있다는 것을 뜻한다. 왜냐하면 부처님과 '나'의 마음도 하나이니, 결국 부처님의 능력도 나의 잠재력에 해당하기 때문이다. 그것을 모르는 '나'는 잠자는 부처에 해당한다고 볼 수 있다.

4. 캐논의 전생 요법

정상적인 방법으로 아무리 치료해 보아도 낫지 않는 병이 있을 수 있다. 캐논 보고서에 의하면 그런 병의 발병 원인은 전생에서 찾을 수 있으며, 그 발병 원인을 알고 나면 병을 고칠 수 있게 된다. 이것이 바로 '전생 요법'이다. 캐논 박사가 소개하는 사례를 하나 살펴보자.

    바다를 구경한 적도 없고 큰 강 옆에 살지도 않았지만 물을 무서워하는 사람이 있었다. 그런데 그 증상이 너무도 심하여 정신과 치료를 받아야 할 정도였다. 정상적인 방법으로는 그의 물 공포증을 치료할 수 없었다. 그래서 그에게 전생 퇴행을 시켜 보았다. 그 결과 그가 전생에 지중해를 오가는 큰 상선의 노예였는데, 죄를 지었던 까닭에 쇠사슬에 묶

---

[78] 파드마삼바바 지음, 유기천 옮김, 『티벳 해탈의 서』, 정신세계사, 2000, pp.54-67 참조.

인 채로 바다에 던져져 죽임을 당했다는 것을 알게 되었다. 물에 대한 그의 공포는 전생에 바다에서 죽임을 당했을 때의 고통이 잠재 의식 깊은 곳에 남아 있었기 때문이었다. 물론 이것은 그가 최면 중에 했던 이야기이기 때문에 사실 여부를 확인할 수는 없었다. 하지만 그가 물에 대해 느끼는 공포의 원인이 밝혀지자 그의 공포증은 깨끗이 사라졌다.

정통 학자들이 볼 때 캐논 박사의 연구는 학술적으로 아무런 의미가 없다. 기억을 한다는 것은 두뇌가 하는 일인데, 두뇌가 생기기 이전의 사건을 기억한다는 것은 있을 수 없는 일이기 때문이다. 비록 피실험자가 이야기한 내용이 역사적 사실과 부합한다 하더라도, 그것만으로 피실험자가 이야기한 내용을 전생의 기억으로 인정할 수는 없다는 것이 주류 학계의 견해다.[79] 마치 꿈을 꾸는 사람의 무의식이 그러한 것과 같이, 최면에 든 사람의 무의식이 아무런 사건이나 지어 냈던 것일 수 있고, 또한 피실험자가 실험자로부터 어떤 암시를 받았던 것일 수도 있기 때문이다. 그러나 캐논 박사의 사례가 아니더라도 전생 요법에 의해 불치의 병이나 고질적인 나쁜 버릇이 신통하게 나은 사례는 많이 있다. 전생 요법에 의해 고질병이 치료된 사례를 하나만 더 살펴보자.

1977년 10월 3일자 『타임』에는 "Behavior: Where Were You in 1643?"이라는 제목의 기사가 실렸다.[80] 그 내용을 간단히 요약하면 다음과 같다. 낸시 쉬프린(Nancy Shiffrin)은 캘리포니아에 거주하는 33세의 작가였다. 그녀는 책이나 기사를 쓸 때면 언제나 마무리를 잘 못하는 어려움을 겪고 있었다. 그녀는 결국 모리스 네더톤(Morris Netherton)이라는

---

[79] 이런 이유로 캐논 박사의 업적은 정통 과학자들로부터 외면을 받거나 비난을 받는다. 심한 경우에는 사기꾼으로 매도당하기도 한다. 반면에 사후 세계의 존재를 인정할 수밖에 없다고 생각하는 의사나 학자들로부터는 높은 평가를 받는다.

[80] "Behavior: Where Were You in 1643?", *Time*, October 3, 1977.

전생 요법가로부터 최면 퇴행을 받게 되었다. 쉬프린은 최면 상태에서 1677년 미국에서 이단 혐의로 종교 재판을 받고 있는 한 여인의 모습을 보았다. 그 여인은 이단의 증거가 될 수 있는 자신의 일기장을 이단 심문관에게 들키지 않기 위해 애를 쓰고 있었다. 쉬프린은 그 여인이 바로 전생의 자신임을 알게 되었고, 그러한 전생의 체험 때문에 300년이 지난 그때에도 책을 마무리하지 못하는 어려움을 겪고 있음을 알게 되었다. 네더톤의 전생 요법을 받은 후 쉬프린에게는 책을 마무리하지 못하는 증상이 사라졌다. 이것을 어떻게 보아야 할까? 전생이 정말 있는 것일 수도 있다. 하지만 전생이라는 것은 없고 인과 관계도 알 수 없지만, 어쨌든 전생 요법을 통해 고통이 치유된 것일 수도 있다.

5. 맺는 말씀

『타임』은 흥미 위주의 자극적인 보도를 일삼는 황색 저널이 아니다. 『타임』에서 전생 요법을 소개한 것은 그만큼 전생 요법이 효과가 있다고 보았기 때문이었다. 물론 피체험자가 말하는 전생 이야기가 사실인지 아닌지를 확인하는 것은 어려운 일이다. 대체적으로 몇 백 년 전의 먼 나라에서 일어난 이야기를 하기 때문이다. 그러나 전생이 허구이든 아니든 최면 퇴행에 의한 전생 요법이 효과가 있는 것은 사실이다.

　　캐나다 토론토 대학(University of Toronto)의 정신과 교수인 조엘 휘튼(Joel Lloyd Whitton, 1945-2017) 박사는 최면 퇴행을 통해 전통적 요법으로는 고칠 수 없는 질병을 잘 치유했는데, 이런 사례가 종종 발생하자 휘튼 박사는 '실패처리박사'라는 별명을 얻었다.[81] 휘튼 박사가 이런 별명을 얻을 정도로 정신 요법은 시술자의 능력에 따라 신기한 효과가 있는 것도 사실이다. 그렇다면 전생이라는 것이 정말 있는 것인지 조사해 보는 것은 흥미롭고 필요한 일이라고 생각하는 사람도 있기 마련이다. 다음 12강에서는 가장 유명한 최면 퇴행 사례 중 하나인 브라이드 머피의 이야기에 대해 살펴볼 것이다.

---

[81] 조엘 L. 휘튼, 조 피셔 지음, 이재황 옮김, 『죽으면 무슨 일이 일어날까』, 기원전, 2004, p.20. 이 책에서 조 피셔가 휘튼 박사의 별명이 '실패처리박사'라고 전한다.

12강

브라이드 머피를 찾아서

예비적 고찰

이번 강의에서는 『브라이드 머피를 찾아서(Search for Bridey Murphy)』라는 책[82]에 소개된 사례를 살펴보겠다. 이 책은 최면 속에서 전생을 말한 어느 여인의 이야기를 다룬다. 11강에서 캐논 보고서를 소개할 때, 최면 퇴행 중에 피체험자가 전생에 대해 말하는 내용은 검증하기가 어렵고, 꿈처럼 마음이 조작한 내용도 섞여 있을 수 있다고 말한 바 있다. 이런 면만을 놓고 본다면 최면 퇴행은 그다지 살펴볼 만한 가치가 없다고 할 수도 있다. 하지만 최면 퇴행은 인간의 마음을 이해할 수 있게 하는 신비로운 측면이 있다는 점에서 쉽게 간과하기 어렵다. 전생 요법에 의해 병이 치유되는 경우가 있고, 배운 적이 없는 언어를 최면 상태에서 정확히

---

[82] Morey Bernstein, *The Search for Bridey Murphy*, Knopf Doubleday Publishing Group, 1956. 우리나라에는 『사자와의 대화』라는 제목으로 번역되었는데, 현재는 품절 상태다.

말하는 예도 있음을 생각해 보면 더욱 그렇다.

최면 속에서 브라이드 머피로 나오는 인물은 보통 사람은 결코 알 수 없는 어떤 진실을 이야기하고 있다. 최면 퇴행에 필연적으로 따르기 마련인 문제점이 있음에도 불구하고 여기서 『브라이드 머피를 찾아서』를 살펴보려는 데에는 대략 다음과 같은 네 가지 이유가 있다.

첫째, 이 이야기는 그 진실성을 객관적으로 검토할 수 있게 하는 녹음테이프나 기록이 남아 있어, 보통 사람들도 그들이 한 말을 직접 확인해 볼 수 있기 때문이다.

둘째, 이 이야기의 진위를 둘러싸고 벌어진 논쟁의 내용이 공개되어 있어, 보통 사람들도 이 논쟁에서 제기된 주장들에 대해 직접 판단해 볼 수 있기 때문이다.

셋째, 이 이야기는 최면 퇴행에 의한 전생 이야기 가운데 가장 유명한 이야기로서, 최근에도 이와 관련된 논문이 발표될 정도로 관심을 끌기 때문이다.

넷째, 이 이야기는 대중들에게 널리 알려졌고 인터넷을 통해서도 쉽게 검색할 수 있는데, 사람들에게 알려진 내용 중에는 과장된 부분이 있기 때문이다. 예를 들어 책을 쓴 최면술사 번스타인이 아일랜드에 가서 책 내용이 모두 사실임을 확인했다는 말이 있는데, 이는 사실이 아니다.

지금까지 설명한 이유로 인해 『브라이드 머피를 찾아서』는 윤회나 최면 퇴행에 관한 이야기에서 빠지지 않고 언급된다. 앞서 11강에서는 선정 중에 본 것과 최면 퇴행 중에 본 것의 차이를 설명한 바 있다. 그러한 차이를 염두에 둔다면 이 이야기를 둘러싼 논쟁이 어디에서 비롯되는지, 그리고 이 이야기가 과연 진실한 것인지 여부를 어느 정도 짐작할 수 있을 것이라고 생각한다.

1. 브라이드 머피의 출현

브라이드 머피(Bridey Murphy, 1798-1864)는 버지니아 타이(Virginia Tighe, 1923-1995)라는 여인이 최면 상태에서 말한 전생에서의 그녀의 이름이다. 출판물에는 타이 부인의 요청에 의해 '버지니아 타이'라는 본명 대신 '루스 시몬스(Ruth Mills Simmons)'라는 가명으로 나온다.

사업가이자 아마추어 최면술사인 머레이 번스타인(Morey Bernstein, 1919-1999)은 가정주부였던 타이 부인을 여섯 차례에 걸쳐 최면 상태에 들게 한 후, 그녀가 말하는 전생 이야기를 증인들의 입회하에 녹음했다.

1952년 11월 29일 토요일 오후 10시 35분, 번스타인은 타이 부인을 처음으로 최면에 들게 한 후, 연령 퇴행을 시켰다. "7살 … 2살 … 1살 …" 이때까지 타이 부인은 나이에 맞는 일을 말했다. 그러나 번스타인이 "더 소급하십시오."라고 말하자 타이 부인은 갑자기 예상 밖의 대답을 했다. "나는 침대에서 페인트를 긁어내고 있습니다."

타이 부인은 전생으로 돌아간 것이었다. 타이 부인은 자신이 '브라이드 머피(Bridey Murphy)'라는 이름의 아일랜드 사람으로, 1798년에 태어나 1864년에 죽었다고 했다. 타이 부인은 브라이드 머피로서 자신의 주변에서 일어났던 일을 자세히 설명했다. 그리고 가끔씩 아일랜드 사투리를 섞어서 말했다. 타이 부인은 아일랜드에 가 본 적이 없었다.

2. 브라이드 머피가 말한 내용들

'브라이드 머피'가 말한 내용 몇 가지를 열거하면 다음과 같다.

- 결혼 전에 코크(Cork)에서 살았음.
- 어렸을 때 살던 집이 메도우(Meadow)였음.
- 20세에 결혼한 이후로는 벨파스트(Belfast)에서 살았음.
- 남편이 퀸즈 대학(Queen's University)에서 가르쳤음.
- 가족 관계.
- 안트림(Antrim) 바닷가.
- 캘링포드 호수(Carlingford Lough)와 포일 호수(Lough Foyle).
- 존 캐리간(John Carrigan) 식료품점과 파(Farr) 식료품점.
- 죽은 뒤 '영혼의 세계(spirit world)'에서 오래 살았음. 연옥에서 자신의 죽은 남동생을 비롯해 많은 아일랜드(Ireland) 사람을 만났으나, 즐겁지도 괴롭지도 않았음.

이제는 이러한 내용들이 어떤 평가를 받는지 살펴보겠다.

3. 진실성의 조사

번스타인은 아일랜드에 있는 친구 변호사들에게 부탁하여 타이 부인이 최면 상태에서 브라이드 머피의 이름으로 말한 내용이 사실인지 조사하게 했다. 번스타인의 부탁을 받고 사실 여부를 조사한 친구들은 조사할 수 없는 것도 있지만 대부분 사실이라고 답했고, 이에 번스타인은 머피의 이야기를 책으로 출판했다. 하지만 사람들은 번스타인의 말만 믿고는 머피의 이야기를 사실로 인정하기 어려웠다. 일단 책의 내용을 보도한 신문사들이 그 내용의 사실 여부를 조사하기 위해 타이 부인이 어렸을 때 살았던 시카고와 머피가 살았다는 아일랜드로 조사단을 파견했다.

1) 신문사들의 조사

《시카고 데일리 뉴스(Chicago Daily News)》는 1956년 1월 중순 런던 주재원 어니 힐(Ernie Hill)을 아일랜드로 파견했다. 코크, 더블린, 벨파스트 등 265마일을 3주일 동안 탐색하는 것이 그의 임무였다. 힐은 몇 가지를 조사해 봤더니 더 이상 볼 것이 없었다고 했다. 브라이드 머피가 한 말이 실제와 너무 달랐기 때문이었다. 두 가지 예를 들어 보면 다음과 같다.

- 벨파스트에는 머피의 남편이 가르쳤다는 시기에 퀸즈 대학(Queen's University)이 없었다.
- 코크(Cork)에는 나무로 된 집이 없었고, 메도우(Meadow)라는 주소도 없었다.

이 외에도 머피가 말했던 여러 가지 내용들이 실제와 달랐다. 아일랜드의 사정뿐만이 아니었다. 타이 부인이 어렸을 때 미국에서 살던 환경과 머피의 환경 사이에 유사한 점도 많았다. 타이 부인은 네 살 때 시카고로 이사를 갔는데, 이웃에는 아일랜드 사람들이 살았다는 증언도 있었다. 몇 개만 예를 들자면 다음과 같은 것들이다.

- 타이 부인이 어렸을 때 잘 알고 지내던 이웃의 이름이 '브라이디 머피 코켈(Bridie Murphy Corkell)'이었다.
- 머피의 어머니 이름이 '캐슬린 머피(Kathleen Murphy)'인데, 타이 부인의 어머니 이름은 '캐서린(Katherine)'이었다.

머피의 이야기는 대중의 관심을 크게 불러 일으켰다. 하지만 그 내용의 진실성을 의심하는 힐의 조사 보고가 나오자 숨은 사실을 캐내려는 기사가 여러 신문과 잡지에 나오게 되었다. 대부분의 기사는 머피의 이야기를 정면으로 반박했다. 특히《시카고 아메리칸(Chicago American)》은 타이 부인이 말한 것은 결국 어렸을 때 들은 것에 대한 잠재 기억을 되살린 것이라고 대대적으로 보도했다. '잠재 기억'이란 과거 어느 시기에 보았거나 읽었거나 들었던 것이 무의식 속에 잠재된 형태로 기억된 것을 말한다. 타이 부인이 어렸을 때 살았던 환경, 이웃의 이름, 타이 부인의 어머니 이름을 보면 머피가 최면 상태에서 한 말과 상당히 유사함을 알 수 있다. 그렇다면 머피가 한 말이 타이 부인의 잠재 기억에서 나온 것이라는 주장은 상당히 그럴듯하다고 볼 수 있다.

　당시 인기 잡지『라이프(Life)』는 머피가 말한 내용과 실제 조사 결과가 다른 것을 열거하고, 머피의 이야기는 허구에 불과하다고 주장했다 (『라이프』에서 틀렸다고 지적 받았던 내용 중에는 나중에 사실로 밝혀진 것도 많이 있다). 하지만 사람들은 머피가 말한 내용을 일반적인 조사원이 아니라 좀 더 전문적인 조사원이 검증해 주기를 바랐다. 이런 상황에서《덴버 포스트(Denver Post)》는 윌리엄 바커(William J. Barker) 기자를 3주일 동안 아일랜드로 파견했다. 바커 기자는 번스타인이 책을 쓰기 2년 전인 1954년에 브라이드 머피의 이야기를 신문에 보도했던 사람이다.

2) 윌리엄 바커의 조사

아일랜드에 출장 간 윌리엄 바커 기자는 다음과 같이 보고했다.

　　"이 일은 제대로 조사하려면 3년은 걸려야 할 일이었다. 브라이드 머피는 남편 브라이언(Brian)이 1818년 결혼한 후, 25년 이상 벨파스트 뉴스 레터지에「상이한 법률 사건에 대해서」를 쓰기 시작했다고 말했다. 그러나 벨파스트의 간부인 존 콜터는 자기 신문의 구판은 저자별로 참고실에 철해 놓지 않았다고 한다. 검증이 불가능했다. … 날이 감에 따라 브라이드 이야기는 진실성이 없어 보였다. 그러나 참고문헌이 나오자 그런 생각은 틀린 것으로 판명되었다."[83]

머피의 이야기가 허구라고 비난하는 사람들은 머피가 사용한 단어, 그녀가 묘사한 19세기 아일랜드의 생활상 등을 비롯해 많은 것이 사실과 다르다고 지적했다. 바커 기자는 그러한 지적들 가운데 일부는 비난자들이 틀렸고 머피가 옳았음을 찾아냈다. 그중 몇 개를 살펴보자.

[비난 1]

퀸즈 대학(Queen's University)은 1908년에야 설립되었다. 브라이드 머피가 살았다는 시절에는 그런 대학이 없었다.

[비난 1에 대한 바커 기자의 반박]

1962년에 발간된 『벨파스트 퀸즈 대학 캘린더』에서 1845년에 벨파스트에 퀸즈 대학을 설립한다는 빅토리아 여왕의 칙령을 발견했다.

[비난 2]

브라이드 머피는 나무로 만든 좋은 집에서 살았고, 그 집이 '메도우(Meadow)'라고 불렸다고 한다. 그러나 당시 아일랜드에는 목재가 드물었기 때문에 돌이나 벽돌로 집을 지었으며, 공증인은 '메도우'라고 불리는 어떤

---

[83] 모리 번스타인 지음, 이철주 옮김, 『사자와의 대화』, 수도문화사, 1966, p.256. 이 책의 제4부는 윌리엄 바커의 보고서다. 바커의 보고서는 요즈음 출판되는 브라이드 머피 관련 책에서는 찾을 수 없다. 1966년에 출판된 이 책에서만 이 자료를 찾을 수 있다.

집도 찾아내지 못했다.

[비난 2에 대한 바커 기자의 반박]
1801년 완성된 코크 시의 지도에는 '메도우(Meadow)'가 나와 있다.

[비난 3]
브라이드 머피는 남편과 시아버지가 변호사라고 했는데, 1825년까지 카톨릭 교도는 아일랜드에서 차별을 받았기 때문에 변호사가 될 권리가 없었다.

[비난 3에 대한 바커 기자의 반박]
1793년 법령에 의해 카톨릭 교도 역시 법조계에서 일할 수 있게 되었다.

이 밖에도 바커 기자는 머피가 말한 두 개의 식료품점, 즉 존 캐리간(John Carrigan) 상점과 윌리엄 파(William Farr) 상점이 당시 존재했음을 확인했고, 머피가 안트림(Antrim) 바닷가를 말하면서 언급한 '라크(lough)'가 켈트어로 호수를 뜻한다는 것을 알아냈다. 아일랜드의 북쪽 바닷가 근처에는 실제로 머피가 말한 바와 같이 캘링포드 호수(Lough of Calingford)와 포일 호수(Lough of Foyle)가 있었다.

윌리엄 바커는 이 밖에도 브라이드 머피가 최면 중에 한 말이 기록이나 사람들의 증언보다 더 정확한 경우가 있다는 사실을 알아내고 다음과 같이 말했다.

"독자들이 조사해보면 조사해볼수록 그녀의 이야기가 확고함을 알게 될 것이다. 내 견지에서는 단 하나의 가장 큰 장애물은 백 년 전 기억이 현재처럼 정확하고 완전하지 않다는 것이다."[84]

바커가 이렇게 말한 것은 당시 입수할 수 있었던 문헌 기록 가운데 잘못된 내용이 많았고 오히려 그녀의 이야기가 정확할 수도 있다고 생각했기 때문이었다고 볼 수 있을 것이다.

그러나 바커의 조사 결과만으로 사람들이 머피의 이야기를 진실로 믿게 되는 것은 아니다. 학계의 의견을 들어 보자.

4. 주류 학계의 견해

여러 가지 조사 결과를 바탕으로 초자연적 현상의 존재를 부정하는 연구자들은 《시카고 아메리칸》과 같은 의견이었다. 브라이드 머피의 이야기는 타이 부인의 잠재 기억에 의한 것이라고 결론 내린 것이다. 2002년에 발표된 브라이드 머피에 대한 학술 연구 논문도 같은 결론을 내린다.

조지 워싱턴 대학(George Washington University)의 임상심리학자 멜빈 그래비츠(Melvin A. Gravitz, 1927-2017) 박사는 보다 많은 자료를 바탕으로 브라이드 머피의 전생 이야기를 심리학적 측면에서 고찰한 후, 『미국 임상 최면 저널(American Journal of Clinical Hypnosis)』에 논문[85]을 발표했다. 내용은 타이 부인의 잠재 기억에 의해 브라이드 머피라는 인물이 만들어졌다는 것이다. 하지만 꼭 그렇게 잠재 기억으로 보아야만 하는 것일

---

[84] 모리 번스타인 지음, 이철주 옮김, 『사자와의 대화』, 수도문화사, 1966, p.279.

[85] Melvin A. Gravitz, "The search for Bridey Murphy: implications for modern hypnosis", *American Journal of Clinical Hypnosis* vol.45 no.1, 2002, pp.3-10.

까? 타이 부인이 어렸을 때 보고 들은 내용을 기억했다가 브라이드 머피라는 여인의 삶을 일관성 있게 지어내는 것이 가능할까?

조사에 참여한 사람들은 브라이드 머피라는 인물이 실재했다는 증거를 찾지는 못했다. 하지만 머피가 했던 말 중에는 보통 사람은 알기 힘들었을 내용도 있었는데, 그런 것들 모두를 잠재 기억만으로 설명하기는 어려울 것이다. 초자연적 현상을 인정하는 학자들은 이런 이유로 주류 학계와는 다른 관점에서 머피의 이야기를 평가한다.

5. 맺는 말씀

철학자 커트 두카세(Curt John Ducasse, 1881-1969)는 브라이드 머피라는 사람이 실존했다는 역사적 기록이 없기 때문에 타이 부인의 이야기를 입증할 수는 없지만, 타이 부인이 보통 사람은 알기 힘든 19세기 아일랜드의 풍습과 사정에 관해 잘 알고 있었던 것은 최면에 의해 그녀에게 초능력이 주어졌음을 보여 주는 증거라고 주장했다.

정신과 의사들은 타이 부인이 아일랜드 사정을 잘 알고 있었던 것은 그녀가 어린 시절 아일랜드 사람들과 어울려 놀았기 때문이라고 생각한다. 이러한 견해에 대해 전생과 윤회 연구 분야의 전설적 인물인 버지니아 대학교 정신과 교수 이안 스티븐슨(Ian Stevenson, 1918-2007) 교수는 의사들 갖고 있던 가정, 즉 타이 부인이 어렸을 때 아일랜드 사정을 잘 아는 사람들과 어울려 놀았던 것을 통해 그런 정보를 얻었음에 틀림없다는 가정은 임의적인 것일 뿐 과학적으로 확인된 것은 아니라고 지적한다.

인류학자로서 윤회 연구를 하는 제임스 매틀록(James G. Matlock) 박사의 견해 역시 브라이드 머피의 이야기에 신빙성을 더해 준다. 그에 따르면 브라이드 머피가 19세기 아일랜드에서 살았던 전생에 관해서 상세하게 기억하면서도 자신의 이름이나 다른 사람들의 이름은 잘 기억하지 못하는 것과 같은 일은 최면 퇴행에서 많이 일어나는 패턴이라고 한다.

지금까지 설명한 바와 같이 『브라이드 머피를 찾아서』의 내용에 대한 논란은 아직 끝나지 않았다. 다음 13강에서도 최면 퇴행과 전생에 관련된 이야기로서 블록샴 테이프에 대해 살펴볼 예정이다.

13강

블록샴 테이프

예비적 고찰

윤회전생에 대한 관념이 인도나 아시아 일부 지역에만 국한된 것이 아님을 보여 주는 좋은 예가 영국의 아날 블록샴(Arnall Bloxham, 1881-1976)과 그가 가진 테이프다. 블록샴은 1972년 '영국 최면 요법 협회(British Society of Hypnotherapists)' 회장을 지낸 인물이다. 그는 어렸을 때 자신의 전생을 기억했다고 하며, 초등학생 때부터 최면술을 사용할 줄 알았고, 그것을 직업으로 삼았다.

그는 치과 의사와 함께 텔레비전에 나와 최면술로 마취할 수 있음을 보여 주기도 했다. 블록샴은 최면 요법으로 사람들을 치료하면서 피최면자들이 최면 상태에서 한 말을 모두 녹음해 두었다. 모두 400여 개쯤 되는 그 녹음테이프들을 '블록샴 테이프'라고 한다. 그의 전생 요법이 유명해지자, 영국 BBC 방송국에서 그의 테이프에 관심을 갖게 되었다.

1. BBC 방송국의 조사

블록샴 테이프에 담겨 있는 400여 명의 전생 이야기는 너무나 평범한 사람들의 삶에 관한 것들이라 그 내용의 사실 여부를 확인할 방법이 없을 것 같았다. 하지만 영국 BBC 방송국의 프로듀서 제프리 아이버슨(Jeffrey James Iverson)과 같은 방송국에 근무하는 맥너스 맥너슨(Magnus Magnusson)은 블록샴 테이프에 담겨 있는 전생 이야기가 역사적 사실과 부합하는지 조사해 보고 싶었다. 그들은 블록샴 테이프에 담긴 여러 전생 이야기들 가운데 역사적 사실과 일치점이 있고, 시대적 배경이 분명하며, 자신들의 능력으로 그 진위를 조사할 수 있는 몇 개의 이야기를 골랐다.

아이버슨과 맥너슨은 특히 제인 에반스(Jane Evans, 가명)라는 여인에게 주목하고, 이 여인이 말한 여섯 번에 걸친 전생 기록을 일 년 동안 추적하고 조사했다. BBC는 이렇게 추적하고 조사한 내용을 1976년에 방영했고, 제프리 아이버슨은 같은 내용을 『한 번 이상의 삶: 놀라운 블록샴 테이프의 증거(More Lives Than One?: The Evidence of the Remarkable Bloxham Tapes)』라는 제목의 책에 담아 출판했다.[86]

에반스가 최면 상태에서 말한 전생은 모두 6번인데 그 전생은 다음과 같았다.

- 로마 제국 통치하의 영국에 살았던 가정 교사 아내로서의 전생 (286년 사망)
- 영국 요크(York)에 살았던 유대인 여성으로서의 전생 (1190년 사망)

---

[86] Jeffrey James Iverson, *More Lives Than One?: The Evidence of the Remarkable Bloxham Tapes*, Souvenir Press, 1976. 제프리 아이버슨 지음, 백련선서간행회 옮김, 『전생의 나를 찾아서』, 장경각, 1989.

- 프랑스 부르주(Bourges)의 대부호 자크 쾨르(Jacques Coeur, 1395-1456)의 하녀로서의 전생 (1451년 사망)
- 스페인 캐더린 공주(Catherine of Aragon, 1485-1536) 시대의 하녀로서의 전생
- 앤 여왕(1665-1714) 재위 시 런던에 살았던 바느질품팔이 소녀로서의 전생
- 미국 메릴랜드 주에 살았던 수녀로서의 전생 (약 1920년 사망)

이 가운데 중세 프랑스의 대부호 자크 쾨르의 하녀로서 살았던 전생에 대한 에반스의 진술은 대단히 정확했다. 이 이야기를 요약해 보면 다음과 같다.

자크 쾨르는 프랑스의 상인으로, 1432년부터 동방 무역에 종사하여 전설적인 거부가 된 인물이다. 1436년에 왕실의 재무 감독관(財務監督官)이 되어 귀족 칭호를 얻었던 그는 광산을 개발하고, 모직물·향수 등의 생산을 진흥했으며, 영국과도 무역의 길을 텄다. 백년 전쟁 후의 경제 부흥기에는 샤를 7세를 도와서 수완을 발휘했다. 하지만 1451년에 정치적 음모로 유죄 선고를 받게 되면서 방대한 재산은 몰수당했고, 로마로 도망친 후 교황의 비호를 받았다. 부르주(Bourges)에는 그의 동상도 있는데, 그곳에 남아 있는 그의 옛 저택은 고딕 양식에 따라 지은 것으로 유명하다. 에반스는 특히 왕과 쾨르의 관계, 그리고 하녀로서 왕실에 대한 소문을 들은 것을 이야기했는데, 모두 정확한 역사적 사실이었다.

2. 두 방송국 기자의 조사 내용

BBC의 아이버슨과 맥너슨은 에반스의 전생 기록을 조사하기 위해 전

생의 그녀가 살았다는 곳에 가 보았고, 관련된 역사적 사실들을 모두 검토했다. 사학자, 고고학자, 기록보관인, 심리학자 등 여러 사람도 만나 보았다.

맥너슨은 이런 질문을 던진다.

"블록샴 테이프에 실린 기억담들은 과연 틀림없는 것인가? 피험자의 의식에서 나오는 이 기억들은 어디서 어떻게 얻은 것인가? 이러한 전생 얘기들이 고의로 꾸민 거짓말일 수 있겠는가? 그렇지 않다면 이러한 사실에 대한 합리적인 설명은 무엇인가? 종족적 기억력인가? 꿈을 꾼 것인가? 아니면 잠재 의식으로부터 흘러나온 숨겨졌던 기억들인가?"[87]

맥너슨은 이런 의문들에 대한 스스로의 결론을 다음과 같이 제시한다.

"그러나 나는 최소한 논쟁의 여지가 없는 한 가지 결론에는 도달했다. 그것은 인간의 의식은 우리가 상상할 수 있는 것보다는 훨씬 무한히 복잡다단하고 신비스러우며 매혹적인 어떤 것이라는 사실이다."[88]

즉, 맥너슨 자신은 에반스 부인의 전생 이야기를 믿는다는 뜻을 내비쳤다. 한편 아이버슨은 자신의 입장을 다음과 같이 정리했다.

'테이프에 근거해서 역사적 사실 조사를 끝내고 보니 이상스럽게도 그 이야

---

[87] 제프리 아이버슨 지음, 백련선서간행회 옮김, 『전생의 나를 찾아서』, 장경각, 1989, p.9

[88] 제프리 아이버슨 지음, 백련선서간행회 옮김, 『전생의 나를 찾아서』, 장경각, 1989, p.9.

기들이 사실에 들어맞는 것 같았다. 우리는 미스터리를 푼 것이 아니라 증명한 것이다."[89]

무의식의 작용만 보더라도 우리의 마음은 짐작하지 못할 정도로 넓은 것이 분명하다. 100% 검증되지는 않았지만 신비 체험에 대한 이야기가 끊이지 않고 나오는 것은 우리의 마음이 그만큼 신비롭기 때문이다. 이제 아이버슨과 맥너슨의 조사에 대한 비판자들의 견해를 들어 보자.

3. 비판자들의 견해

1976년 BBC에서 방송이 나갈 때 에반스는 TV 앞에서 다시 최면에 들어 전생 이야기를 했다. 처음 전생을 기억한 지 5년이 지났으나, 그녀는 예전에 기억했던 두 번의 복잡한 전생을 되풀이해서 기억해 냈다. 이 장면을 본 비평가들은 모두 이것이 연기처럼 보이지 않았고 실제 상황처럼 보였다고 말했다. 그럼에도 불구하고 비판자들의 생각은 달랐다. 비판자들 중 중심이 되는 인물은 멜빈 해리스(Melvin Harris, 1930-2004)다. 해리스는 에반스가 말하는 전생의 인물에 대응되는 이야기나 소설 및 역사 이야기를 찾아냈다.[90] 결국 해리스가 보기에 에반스의 전생 이야기는 부모나 친구, 혹은 책이나 신문이나 TV와 같은 대중 매체를 통해 접했지만 그동안 잊어버리고 있었던 과거의 여러 가지 정보들을 최면 상태에서 종합해 낸 것이었다.

---

[89] 제프리 아이버슨 지음, 백련선서간행회 옮김, 『전생의 나를 찾아서』, 장경각, 1989, p.227.

[90] Melvin Harris, *Investigating the Unexplained*, Prometheus Books, 2003, pp.146-148.

지금까지 최면 퇴행을 통해서 살펴본 전생 이야기는 그럴듯한 면도 있지만 의심스러운 면도 있는 것이 사실이다. 이미 언급한 바 있지만 크게 두 가지 점에서 그러하다.

첫째, 최면 퇴행은 최면 시술자의 암시에 의해 영향을 받을 수 있다는 점이다. 지금까지 있었던 최면 퇴행을 살펴보면, 많은 경우 한국인은 그 전생이 주로 동양인인 경우가 많으며, 서구인은 그 전생이 대체적으로 서구인이며, 사후 세계에 대한 이야기도 대개 자신의 종교와 관련이 있다. 불교인, 힌두교인, 카톨릭교도, 기독교인이 말하는 사후 세계는 그들이 그 종교에서 듣고 본 것과 비슷하다. 이는 전생 퇴행을 통해 드러난 기억이 실제 전생의 기억이 아니라, 피체험자 자신의 종교적·문화적 배경과 함께 자신의 단편적 지식이나 암시에 의해 꾸며낸 것일 가능성이 크다고 의심할 만한 충분한 이유가 된다.

둘째, 최면 퇴행 상태에서 피최면자가 떠올리는 내용은 그의 무의식이 꾸며낸 것일 수도 있다는 점이다. 윌리엄 제임스로부터 '흰 까마귀'라는 평가를 받았던 레오노라 파이퍼마저도 얼토당토않은 이야기를 말했던 적이 있다.

의심스러운 요소가 있는 한, 전생이나 사후 세계와 같은 것들은 학자들에 의해 과학적 정설로 받아들여지지 않을 것이다. 하지만 최면 퇴행을 완전히 무시하기도 어렵다. 최면 퇴행을 통한 전생 요법은 실제로 효과를 발휘하기 때문이다.

4. 맺는 말씀

전생 체험에 대한 비판적 견해 가운데 가장 설득력 있는 것은 그것이 결국 잠재 기억에 불과하다는 견해다. 주류 학계는 브라이드 머피의 이야기나 에반스의 이야기도 결국 잠재 기억이라고 본다. 하지만 에반스는 전생에 그녀가 살았던 장소에 가 본 적이 없었고, 전생에 그녀가 살았던 시기를 다룬 역사책을 읽은 적도 없었다고 한다. 또한 그녀는 고등학교 때 라틴어나 불어를 상급반까지 공부하지도 않았다고 한다. 그렇다면 생각해 보자. 사람이 소설이나 역사책을 읽었다고 해서 어떤 시대의 생활상과 역사적 사실을 정확하고 자세하게 묘사하는 것이 과연 가능할까? 해리스의 말처럼 에반스가 그 모든 것을 꾸며냈다는 것이 과연 가능할까?

최면 퇴행에는 분명히 어떤 진실성이 있다. 이런 관점에서 다음 14강에서도 20세기 최고의 신비가라고 할 수 있는 에드가 케이시에 대해 살펴볼 예정이다.

14강

에드가 케이시의 피지컬 리딩과 라이프 리딩

예비적 고찰

윤회라는 신비 현상을 이야기하면서 20세기 최고의 신비가라고 할 수 있는 에드가 케이시(Edgar Cayce, 1877-1945)를 빼놓을 수는 없다. 틀린 예언도 많이 있긴 하지만 그는 뛰어난 예언자로 알려져 있다. 이번 14강에서는 그의 신비한 능력 중 예언에 관해서는 다루지 않고 그의 '피지컬 리딩'과 '라이프 리딩'에 대해 살펴볼 것이다. 최면 상태에서 한 말을 '리딩(reading)'이라고 하는데, 다른 사람의 몸 상태를 읽는 것을 '피지컬 리딩(physical reading)'이라고 하고, 윤회전생을 읽는 것을 '라이프 리딩(life reading)'이라고 한다.

 에드가 케이시는 43년간 최면 상태에서 투시에 의한 진단을 했다. 케이시가 최면 상태에서 한 말은 주변 사람들이 일일이 기록했는데, 버지니아 비치에 있는 '연구 계발 협회(Association for Research and Enlightenment, A.R.E.)'에는 그의 리딩 14,306편이 보관되어 있어서 누구나 이용할 수 있다고 한다. 이와 함께 환자의 증언과 의사의 보고를 담은 수백 건의 완벽한 사례도 남아 있다. 그리고 그 진단의 정확성과 치료에 대한 암시의 효과를 증언해 줄 사람도 미국에 수백 명이나 있었다.

케이시는 일종의 영매라고 볼 수 있다. 하지만 그는 병자를 돕는 일에만 헌신했을 뿐 돈을 받지는 않았다. 나중에 가서야 생계를 위해 주당 75달러를 받았을 뿐이었다. 케이시가 세상을 떠난 지 80년이 지났지만 그와 관련된 책은 현재까지도 아마존에서 수백 종이 넘게 팔리고 있다. 하지만 케이시의 생전에 쓰여진 전기는 1943년 토마스 서그루(Thomas J. Sugrue, 1907-1953)가 출판한 『그곳에 강이 있다(There Is a River)』[91]가 유일하다. 서그루는 신문 기자이자 작가인데, 처음에는 케이시의 속임수를 밝히겠다는 생각으로 그를 만났다. 하지만 곧 서그루는 케이시의 인품과 신비한 능력에 매료된 나머지 그를 존경하게 되었다. 케이시의 전기 중 서그루의 책 못지않게 중요한 것은 존 풀러(John G. Fuller, 1913-1990)가 쓴 『에드가 케이시, 인생에서 가장 중요한 열 가지 질문에 답하다(Edgar Cayce Answers to Life's 10 Most Important Questions)』이다.[92] 풀러는 에드가 케이시의 손자 찰스 토마스 케이시(Charles Thomas Cayce, 1942-2016)의 부탁을 받아 이 책을 썼다. 찰스 케이시는 에드가 케이시의 리딩에 담긴 철학적 의미를 간단하고 분명하게 쓸 수 있는 사람으로 존 풀러를 택하고 그 일을 부탁했던 것이다.

위의 두 책을 바탕으로 에드가 케이시에 대해 살펴보자.

---

[91] Thomas Sugrue, *There Is a River: The Story of Edgar Cayce*, Henry Holt and Comany, 1942. 토마스 서그루 지음, 조의래 옮김, 『에드가 케이시』, 동쪽나라, 1994. 한국어판은 현재 절판되었다.

[92] John G. Fuller, *Edgar Cayce Answers to Life's 10 Most Important Questions*, Warner Books, 1989. 존 G. 풀러 지음, 김수현 옮김, 『에드가 케이시의 삶의 열 가지 해답』, 초롱, 2001.

1. 에드가 케이시의 어린 시절

에드가 케이시는 1877년 미국 켄터키주 홉킨스빌(Hopkinsville)에서 가난한 농부의 아들로 태어났다. 어렸을 때부터 초감각적 지각을 보여 '돌아가신 할아버지의 영혼'과 놀기를 좋아했는데, 자라면서는 그런 경험을 부끄럽게 생각했다고 한다. 일찍부터 성경 공부하기를 좋아했고, 열 살 때는 숲 속에 비밀 장소를 두고 그곳에서 매일 성경을 읽고 또 읽었다. 1889년 열두 살 때 천사를 만났는데, 천사가 소원이 무엇이냐고 묻자 "남을 돕고 싶습니다."라고 말했다. 그러자 천사가 이렇게 말했다고 한다.

"너의 기도를 들었노라. 너의 소원이 이루어지리라. 언제나 신실하라. 병자와 약자를 도와라."[93]

믿을 수 없는 이야기인가? 이런 이야기를 무조건 믿지 않는 사람은 어쩌면 파괴적 회의주의자인지도 모른다. 샤먼들은 말할 것도 없고, 신을 믿는 종교에서는 기도 중에, 불교에서는 참선 중에, 드물긴 하지만 우리 주변에서도 가끔 들리는 이야기다. 천사를 만난 경험이 하나의 환상일 수는 있지만, 이것이 있을 수 없는 이야기처럼 들린다면 우리의 마음이 닫혀 있다는 것을 뜻한다. 본인이 체험하거나 검증하기 이전에 이런 이야기를 말 그대로 무조건 믿는 것도 문제지만, 무조건 믿지 않는 것도 올바른 자세는 아닐 것이다. 적어도 사람에 따라서는 그런 종류의 환상도 체험할 수 있는가 보다 하는 정도로 마음을 열어 두는 것이 올바른 자세일 것이다. 그것이 호의적 회의주의자의 태도다.

---

[93] 토마스 서그루 지음, 조의래 옮김, 『에드가 케이시』, 동쪽나라, 1994, p.132.

에드가 케이시는 목사가 되고 싶있으나 가닌으로 인해 학교를 9학년까지밖에 못 다녔다. 그는 처음에는 책방 점원, 후에는 보험 세일즈맨이 되었다. 그는 독실한 기독교인이었고, 매주 일요일에는 교회에서 성경을 가르쳤다. 그리고 평생 천사가 말한 대로 살았다. 돈벌이를 목적으로 속임수를 쓰는 영매들과는 차원이 다른 사람이었다.

2. 최면의 힘

에드가 케이시는 스물한 살 때 후두염에 걸렸다. 이상하게도 말이 나오지 않게 되었는데, 어떤 약과 치료도 소용이 없었다. 그는 더 이상 세일즈맨 일을 할 수 없어 사진사가 되었다. 그때 케이시는 하트(Hart)라는 떠돌이 연예인 겸 최면술사를 만나게 되었다. 케이시는 하트의 도움으로 최면에 들었는데, 최면 상태에 있을 때는 암시에 따라 말을 할 수 있었지만 최면에서 깨면 다시 목소리가 나오지 않았다. 깨어나서도 말을 할 수 있다는 암시를 주었지만 그래도 소용이 없었다.

하트가 다른 지역으로 가게 되자, 케이시는 레인(Al Layne)이라는 최면술사를 만나 계속 최면을 시도했다. 레인은 케이시를 최면 상태에 들게 한 후, 케이시 자신이 자기의 병을 살펴보고 말하도록 했다. 케이시는 최면 중에 다음과 같이 자신의 상태를 설명하고 치료법을 말했다.

"보통 상태에서 이 몸은 목소리를 낼 수가 없습니다. 신경이 일그러졌기 때문에 성대의 내부 근육 일부가 마비되어 있기 때문입니다. 이것은 심리상태가 육체에 영향을 미친 결과입니다. 무의식 상태에 들게 해서 암시를 주어

환부의 혈액 순환이 잘 되게 하면 나을 것입니다."[94]

레인은 들은 대로 암시를 주었고, 최면에서 깨어난 케이시는 정상적으로 말할 수 있었다. 이것도 믿을 수 없는 이야기라고 생각하는 사람이 많겠지만, 깊은 선정에 든 불교 수행자나 요가 수행자들은 자신의 몸 상태를 시각적으로 볼 수도 있고 느낄 수도 있다고 한다. 지금도 동양 무술을 하는 사람들 중에는 자신의 몸에 흐르는 기(氣)를 느끼고, 기의 흐름을 조절하여 병을 고치는 이들이 있다.

케이시가 아니더라도 깊은 선정에 든 사람이나 샤먼들은 무아의 경지(trance)에서 이런 일을 할 수 있다. 하지만 케이시는 자기 최면이 가능한 사람(auto hypnotist)이라는 점에서 특별하다. 케이시는 자기 최면에 의해 쉽게 황홀경에 드는 사람이었다. 수많은 인류 가운데 이런 사람이 한 사람쯤 있다는 것이 그리 이상한 일은 아닐 것이다. 전통 요법으로는 고칠 수 없는 질병을 최면 요법으로 종종 고쳐 '실패처리박사'라는 별명을 얻은 토론토 대학의 정신과 의사 조엘 휘튼(Joel Lloyd Whitton) 박사에 의하면 최면 시술 시 황홀경 상태에 드는 사람은 대략 8-10% 정도라고 한다.

에드가 케이시는 최면 상태에서 자신의 몸뿐만 아니라 다른 사람의 몸 상태도 알 수 있었다. 에드가 케이시가 피지컬 리딩으로 다른 사람의 몸 상태를 살피고 치료법을 제시하여 그 사람의 병이 낫게 되는 일이 많아지자, 케이시는 전국적으로 주목 받는 인물이 되었다. 1910년 10월 10일자 《뉴욕 타임스》에 「무학자가 최면 상태에서 의사가 되다(Illiterate Man Becomes a Doctor When Hypnotized)」라는 제목의 기사가 올라올 정도였다.

---

[94] 토마스 서그루 지음, 조의래 옮김, 『에드가 케이시』, 동쪽나라, 1994, p.140.

케이시는 주위의 간곡한 요청과 님을 돕는다는 생각에 리딩을 했다. 처음에는 돈을 받지 않고 리딩을 했지만 원하는 사람이 너무 많아지자 직업인 사진사 일을 할 수가 없어 생활비 정도의 보수로서 주당 75불을 받았다.

아마도 그는 20세기에 활동한 최고의 신비가라고 할 수 있을 것이다. 영국과 미국에서 활동한 많은 영매들이 신비한 능력을 보임으로써 과학자들의 주목을 받기도 했지만, 그들 대부분은 돈벌이에만 관심이 있는 사기꾼들이었다. 이에 비해 케이시는 돈을 벌기 위해서가 아니라 남을 돕기 위해 자신의 능력을 썼다. 케이시의 신비한 능력에 대해서는 과학적으로 논란이 있지만, 그는 정직하고 경건한 사람이었다.

케이시의 피지컬 리딩은 대단히 유명했다. 그가 최면 상태에서 말하는 대로 따라하면 고치기 어려운 병이 잘 나았기 때문이었다. 하지만 효과가 없는 경우도 있었다. 케이시의 리딩은 그의 건강과 정신 상태에 의해 좌우되었기 때문이었다. 그럴 때 케이시는 꼭 사과를 하면서 받은 돈을 되돌려 주었다고 한다. 케이시는 투시력을 이용하여 석유 탐사를 하라는 권유를 받고 실제로 시도해 봤던 적이 있었다. 하지만 결과는 실패였다. 이로써 케이시는 자신의 능력은 환자를 돕는 일에 사용될 때에만 믿을 수 있는 것임을 깨달았다. 일확천금을 꿈꾸는 사람들이 그의 능력을 이용해 돈을 벌자는 제안을 한 것은 그 외에도 많았다. 하지만 그는 경제적으로 곤궁한 가운데서도 그런 제안들을 거절했다.

3. 라이프 리딩의 출발

에드가 케이시가 사람들을 위해 열심히 피지컬 리딩을 하고 있던 1923

년 어느 날, 아더 래머스(Arthur Lammers)라는 사람이 소문을 듣고 케이시를 찾아왔다. 그는 오하이오주 데이튼(Dayton)에 사는 부유한 인쇄업자였는데, 철학, 형이상학, 비전의 점성술, 심령 현상 등에 관심이 있었다. 그때까지 사람들은 자기 몸의 병을 말하고 케이시에게 치료법을 물었으나, 래머스는 다른 사람들과는 달리 정신과 영혼, 티베트의 비법, 요가, 점성술, 신지학(theosophy) 등 케이시가 잘 모르는 것들에 대해 질문했다. 그리고 래머스는 케이시에게 이런 심령 현상에 관해 그 신비한 능력을 쓰는 것은 보람 있는 일이라고 말했다.

여러 가지 대화 끝에 래머스는 케이시를 데이튼으로 초청했고, 그곳에서 래머스는 라이프 리딩을 받았다. 리딩은 에드가 케이시가 트랜스 상태에 들고, 이 상태에서 래머스가 묻는 형식으로 진행되었다. 트랜스 상태에서 케이시는 래머스가 이 지구에 세 번째로 출현했으며, 전생에 승려였다고 말했던.[95] 즉, 케이시는 래머스의 윤회를 말했던 것이다.

케이시는 자신이 최면 중에 윤회에 대해 이야기했다는 사실을 무척 두려워했다. 윤회설이 기독교 교리에 어긋난다고 생각했기 때문이었다. 그러나 래머스는 윤회설이 결코 기독교 교리에 어긋나는 것이 아니라고 안심시켰고, 이후 케이시는 성경을 다시 읽고 신약 성서에 윤회설이 있음을 확인한 후 윤회설을 믿게 되었다. 이후 케이시는 2,000건 이상의 라이프 리딩을 했는데, 자신의 전생에 관해서도 이야기했다. 심리학자 지나 서미나라(Gina Cerminara, 1914-1984)가 전하는 에드가 케이시의 전생은 다음과 같다.[96]

---

[95] 토마스 서그루 지음, 조의래 옮김, 『에드가 케이시』, 동쪽나라, 1994, p.259.
[96] 지나 서미나라 지음, 권미옥 옮김, 『윤회의 진실』, 정신세계사, 1995, p.25.

- 고대 이집트 신비교의 사제. 신통력이 높아 교만했다.
- 페르시아의 의사. 역시 교만했다.
- 페르시아의 한 병사. 바위틈에 끼는 사고로 고통을 당하다 유체 이탈로 고통에서 벗어났다.

4. 라이프 리딩의 의미

여기서 말하는 라이프 리딩에 관한 내용은 주로 존 풀러가 쓴 책[97]에서 몇 가지를 뽑아 요약 정리한 것이다. 에드가 케이시는 전생을 말하는 라이프 리딩을 많이 했지만(2,000명 이상), 그가 말한 전생 이야기 중 과학적 검토를 통해 그 진위가 확인될 수 있는 것은 거의 없다.

하지만 풀러는 케이시의 라이프 리딩이 과학적으로 연구해 볼 가치가 있다고 생각했다. 풀러의 이런 생각은 「에드가 케이시 리딩 1391-1」에서 비롯되었다. '1391-1'은 '1391'로 명명된 사람의 첫 번째 리딩을 뜻한다.

"그 당시 이 실체[98]는 요즈음으로 말하자면 어떤 단체의 수녀원장과 같은 지위에 있었습니다. 말하자면 에세네파(Essenism)의 관리였습니다. … 실제로 이 실체는 예수 제자들의 삶 속에서 고무적인 경험을 했으며, 베다니, 갈

---

[97] 존 G. 풀러 지음, 김수현 옮김, 『에드가 케이시의 삶의 열 가지 해답』, 초롱, 2001.
[98] 케이시는 리딩을 할 때 '사람'이라는 말 대신에 '실체(entity)'라는 말을 썼다. 영어에서는 다른 사물과 독립된 '독자적인 존재'를 'entity(=something that exists as particular and discrete unit)'라 하고, '다른 사물과 구분되는 성질' 또는 '동일성을 유지하는 개체적 성질'을 'substance'라고 하여 둘을 구분한다. 하지만 우리말에서는 '독자적인 존재'와 '다른 사물과 구분되는 사물의 고유한 성질'을 따로 구분하지 않고 둘 다 실체(實體)라고 한다.

릴리, 예루살렘 등지에서 예수를 자주 만났습니다. 이 실체는 예언자들의 학교에서 훈련을 받았기 때문에 여성 예언자로서의 능력도 지니고 있었습니다."[99]

1936년에 케이시가 이 리딩을 했을 당시에는 '에세네파'[100]가 많이 알려져 있지 않았다. 이 리딩에서 케이시는 특정한 도로명과 지명, 사건들을 이야기했는데, 그런 것들은 대부분 그 당시의 역사가나 성서학자들에게 전혀 알려지지 않았던 것들이었다. 따라서 당시에는 이 리딩 내용의 사실 여부를 확인할 길이 전혀 없었다. 그런데 이 리딩이 행해지고 11년 뒤인 1947년에 유명한 사해 문서(死海文書, Dead Sea Scrolls, DSS)[101]가 발견되었고, 1951년에는 사해 연안에서 동굴들이 발견되었는데, 나중에 이 동굴들이 '키르벳 쿰란(Khirbet Qumran)'이라고 불리는 에세네파 수도원이었다는 것이 밝혀졌다.

1세기에 살았던 유대 역사가 요세푸스(Flavius Josephus, 37년경-100년경)에 의하면 에세네파의 공동체는 남자만으로 구성되어 있으며 여자 예언자나 어떤 유형의 여성도 거기에 포함되어 있지 않았다고 한다. 그런데 요세푸스의 말과는 달리 쿰란 동굴 주변의 묘지에서는 여자들의 유골이 많이 발견되었다. 이런 사례를 바탕으로 풀러는 케이시의 라이프

---

[99] 존 G. 풀러 지음, 김수현 옮김, 『에드가 케이시의 삶의 열 가지 해답』, 초롱, 2001, p.106.

[100] 기원전 2세기부터 서기 1세기경에 활동한 유대의 종교 분파 중 하나로, 세례 요한이 영향을 받았던 분파로 알려져 있다. 사해 문서에 등장하는 어떤 인물을 연관시켜 예수가 에세네파였을 것이라는 추측이 있다.

[101] 사해 문서(死海文書, Dead Sea Scrolls)는 1946년에서 1956년 사이에 사해 서쪽 둑에 있는 와디 쿰란(사해의 북서쪽 해변에 있는 고대 키르벳 쿰란 근처) 주변과 열한 개의 동굴들에서 발견된 구약 성서 사본들이다. 사해 문서는 기원전 2세기에서 서기 1세기 사이에 쓰인 완전한 히브리어 구약 성서 사본이다.

리딩을 조사할 만한 가치가 있다고 봤고, 그가 보여준 신통력의 진실성을 밝히는 데 초점을 맞췄다.

풀러의 생각도 일리가 있지만, 이 강의에서 케이시의 라이프 리딩을 살펴보는 것에는 또 다른 이유가 있다. 케이시는 독실한 기독교 신자로서 자신이 최면 중에 윤회전생에 관한 이야기를 했다는 것에 대해 큰 죄의식을 느꼈던 사람이다. 이런 사람이 윤회를 이야기했다면, 비록 그가 말했던 내용의 진실성이 입증될 수 없다 하더라도, 거기에는 어떤 의미가 있다고 보는 것이 타당할 것이다. 이는 마치 황당한 내용으로 이루어진 꿈에도 어떤 의미가 담겨 있을 수 있는 것과 비슷하다. 물론 전생은 꿈과 같은 것일지도 모른다. 하지만 왜 최면이나 트랜스 상태에서 전생을 이야기하게 되는지는 연구해 보고 음미해 볼 가치가 있을 것이다. 알렉산더 캐논 박사나 최면술사 머레이 번스타인이 최면 퇴행을 통해 찾아낸 전생에는 어떤 진실성이 있다. 마찬가지로 케이시의 라이프 리딩에도 어떤 의미가 있을 수 있다. 이런 점을 염두에 두면서 케이시의 라이프 리딩 사례 몇 가지를 더 살펴보고, 라이프 리딩의 의미를 생각해 보자.

5. 리딩의 사례

「에드가 케이시 리딩 1494-1」에서 질문자가 "영혼의 실체는 환생하면서 바뀝니까?"라고 묻자 케이시는 이렇게 대답했다. "영혼이 바로 실체입니다. 실체는 영혼이며, 동시에 마음과 육체입니다. 환생이란 실체가 육체 혹은 새 집에 들어간다는 뜻입니다." 그는 「에드가 케이시 리딩 5755-2」에서 지구(Earth) 외에도 많은 세계가 존재한다고 말했다.

"많은 우주가 존재합니다. 태양계만 하더라도 현재 우리가 살고 있는 이곳보다 훨씬 더 큰 많은 태양계가 있습니다. 이곳 지구에서의 경험은 우리 태양계 내에서 이루지는 경험과 비교하면 극히 작은 조각에 불과합니다. 인간의 영혼은 우리 태양계와 다른 태양계에서도 모든 경험을 완수하게 됩니다."

이 말은 지구 외에도 많은 세계가 있고, 우리 영혼은 그러한 여러 곳을 전전하며 어떤 목적을 달성할 때까지 훈련을 받는다는 뜻으로 해석할 수 있을 것이다. '지구 외에도 많은 세계가 있다'는 것은 현재 우리의 과학적 능력으로는 사실 여부를 확인할 수 없다. 하지만 여러 종교에서 이와 비슷한 이야기를 하고 있으니, 케이시가 한 말은 분명히 흥미롭다. 더구나 우리의 영혼이 그 수많은 세계 중의 어느 한 곳에서 훈련을 받고 있다는 것은 윤리적으로도 의미 있는 말이다. 케이시가 한 말이 사실이라고 믿는다면 우리가 살아가는 자세는 크게 달라질 수밖에 없을 것이다. 「에드가 케이시 리딩 28-8」에는 이런 질문이 나온다.

"각 영혼이 완전함에 도달할 때까지 지구로 환생을 계속해야만 합니까? 혹시 그러다 길을 잃거나 사라진 영혼은 없습니까?"

그러자 케이시는 유머러스한 대답을 한다. "만일 진짜 신이라면 길을 잃을 수 있겠습니까?" 이 말은 우리 각자의 영혼이 바로 신의 일부라는 뜻이다. 케이시는 이어서 다음과 같이 말한다.

"영혼은 사라지지 않습니다. 영혼과 분리된 개인은 사라집니다. 그 영혼이 궁극적으로 실체가 될 때까지 환생 혹은 기회는 계속됩니다."

이후 다음과 같은 물음과 대답이 오간다.

"내가 육체적 완전함을 얻고 그것을 유지하기 위해서는 다른 무엇이 필요합니까?"

"당신이 적어도 30번 이상 환생하기 전에는 물질적 육체의 완전함에 도달하는 것은 불가능합니다."

케이시가 위에서 한 말은 모두 과학적으로 검증될 수 없는 내용이다. 여기서 케이시의 라이프 리딩을 대하는 사람들의 태도는 세 가지로 갈라진다. 첫째는 파괴적 회의주의자의 입장을 취하는 것이다. 과학적으로 입증할 수 없는 케이시의 라이프 리딩을 헛소리로 치부하고 무시하는 것이다. 정통 과학을 중시하는 과학자들, 이를테면 '현대적 미신'에 빠진 사람들이 이러한 입장에 선다. 두 번째는 과학적 검증이 불가능하더라도 케이시가 피지컬 리딩에서 보여 준 신비한 능력을 인정하여 라이프 리딩을 그대로 믿는 것이다. 케이시를 무조건 찬양하는 사람들, 이를테면 '고대적 미신'에 빠진 사람들이 이러한 입장에 선다. 세 번째는 호의적 회의주의자의 입장을 취하는 것이다. 이런 입장에 선 사람들은 과학적 검증이 없기 때문에 케이시의 말을 액면 그대로 믿지는 않지만, 열린 마음으로 그가 한 말을 음미해 보고 사후 세계가 존재할 가능성이 있음을 배제하지 않는다.

호의적 회의주의자의 입장에서 본다면 케이시가 위의 라이프 리딩에서 한 말들은 무시해 버리기에는 뭔가 아쉽고 여운이 남는 말들이다. 어떻게 보면 오히려 흥미를 불러일으키는 말들이기도 하다. 왜냐하면 케이시가 한 말들은 최면 상태에서 한 것들이긴 하지만 다른 사람들이 최면 퇴행 상태에서 한 것들과는 경우가 다르기 때문이다. 지금까지 이 책에서 살펴본 전생 이야기들은 모두 최면 퇴행 상태에서 말해진 것들이었다. 알렉산더 캐논의 전생 요법에서 말해진 이야기, 브라이드 머피의 이야기, 블록샴 테이프에 나오는 이야기는 모두 연령 퇴행을 시켰던 최면 시술자에 의해 말해진 것들이다. 그런데 케이시가 전생을 말했던 것은 누군가가 그에게 연령 퇴행을 시켰던 결과가 아니었다. 케이시의 라이프 리딩은 형이상학에 관심이 많았던 인쇄업자 래머스가 했던 질문에 대해 최면 상태에 들어 있던 케이시가 답하는 가운데 래머스의 전생을 이야기한 것에서 시작되었다. 호의적 회의주의자라면 왜 이런 일이 일어날 수 있는지 궁금해 하는 것이 당연하다. 그가 전문적인 연구자라면 인간의 마음을 깊이 탐구함으로써 그 이유를 찾아내려고 노력할 것이고, 그가 전문가가 아니라면 관련 서적을 읽고 전문가의 말에 귀를 기울이면서 인간의 마음을 이해하려고 노력할 것이다.

케이시는 카르마에 대해서도 경청할 만한 이야기를 했다. 그에 의하면 카르마는 징벌이 아니라 각 개인이 과거생에서 행한 실수를 긍정적으로 보상하는 기회라고 했다. 아래는 「에드가 케이시 리딩 342-2」의 질문과 케이시의 대답이다.

"내가 무엇 때문에 이곳(지구)에 왔습니까?"

"당신이 과거생에서 행했던 모든 것을 극복하기 위해서입니다."

「에드가 케이시 리딩 2636-1」에 나오는 케이시의 문답도 비슷하다.

"이 시대에 내가 지구에 태어난 목적은 무엇입니까?"

"당신이 시작해 놓고 아직 완수하지 못한 일들을 마치기 위해서입니다."

케이시의 리딩은 모두 최면 상태에서 말한 것이었다. 그래서 케이시는 최면에서 깨어나고 난 다음에는 자신이 무슨 말을 했는지 몰랐다고 한다. 그렇다면 케이시의 리딩은 어디에서 비롯되었던 것일까?

6. 라이프 리딩의 원천

에드가 케이시의 손자 찰스 토마스 케이시에 의하면 리딩의 내용들이 어디서 어떻게 왔는지는 에드가 케이시 자신이 리딩에서 말했다고 한다. 리딩에서 제일 먼저 언급하고 있는 것은 잠재 의식(subconscious mind)이다.[102] 케이시의 리딩에 따르면 모든 개인의 잠재 의식은 서로 연결되어 있으며, 한 개인의 잠재 의식이 알고 있는 사실은 다른 사람의 잠재 의식도 알 수 있다. 케이시는 개인적 자아의 한계를 극복할 수 있었기 때문에 다른 사람의 잠재 의식을 읽을 수 있었다고 한다. 케이시가 이용했던 정보의 두 번째 원천은 후반기의 리딩에서 언급되는 '초의식(superconscious mind)'이라고 한다. 이 초의식은 각 개별 영혼이 자신과 신의 관계를 자각할 수 있는 의식 수준에 도달한 상태라고 볼 수 있다. 잠재 의식과 초의식의 차이는 초의식 수준에서는 우주 의식과 접촉하는 반면 잠재 의식 수준에서는 다른 개인의 잠재 의식에서 정보를 끌어온다는 점이다.

---

[102] 여기서 말하는 '잠재 의식'은 심리학에서 말하는 '무의식(unconscious)'이라고 보아야 할 것이다. 그래야 개인의 잠재 의식이 서로 연결되어 있다는 칼 융의 '집단 무의식'과 같은 뜻이 되기 때문이다.

개인의 잠재 의식이 서로 연결되어 있다는 것은 칼 융이 말하는 '집단 무의식(collective unconscious)'과 같은 뜻으로 보아도 좋을 것이다. 그리고 초의식은 엘리자베스 퀴블러-로스가 말한 '우주 의식(cosmic consciousness)'과 유사한 개념으로 볼 수 있을 것이다. 집단 무의식이나 초의식은 정통 심리학에서 인정하는 개념은 아니다. 하지만 케이시가 최면 상태에서 이런 말을 했다는 것은 흥미로운 일이 아닐 수 없다.

7. 맺는 말씀

과학적 근거에 입각해서 에드가 케이시의 신비로운 능력을 설명하기는 어렵다. 다만 많은 사람들이 그에게서 리딩을 받기 위해 찾아왔던 것만은 분명한 사실이다. 케이시의 초능력을 믿고 그것을 통해 고민과 의문을 해결하러 찾아온 고객들은 다양했다. 그들 중에 특기할 만한 인물로는 미국 대통령을 지냈던 우드로 윌슨(Thomas Woodrow Wilson, 1856-1924), 발명왕 토마스 에디슨(Thomas Edison, 1847-1931), 에디슨의 라이벌이자 교류 발전기를 발명한 니콜라 테슬라(Nikola Tesla, 1856-1943), 미국 역사상 최고의 작곡가 겸 작사가 중 한 명으로 꼽히는 어빙 벌린(Irving Berlin, 1888-1989), '가장 미국적인 작곡가'라고 평가 받는 조지 거슈윈(George Gershwin, 1898-1937) 등이 있었다. 이외에 군인, 음악가 등 일반인들도 많이 찾아왔는데, 그 숫자가 8,000명이 넘었다고 한다.

이러한 사실은 무엇을 뜻하는 것일까? 이들이 모두 케이시에게 속았던 것일까? 초자연적 현상을 믿지 않고 모든 것을 과학적이고 합리적인 방법으로 이해하려는 사람들은 케이시의 심령 능력을 믿지 않는다. 이들은 피지컬 리딩을 포함하여 케이시에 관한 모든 이야기가 날조된 것이라고 본다. 그런 것들은 모두 신문 기사에서 전한 것일 뿐, 과학적 검증을 거치지 않았기 때문이라는 것이다. 이들은 에드가 케이시가 세운 '연구 계발 협회(A.R.E.)'가 사이비 과학을 장려한다고 비난한다.

사이비 과학을 타파하는 데 앞장서 온 마이클 셔머 같은 이는 학교 교육이라고는 겨우 9년밖에 못 받은 케이시가 많은 독서를 했고, 그것을 바탕으로 그럴듯하게 이야기를 꾸며낸 것이라고 했다. 케이시에 대한 이러한 비난에 근거가 없는 것은 아니다. 케이시는 틀린 예언도 많이 했고, 역사적 사실을 틀리게 말했던 경우 역시 있었기 때문이다. 그는 캘리포니아와 일본 열도가 지진으로 침몰할 것이고, 1968년에는 중국이 기독교의 성지가 될 것이며, 아틀란티스 대륙이 다시 올라올 것이라고 예언했다. 이러한 예언들은 모두 틀렸고, 이 밖에도 여러 틀린 예언들을 했다.

이러한 사실은 확실히 케이시의 리딩을 의심하게 만들고, 누가 말한 것이냐에 상관없이 최면 상태에서 한 말의 진실성 자체를 의심하게 만들기에 충분하다고 할 수 있다. 그러나 세상 일이 그렇게 간단한 것은 아니다. 1910년 《뉴욕 타임스》에 그의 피지컬 리딩의 신비함에 대한 기사가 실린 후, 1945년에 케이시가 죽을 때까지 많은 사람들이 의학적 목적으로 그를 찾았다. 토마스 서그루가 케이시의 전기 『그곳에 강이 있다(There Is a River)』를 출판했던 1943년에는 리딩 요청이 하루에 1,500건에 이르기도 했다고 한다.[103]

케이시의 리딩이 단순한 거짓이었다면 많은 사람들이 40년 이상 케이시를 찾는 일은 없었을 것이다. 이런 면에서 본다면 케이시의 리딩이 언론에 의해 과장되고 날조되었다고 주장했던 비판자들의 행동이야말로 오히려 비과학적인 태도일 수 있다. 케이시의 리딩을 비판하려면 리

---

[103] 존 G. 풀러 지음, 김수현 옮김, 『에드가 케이시의 삶의 열 가지 해답』, 초롱, 2001, p.32.

딩의 실패 사례를 자세히 조사하고, 성공적인 사례와 비교하여 실패의 비율이 얼마나 되는지를 제시해야 할 것이다. 6,000명의 사람에 대한 14,306개의 리딩이 자세히 기록되어 있다는 것은 케이시의 피지컬 리딩이 당시 경험자들로부터 신뢰를 받았다는 증거일 수 있다. 우드로 윌슨 대통령을 비롯한 여러 저명 인사들이 케이시를 찾아왔던 사실 역시 그의 리딩을 단순한 과장이나 날조로 치부하기 어렵게 만든다.

11강에서 설명했던 바와 같이, 최면 상태에서 본 것 중에는 꿈처럼 허황한 것도 있다. 그러나 케이시의 피지컬 리딩에는 분명 신비로운 면이 있다. 그렇다면 우리는 호의적 회의주의자의 입장에서 케이시의 능력을 대하는 것이 바람직한 일일 것이다. 호의적 회의주의자라면 최면 상태에서의 이야기된 윤회전생 사례보다 더 신뢰성을 주는 윤회전생 사례가 있다면 당연히 그러한 사례에 주목할 것이다. 다음 15강에서는 전생 연구에서 전설적 인물로 꼽히는 이안 스티븐슨(Ian Stevenson, 1918-2007)에 대해 살펴볼 것이다.

15강

이안 스티븐슨에 대하여

예비적 고찰

사이비 과학을 타파하기 위해 노력하는 사람은 많다. 그 가운데 널리 알려진 사람을 꼽는다면 이미 언급했던 잡지 『스켑틱(Skeptic)』의 발행인이자 편집자인 마이클 셔머(Michael Shermer, 1954-)와 우주 과학 교양서인 『코스모스(Cosmos)』의 저자이자 천체 물리학자인 칼 세이건(Carl Edward Sagan, 1934-1996)을 들 수 있을 것이다. 두 사람은 사이비 과학을 타파하기 위한 책도 저술했는데, 마이클 셔머는 『천국의 발명(Heavens on Earth)』을, 칼 세이건은 『악령이 출몰하는 세상(The Demon Haunted World)』을 각각 썼다.

두 사람은 모두 윤회를 믿지 않는다. 그럼에도 불구하고 윤회에 대한 두 사람의 평은 대조적이다. 마이클 셔머는 『스켑틱』과 『천국의 발명』에서 임사 체험이나 윤회와 같이 두뇌를 떠나 작용하는 의식의 존재를 철저히 부정하고, 이를 옹호하는 논문이나 서적 및 기타 자료 또한 철저히 비판한다. 반면에 칼 세이건은 다음과 같이 마이클 셔미와는 다른 말을 한다.

> "나는 비록 미세한 염력이나 환생을 믿지는 않지만 이들과 관련해 어느 정도 실험적인 지지 정황이 있음에는 유의한다."[104]

믿지 않으면 부정할 일이지 무엇 때문에 칼 세이건은 "어느 정도 실험적인 지지 정황이 있음에는 유의한다."는 묘한 말을 했을까? 그것은 윤회 연구에 있어서 전설적 인물인 이안 스티븐슨(Ian Stevenson, 1918-2007)의 연구 결과를 부정할 수만은 없었기 때문이다. 이번 강의에서는 이안 스티븐슨이라는 인물과, 그가 주목한 '자발적 기억'과 윤회에 대해 살펴보겠다.

1. 자발적 기억의 중요성

적지 않은 사람들이 명상, 임사 체험, 최면 퇴행, 자발적 기억 및 영매와 같이 서로 관계가 없는 여러 분야에서 사후 세계나 윤회를 말한다. 따라서 이러한 사실에 주목한 나머지 사후 세계나 윤회와 같은 것이 실제로 있는 것이 아닐까 하고 생각하는 사람도 있기 마련이다.

    이들 다섯 개 분야 가운데 영매와 최면 퇴행에 의한 전달은 앞서 10강과 11강에서 설명한 바와 같이 의심 받을 만한 요소가 많이 있다. 영

---

[104] 칼 에드워드 세이건 지음, 이상헌 옮김, 『악령이 출몰하는 세상』, 사이언스북스, 2022, p.345.

매의 경우 돈벌이를 목적으로 거짓말을 하는 경우가 너무 많았다. 최면 퇴행의 경우에는 전생 요법처럼 의학적으로 효과가 있는 경우가 있지만 최면 시술자의 암시에 영향을 받을 가능성 역시 있다. 또한 에드가 케이시의 잘못된 예언에서 보듯이 피최면자가 최면 상태에서 떠올린 내용이 단지 피최면자의 무의식이 만든 것에 불과할 수도 있다는 문제점이 있다.

윤회가 사실이라면 우리의 의식 어딘가에 그 흔적이 있어야 하고, 과학적으로 의심할 여지가 없는 방식으로 우리가 그 흔적을 찾을 수 있어야 할 것이다. 그러한 가능성에 입각하여 윤회를 지지하는 사람들은 두 가지 분야에 주목하고 있다. 선정(禪定)과 자발적 기억이다.

선정의 효과는 정신적으로 또 의학적으로 여러 가지 면에서 과학적으로 입증되기 때문에 정통 과학자들로부터도 인정받고 있다. 하지만 그렇다고 해서 선정 중에 체험한 전생 이야기를 수집하여 그것을 전생 연구 자료로 삼기는 어렵다. 이유는 크게 두 가지가 있다.

첫째는 선정에 든 선승은 삼매에 들어 진리를 깨우치는 것을 목표로 삼을 뿐이기 때문이다. 그들은 과학자의 연구 대상이 되기 위해 일부러 자신의 전생을 보려고 하지 않는다. 간혹 응하는 사람이 있더라도 그 숫자가 적다. 따라서 선정 가운데 체험한 전생 사례를 수집하기란 쉽지 않은 일이다. 전생 연구에는 많은 사례가 필요한데, 수집할 수 있는 사례가 적다는 것은 큰 결점이다.

둘째는 선정 가운데 떠오른 전생의 기억이 최면 퇴행 상태에서 떠오른 전생의 기억과 크게 다르지 않을 수 있기 때문이다. 지금도 선정 중에 자신의 전생을 체험했다고 하는 사람들이 있다. 하지만 그러한 체험의 대부분은 스스로가 마음의 주인이 되어 완전히 자유롭고 생생하게 깨어 있는 상태에서 자신의 과거를 회상하듯이 전생의 일을 회상한 것이 아니라, 자기도 모르는 사이에 전생의 일이 떠오른 것이다. 무의식적으로 떠오른 전생의 일이라면 그것이 꿈이나 최면 중에 떠오른 것과 그다지 다르지 않다고 보아야 할 것이다. 그렇다면 에드가 케이시의 예언이 틀렸던 것처럼, 선정 가운데 떠오른 전생이라는 것도 무의식이 꾸며낸 것에 불과할 수 있다. 이것도 많은 사례가 있으면 도움이 되겠지만, 이 또한 사례를 수집하기가 쉽지 않다. 선정 중에 전생의 기억을 떠올리는 사람이 많지 않기 때문이다.

 선정을 연구 대상으로 삼기 힘들다면 윤회를 연구하는 사람들이 주목할 만한 것은 자발적 기억이다. 자발적 기억이란 대개 어린 아이가 말을 시작할 즈음에 예기치 않게 떠올리는 내용을 뜻한다. 이안 스티븐슨 교수는 어린 아이들의 자발적 기억을 통해 그려지는 전생에 주목했다. 스티븐슨 교수에 의하면 어린 아이는 대개 다섯 살까지는 전생의 기억을 갖고 있다. 그러다가 일곱 살이 되면 과거의 기억은 대부분 사라진다. 다섯 살 이전의 어린이가 대개 전생의 기억을 가지고 있다면, 윤회 연구를 위해 자발적 기억에 주목한 것은 탁월한 착상이라고 할 수 있다. 윤회가 실제로 있는 것이라면 인간의 의식은 단절되지 않고 연속적일 것이기 때문이다. 의식이 연속적으로 이어진다면, 과거 생에서 죽을 때의 의식이 그 다음 생에서 태어날 아이의 의식으로 연결될 것이다. 그렇다면 어린 아이가 자발적으로 떠올리는 전생의 기억은 대부분 바로 직전 삶의 기억일 가능성이 크다. 참고로 말하자면 인간의 감정 가운데 가장 강하게 남는 감정은 분노, 두려움, 가슴 쓰라림과 같은 것들이고, 기쁨이나 행복과 같은 것은 그 다음이다. 최면 퇴행에서 떠오른 과거의 삶도 대략 이러한 감정의 강도에 따라 떠오른 것이기 때문에, 그렇게 떠오른 과거의 삶은 대개 몇 백 년 전의 삶인 경우가 많다. 따라서 최면 퇴행에 의해 떠오른 전생은 검증하기가 어렵다. 하지만 자발적 기억이 그려 내는 전생은 바로 직전의 삶이기 때문에 검증하기가 상대적으로 용이하다. 이러한 착상을 발판으로 스티븐슨 교수는 윤회 연구에서 전설적인 업적을 남긴다.

2. 이안 스티븐슨의 인물 소개

이안 스티븐슨(Ian Stevenson, 1918-2007)은 캐나다 출신의 미국 정신과 의사로, 캐나다 몬트리올에 있는 세계적 명문 맥길 대학(McGill University) 의학부를 수석으로 졸업한 후 1957년에 39세의 젊은 나이로 버지니아 대학(University of Virginia) 정신의학과의 주임 교수가 되었다. 윤회에 대한 스티븐슨 교수의 연구는 환생에 관한 그의 논문이 1958년 미국 심령 연구 협회에서 당선되는 것을 계기로 시작되었다고 볼 수 있다. 스티븐슨 교수의 수제자인 짐 터커(Jim B. Tucker, 1960-)에 의하면 그는 문화적으로나 지역적으로나 전혀 다른 지역에 사는 아이들이 전생의 기억에 대해서는 비슷하게 진술한다는 것을 발견하고 큰 충격을 받았다고 한다.

환생이나 신비 체험과 같은 것은 과학자들이 연구하기에는 위험한 주제다. 사이비 과학 연구로 낙인 찍혀 학계에서 매장될 수 있기 때문이다. 우리가 11강에서 살펴보았던 알렉산더 캐논 박사 역시 티베트 여행에서의 신비 체험을 기록한 책 『보이지 않는 영향(The Invisible Influence)』을 출판했다가 정신과 의사로 근무하던 병원에서 해고되었던 적이 있다. '조셉슨 효과'로 1973년 노벨 물리학상을 받은 케임브리지 대학의 조셉슨(Brian David Josephson, 1940-)도 텔레파시나 염력 행위(psychokinesis) 와 같은 신비 체험이 진실이라고 주장했다가 학계에서 곤란한 입장에 처하기도 했다. 스티븐슨 교수 역시 근무하던 대학에서 어려움을 겪었다. 예를 들면 칼텍(Caltech)에서 물리학을 전공하고 제록스의 복사 기술을 개발한 발명가인 체스터 칼슨(Chester Floyd Carlson, 1906-1968)이 스티븐슨 교수의 연구를 지원하기 위해 1968년 당시로서는 거금에 해당하는 백만 불을 학교에 기부하겠다고 하자, 학교에서는 이상한 주제에 대한 연구를 지원할 필요가 있는가를 놓고 논란이 일었다. 하지만 논란 끝에 스티븐슨 교수는 체스터 칼슨의 이름을 따서 만들어진 교수직에 석좌 교수로 임명되었다.

1951년 뉴욕에 '초심리학 재단(Parapsychology Foundation)'을 세운 에일린 개러트(Eileen J. Garrett, 1893-1970)도 스티븐슨 교수의 인도 여행 경비를 전적으로 지원했다. 이때 인도와 스리랑카를 비롯하여 브라질, 레바논 등지에서 수집한 자료를 가지고 1966년에 스티븐슨 교수가 출판한 책이 『환생을 암시하는 스무 가지 사례(Twenty Cases Suggestive of Reincarnation)』[105]다. 참고로 말하면 에일린 개러트는 초능력자로 알려졌던 사람인데, 이런 사람으로부터 지원을 받았던 까닭에 스티븐슨 교수의 연구 역시 의심을 받았다. 하지만 스티븐슨 교수는 그 자신이 이미 학계에서 인정받은 학자였고 연구 결과 또한 치밀했기 때문에 의심과 비난에 굴하지 않고 전생 연구에 매진할 수 있었다.

스티븐슨 교수는 1967년 버지니아 대학교에 '지각 연구소(Division of Perceptual Studies)'를 설립했고, 2002년까지 이 연구소의 책임자로 있었다. 스티븐슨 교수가 타계한 후에도 이 연구소는 활발한 연구 활동을 계속하고 있다.

스티븐슨 교수는 3,000명에 가까운 어린 아이들의 자발적 기억을

---

[105] Ian Stevenson, *Twenty Cases Suggestive of Reincarnation*, University of Virginia Press, 1980.

수집하고, 수많은 저술과 논문을 통해 엄청난 양의 전생 사례를 발표했다. 그는 전생에 관해 대략 300편의 논문과 14권의 책을 저술했다. 세계 3대 의학 저널 중 하나인 『미국 의사 협회 저널(Journal of the American Medical Association, JAMA)』은 스티븐슨이 제시한 전생 사례들은 냉정하고 공들여 수집한 것들이며, 전생의 개념이 아닌 다른 개념들로는 설명하기 어렵다고 평했다.106 『신경 및 정신 질환 저널(Journal of Nervous and Mental Disease, JNMD)』은 스티븐슨 교수가 윤회를 뒷받침할 수 있는 최선의 증거들을 꼼꼼하게 추려냈으며, 그의 명저들은 이 주제에 관심 있는 학생들에게 필독서로 꼽힌다고 평했다.107 또한 정신과 의사이자 정신 분석가로서 '금지된 성적 욕망(inhibited sexual desire)'의 개념을 도입한 정신의학계의 저명 인사 해롤드 리프(Harold Lief, 1917-2007)는 스티븐슨 교수를 가리켜 조직적이고 꼼꼼한 연구인이라고 평한 뒤 한마디 덧붙였다. "그는 큰 실수를 했거나 아니면 20세기의 갈릴레오로 알려질 것이다."108

스티븐슨 교수의 연구에는 많은 찬사가 따르지만 비난과 비판 역시 많이 따른다. 이러한 비판과 비난에는 파괴적 회의주의자의 비난이 주를 이루지만 호의적 회의주의자의 비판도 있다. 호의적 회의주의자의 비판은 소중하다. 우리 생각의 폭은 새로운 것을 접할 때 확장되기 때문이다. 앞으로 이러한 비난과 비판들에 대해 살펴보겠다.

---

106 *JAMA* vol.234 no.9, December 1, 1975, p.978. 크리스토퍼 M. 베이치 지음, 김우종 옮김, 『윤회의 본질』, 정신세계사, 2017, p.64에서도 이 내용을 소개하고 있다.

107 *JNMD* vol.165 no.3, May 1977, p.151. 크리스토퍼 M. 베이치 지음, 김우종 옮김, 『윤회의 본질』, 정신세계사, 2017, p.64에서도 이 내용을 소개하고 있다.

108 Harold I. Lief, "Commentary on Dr. Ian Stevenson's 'The Evidence of Man's Survival After Death'", *Journal of Nervous and Mental Disease* vol.165 no.3, 1977, pp.171-173.

3. 맺는 말씀

세상에는 많은 전생 이야기가 있다. 그러나 이 모두를 다 전생 사례로 인정할 수는 없을 것이다. 따라서 어떤 전생 이야기를 실제 전생 사례로 인정할 수 있게 하는 기준이 필요하다. 이안 스티븐슨 교수와 그의 제자 짐 터커는 아래에서 말하는 조건들 중 두 가지 이상의 조건을 충족시키는 경우에 그 이야기를 그들이 수집하는 전생 사례 목록에 포함시켰다.

[재탄생에 대한 예언]

어떤 사람(주로 고승)이 죽음에 이르렀을 때, 내생에 자기가 태어날 곳과 부모에 대해 말하는 것이다. 이 진술은 단순히 "나는 다시 태어날 것이다."와 같은 진술이 아니라, 구체적이고 세부적인 사항을 포함하는 진술이어야 한다. 예를 들어 다음 생의 부모는 어느 마을의 누구라고 명확히 진술하는 것이다.

[태몽]

전생을 진술하는 당사자의 바로 직전생의 인격이 현생의 어머니의 꿈에 나와 "당신의 아이로 태어나겠다."라고 밝히는 것이다.

[모반이나 선천적 결함]

아이의 탄생 후 즉시 혹은 아무리 늦어도 몇 주 안에 모반(母斑, 태어날 때 갖고 있는 반점)이나 선천적 결함이 알려져야 한다. 스티븐슨 교수가 조사한 바에 의하면, 전생에 어떤 사건으로 인해 상처를 입었던 사람은 현생에 태어날 때에도 전생에 상처를 입었던 부위에 어떤 흔적을 갖고 있었다고 한다. 스티븐슨 교수는 모반이나 선천적 결함이 전생의 상처와 관련이 있다는 것을 연구한 내용을 『환생과 생물학(Reincarnation and Biology)』이라는 제목의 두

권짜리 책으로 출판했는데, 각 권의 분량이 2,000페이지가 넘는다.[109]

[자발적 기억]

전생을 진술하는 당사자가 어린 아이여야 한다. 이때 한 사람 이상의 어른이 이 이야기를 들었다는 증언이 필요하다.

[전생의 자신에 대한 이해와 자신이 썼던 물건에 대한 인지]

전생을 진술하는 당사자가 전생의 자신에 대해 정확하게 말해야 하고, 자신이 썼던 물건을 알아보아야 한다. 티베트나 네팔 그리고 몽골 등지를 포함한 히말라야산맥과 인접한 지역에서 신앙되는 티베트 불교에서는 전생에 고승이었던 사람의 환생을 린포체(Rinpoche)라고 부른다. 린포체를 검증하는 절차 중에는 전생에 자신이 썼던 물건을 알아보는지에 대한 평가가 있다. 티베트 불교의 지도자인 달라이 라마도 이런 검증을 통하여 인정받게 되었다.

[전생의 특이한 행동거지의 재현]

전생을 진술하는 당사자는 전생의 자신이 했다고 믿어지는 특이한 행동거지를 보여야 한다.

다음 16강에서는 위의 기준에 맞는 사례와 맞지 않는 사례를 살펴보고, 스티븐슨 교수가 전생 사례를 판정하는 데 사용했던 기준이 얼마나 꼼꼼하고 신중한 것이었는지에 대해 알아보도록 하겠다.

---

[109] Ian Stevenson, *Reincarnation and Biology: A Contribution to the Etiology of Birthmarks and Birth Defects*, 2 vols., Praeger, 1997.

16강

환생의 사례

예비적 고찰

이번 16강에서는 이안 스티븐슨 교수가 수집한 3,000개 가까운 전생 사례 가운데 비센 찬드(Bishen Chand)와 샤라다(Sharada)의 전생 이야기를 살펴보겠다. 전생 이야기는 대부분 비슷하지만, 이 강의에서 비센 찬드와 샤라다의 이야기를 살펴보는 것은 그들의 전생 사례가 비교적 간단하게 검증될 수 있기 때문이다.

1. 샨티 데비의 이야기

비센 찬드와 샤라다의 이야기를 살펴보기에 앞서, 전생 이야기 가운데 가장 유명함에도 불구하고 이안 스티븐슨 교수가 전생 사례로 인정하지 않은 샨티 데비(Shanti Devi, 1926-1987)라는 여인의 이야기를 먼저 살펴보자. 샨티 데비에 관한 자세한 내용은 스웨덴 작가 스튜어 뢰너스트랜드(Sture Lönnerstrand, 1919-1999)가 1998년에 발표한 『나는 전에 살았다: 샨티 데비의 환생에 관한 실화(I Have Lived Before: The True Story of the Reincarnation of Shanti Devi)』[110]에 담겨 있다.

1902년 1월 18일, 인도의 마투라 지방에 있는 한 가난한 농가에 루그디 데비(Lugdi Devi)라는 여자 아이가 태어났다. 1912년, 루그디는 10살의 어린 나이에 케다르 나쓰 차우베(Kedar Nath Chaubey)라는 상인에게 계약 결혼 방식으로 팔려 갔고, 남편이 운영하던 옷 가게의 종업원으로 일하게 된다. 루그디는 1924년에 첫 아들을 낳고, 1925년에 두 번째 아이를 낳던 중에 23세의 나이로 사망했다.

그런데 루그디가 사망한 지 1년 10개월 뒤인 1926년 12월 11일 델리 외곽에 있는 치라왈라 모훌라(Chirawala Mohulla)에서 한 여자 아이가 태어났다. 이 아이가 샨티 데비였다. 샨티는 다섯 살이 된 어느 날부터 한 번도 가 보지 않은 마투라 지방 사투리를 갑자기 완벽히 구사하면서 자신이 마투라 지방에 살다가 6년 전에 죽은 루그디 데비라고 주장했다. 여섯 살 때는 마투라로 간다고 하면서 집을 뛰쳐나가 부모를 실망시키기도 했다. 샨티는 학교에 입학한 후에도 자신이 결혼했고, 출산 열흘 뒤에 죽었다고 떠들었다. 그런 소문이 나자 학교 선생과 교장이 그녀를 만나 전생의 남편 이름과 주소를 말하게 했다. 거기서 그녀는 마투라 방언을 하면서 전생의 남편 이름과 주소를 말했다. 남편은 케다르 나쓰 차우베이고 부유한 상인이라고 했다.

---

110 Sture Lönnerstrand, *I Have Lived Before: The True Story of the Reincarnation of Shanti Devi*, Ozark Mountain Publishing, 1998.

교장은 즉시 샨티가 말한 주소로 연락했다. 케다르는 교장과 상의한 후 자신의 사촌 동생을 자기로 가장하게 하고 샨티를 만나게 했다. 그랬더니 샨티는 즉시 그가 전생 남편의 사촌 동생임을 알아보았다. 그래서 케다르는 직접 델리를 방문하게 되었는데, 이번에 그는 그 자신이 동생인 것처럼 가장했다. 그러나 샨티는 그가 자신의 전생 남편임을 바로 알아보았고 루그디 데비가 낳은 아들도 알아보았다. 샨티가 케다르와 그의 아내 사이에 있었던 여러 가지 상세한 내용을 이야기하자, 케다르도 샨티가 자신의 아내 루그디 데비의 환생임을 인정했다.

1935년 신문을 통해 이 소식을 듣게 된 마하트마 간디는 샨티를 찾아와 그녀를 직접 만났다. 10여 년 전의 상황을 너무나도 잘 알고 있는 샨티의 이야기를 들은 간디는 샨티가 실제로 환생한 사람일 가능성이 높다고 생각하고, 사실을 확인하기 위해 위원회를 조직했다. 위원회의 위원은 모두 열다섯 명이었는데, 그중에는 정치 지도자, 국회의원, 변호사, 언론인 등이 포함되어 있었다. 1935년 11월, 이 열다섯 명의 위원들은 마투라를 방문하여 샨티가 말한 내용을 조사했다. 이때 샨티도 부모와 함께 따라갔다. 샨티는 전생 남편 집의 구조며 가족 관계 등 모르는 것이 없었으며, 집 안을 돌아다니며 자신이 전생에 썼던 집기, 전생에 즐겨 입던 옷, 전생에 좋아했던 모든 것을 집어내기도 했다. 전생의 아들이 오자 눈물을 흘리며 아기 때 좋아했던 장난감을 손에 쥐어 주며 기뻐했다고 한다. 위원회는 샨티가 한 말이 모두 사실임을 확인했다. 이것은 인도 정부가 샨티의 환생을 공식적으로 인정한 것이라고 볼 수 있다.

샨티의 이야기는 1950년대 말에 다시 한 번 세상에 알려졌고, 1986년에는 스티븐슨 교수가 인도의 연구자 라와트(K. S. Rawat)와 함께 샨티를 인터뷰했다. 라와트는 초심리학(parapsychology) 연구자로서, 1987년 12월 27일에 샨티가 죽기 나흘 전까지 샨티를 만나 인터뷰했다. 샨티는 평생 동안 결혼하지 않고 선생의 가족들과 왕래하며 살았는데, 오늘날에도 이 분야를 연구하는 학자들은 샨티 데비의 사례가 현재까지 보고된 환생 사례들 중 가장 확실한 것이라고 주장한다.

그런데 스티븐슨 교수는 샨티 데비의 사례를 자신이 수집한 전생 사례의 목록에 포함시키지 않았다. 전문가들이 조사하기 전에 이미 샨티가 많은 사람들을 만났고, 그녀의 이야기 역시 세상이 너무 많이 알려졌기 때문에, 사실이 왜곡되었을 가능성이 있다고 봤기 때문이었다. 스티븐슨 교수는 전생 사례를 수집함에 있어서 이와 같이 엄격한 기준을 적용함으로써 잘못된 전생 사례를 수집할 가능성을 차단했다. 이제 스티븐슨 교수가 수집한 사례를 살펴보자.

2. 검토할 사례들

1) 비센 찬드의 사례

이안 스티븐슨 교수가 쓴 『전생을 기억하는 아이들(Children Who Remember Previous Lives)』[111]에 소개된 비센 찬드의 사례를 요약해서 살펴보겠다. 비센 찬드(Bishen Chand Kapoor)는 1921년에 인도 바레일리(Bareilly)의 굴함(Gulham) 집안에서 태어났다. 돌이 지나 6개월쯤 되었을 때, 비센은 바레일리로부터 50마일쯤 떨어진 필리비트(Pilibhit) 마을에 관해 질문하기 시작했다. 시간이 지남에 따라 비센은 쉬지 않고 필리비트에서 있었던 그의 전생 이야기를 했다. 가족들은 그의 행동 때문에 고통스러워했다. 1926년 여름에 비센은 그의 전생을 아주 확실하게 기억한다고 주장하

---

[111] Ian Stevenson, *Children Who Remember Previous Lives*, McF, 2001.

면서, 그의 전생 이름은 락스미 나라인(Laxmi Narain)이었고 그의 아버지는 대지주로서 부호였다고 했다. 그는 전생의 삼촌 이름이 하르 나라인(Har Narain)이라고 했는데, 나중에 알고 보니 그는 락스미 나라인의 아버지였다. 그는 그가 살던 집에 관해서도 말했는데, 제단과 여자들을 위한 분리된 숙소가 있었다고 했고, 그 집에서의 여러 가지 기억도 이야기했다. 하지만 비센의 전생 기억은 그로 하여금 현재의 가난한 생활을 원망하게 만들었다. 비센은 때때로 자신의 하인들조차 이런 음식은 안 먹는다고 하면서 음식을 거부하기도 했다.

비센의 이야기는 바레일리의 법률가인 사하이(K. K. N. Sahay)의 귀에 들어갔다. 사하이는 비센의 집에 가서 그가 하는 말을 기록했다. 그리고 얼마 후, 락스미 나라인이 죽은 지 채 8년이 되기 전에, 사하이는 비센과 그의 아버지와 형을 필리비트로 데려갔다. 사하이는 1926년 8월에 중앙지인 《리드(Lead)》에 보고서를 썼는데, 락스미가 살던 집의 구조는 비센이 말한 그대로였고, 친구 집도 알아보았다고 한다. 또한 락스미가 다녔던 공립 학교에 비센을 데리고 갔더니, 그는 곧 락스미의 옛날 교실로 달려갔다고 한다. 누군가가 옛날 사진을 꺼내자 비센은 그 속에서 락스미의 같은 반 학생들을 알아보았는데, 그들 중의 하나는 군중 속에 있었다. 군중 속에 있던 그 학생이 그들의 선생님에 대해 물어보자, 비센은 그 선생님을 정확하게 묘사했다. 그 밖에도 비센은 여러 가지 이야기를 했는데, 그 지역의 상인들이 그 말이 옳다고 확인해 주었다.

그날 비센에게는 타블라(tabla)라는 악기가 주어졌다. 그의 아버지는 비센이 타블라를 본 적 없다고 말했다. 그런데도 비센은 마치 락스미가 연주하듯이 능숙하게 악기를 연주했다. 락스미의 어머니가 비센을 만났을 때 즉각적으로 그들은 서로에게 끌렸다. 비센은 어머니가 묻는 말에 척척 대답했고, 락스미의 개인 하인의 이름도 다 알고 있었으며, 그들에 대한 묘사도 정확하게 했다. 그리고 그 하인들이 속한 계급(caste)도 말했다. 그는 나중에 락스미의 엄마가 자기 엄마보다 더 좋다고 말했다. 락스미의 집안 식구들은 락스미의 아버지가 죽기 전에 어딘가에 보물을 감춰 둔 것을 알고 있었지만, 그곳이 어디인지는 아무도 몰랐다. 그 장소가 어딘지 혹시 아느냐고 사람들이 묻자, 비셴은 그 장소를 알려 줬다. 후에 정말로 그곳에서 금화 상자가 발견되었다. 마지막으로 비셴의 형이 비셴은 우르두어를 배우기 전인 어릴 때 이미 우르두어를 읽었다고 증언했다. 비셴의 아버지는 비셴이 집에서도 가끔 우르두어를 말했다고 선서했다.

스티븐슨 교수는 믿을 만한 법률가가 일찍부터 이 사례와 관련된 기록을 보관하고 있었고, 관계된 주요 인물들이 살아 있어 비셴의 기억이 거의 다 진실이었음을 확인해 주었기 때문에 이 사례가 매우 의미 있다고 주장했다. 스티븐슨 교수에 의하면 속임수의 가능성은 거의 없었다. 비셴의 가족이 락스미의 가족으로부터 얻은 것이 별로 없었기 때문이다. 락스미의 집안은 그가 죽은 다음에 몰락한 상태였다. 이것과 유사한 대부분의 사례에서 일어난 일들은 경제적인 이득을 기대하는 것으로는 설명할 수 없었다. 『환생을 암시하는 스무 가지 사례』에 나오는 이야기나, 『전생을 기억하는 아이들』에 나오는 어린 아이들의 자발적 기억은 대략 이와 비슷하다. 보다 특이한 경우를 살펴보자.

2) 샤라다의 사례

여기서 살펴보려고 하는 샤라다(Sharada)의 전생 사례는 어린이의 자발적 기억에 전생의 기억이 떠오른 경우가 아니라 어른에게 전생의 인격이 나타난 경우다. 그것도 한 어른이 자신의 현재 인격을 유지한 채 전생을 기억하는 것이 아니라, 그 사람이 아예 전생의 인물이 되어 전생의 인격으로서 말하고 행동하다가 다시 현생의 인격으로 돌아가는 매우 특이하고 흥미로운 경우다. 여기서는 이안 스티븐슨 교수가 쓴 『배우지 않은 언어(Unlearned Language)』[112]에 소개된 샤라다의 사례를 요약해서 살펴보겠다.

우타라 후다르(Uttara Huddar)는 1941년 3월 14일에 낙푸르(Nagpur)에서 태어났다. 그녀는 보통 사람과 같은 어린 시절을 보냈는데, 이상하게도 어릴 때부터 뱀을 보면 비정상적으로 무서워했다. 그녀는 대학을 마치고 대학원까지 다녔는데, 1969년에는 영어학 분야에서 석사 학위를, 1971년에는 공공 행정 분야에서 석사 학위를 받았다. 그 후 그녀는 대학에 강사로 채용되어 공공 행정을 강의했다. 그렇게 정상적인 인물로서 살아가던 그녀가 서른두 살이 되었을 때부터 이상한 행동을 하기 시작했다. 1973년의 어느 날, 그녀는 갑자기 그녀가 사는 지방의 언어인 마라티어(Marathi)가 아닌 이상한 말을 했다. 알고 보니 그것은 벵갈어(Bengali)였다. 1974년 3월 초에는 우타라의 인격에 변화가 왔다. 이런 일은 50번도 더 일어났는데, 인격이 바뀌는 시간은 대략 40일 이상에서부터 두 시간 정도였다. 인격이 바뀔 때 그녀는 자신을 150년 전에 벵갈에서 살다 죽은 샤라다(Sharada)라고 했다. 그녀는 자기 아버지가 벵갈의 부르완(Burwan)에 사는 산스크리트(Sanskrit) 학자였고, 자신은 벵갈 쉬바푸르(Shivapur)의 내과 의사 비스와나트 무코파드야야(Viswanath Mukhopadhyaya)의 아내였는데, 24살에 임신 7개월인 상태에서 뱀에 물려 죽었다고 했다.

조사한 바에 의하면 샤라다의 인격을 갖고 있을 때의 우타라는 벵갈

---

[112] Ian Stevenson, *Unlearned Language*, University of Virginia Press, 1984.

어로 말하고 쓰고 대화했으며, 우타라였을 때 하던 말을 이해하지 못했다. 샤라다로서의 우타라는 19세기 벵갈 여인처럼 행동했고, 정상적인 방법으로는 알 수 없는 사람들과 사건에 관한 정보를 말했다. 전생 연구자가 제일 먼저 해야 할 일은 우타라의 행동이 정신 이상에서 비롯된 것인지, 아니면 정말로 샤라다가 우타라의 전생인지를 확인하는 일일 것이다.

연구팀은 150년 전쯤에 샤라다라는 인물이 정말로 벵갈 지방에 살았는지, 그리고 그 인물의 행적이 우타라가 샤라다의 인격일 때 한 말과 같은지를 조사했다. 샤라다에 관한 조사는 두 개의 연구팀이 독립적으로 진행했다. 하나는 스티븐슨 교수가 인도인 연구자들과 함께 진행했던 조사였고, 다른 하나는 사회심리학자 아콜카르(V. V. Akolkar)가 진행했던 조사였다. 스티븐슨 교수는 1975년 2월 18일 신문에서 관련된 기사를 읽고 인도인 동료 연구원인 파스리차(Pasricha)에게 우타라를 만날 것을 부탁했다. 파스리차는 7월 2일에 낙푸르로 가서 우타라와 우타라의 부모, 그리고 샤라다의 인격을 가진 우타라와 벵갈어로 대화한 힌두교 사제를 만나 인터뷰하고 대화를 녹음했다. 스티븐슨 교수는 또한 벵갈어를 사용하는 팔(P. Pal) 교수와 또 다른 환생 연구가에게 도움을 요청했는데, 팔 교수는 1975년 8월과 1977년 11월 사이에 우타라의 가족들을 다섯 번 만났고, 그중 네 번은 샤라다가 된 우타라와 대화했다. 그리고 1975년에는 공동 연구자들 중 한 사람이 벵갈로 가서 샤라다가 된 우타라가 했던 진술과 일치하는 조상을 가진 가족을 찾았다. 그 후 스티븐슨 교수와 팔 교수가 그 가족의 어른들을 인터뷰하고 조사했는데, 우타라가 샤라다의 인격으로서 한 말은 모두 사실이었다. 스티븐슨 교수와 독립적으로 연구 조사를 했던 아콜카르 역시 실제로 벵갈 지방에 우타라가 말했던 샤라다라는 인물이 살았다는 결론을 내렸다.

3. 맺는 말씀

자발적 기억으로 이야기하는 전생을 어떻게 받아들이고 이해해야 할까? 그것이 거짓이나 속임수라고 믿는다면 길게 생각할 필요도 없을 것이다. 하지만 임사 체험의 경우처럼 어떤 사람의 머릿속에 실제로 뭔가가 떠오른다면, 우리는 그것을 설명할 수 있어야 할 것이다. 그래야 우리가 비로소 인간의 정신을 이해할 수 있을 것이기 때문이다. 이안 스티븐슨 교수는 수천 개가 넘는 이런 사례들을 설명할 수 있는 가장 좋은 개념이 무엇인지를 찾고자 했고, 전생이야말로 바로 그러한 개념이 될 수 있다고 보았다.

하지만 전생 개념을 받아들일 수 없는 사람들은 잠재 기억이나 유전적 기억 등에 의거하는 대안적 설명으로 이런 현상을 이해할 수 있다고 주장한다. 다음 17강에서는 이 대안론에 대해 생각해 보자.

17강

전생 사례에 대한 대안적 설명

예비적 고찰

이안 스티븐슨 교수는 현재로서는 전생이라는 개념만이 그가 수집한 자료를 잘 설명할 수 있다고 본다. 하지만 신경 과학자들을 비롯해 합리성을 추구하는 과학자, 철학자, 심리학자들은 여러 가지 이유로 전생 개념을 배척한다.

미국 조지아 주립대학교(Georgia State University) 명예 교수인 철학자 로버트 앨메더(Robert F. Almeder, 1939-)는 『과학 철학(Philosophy of Science)』이라는 책을 저술하기도 했지만 스티븐슨 교수의 연구를 지지했다. 그는 또 다른 저서 『죽음과 개인의 생존(Death and Personal Survival)』[113]을 통해 스티븐슨 교수에게 쏟아진 학계의 비판을 철학자다운 통찰력으로 논

---

[113] Robert F. Almeder, *Death and Personal Survival*, Rowman and Littlefield Publishers, 1992.

리 정연하게 반박하고, 지금까지의 과학자들이 이 주제의 논점을 편향적으로 흐려 왔다고 분명하게 지적한다.

앨메더 교수는 이 책에서 속임수의 가능성이 전혀 없다는 전제 하에서 전생 사례라고 믿을 수 있는 경우를 다음과 같이 정리했다.

첫째, 세 살 내지 아홉 살의 어린이가 자신의 전생을 기억한다고 하면서 그들의 부모에게 자신의 전생에 관해 자세하고도 검증 가능한 이야기를 하는 경우.

둘째, 전생을 기억한다고 주장하는 사람이 전생에 있었던 일들, 특히 당사자가 아니면 알 수 없는 개인적인 일들을 이야기하는 경우.

셋째, 전생을 기억한다고 주장하는 사람이 전생에 가졌던 어떤 능력, 이를테면 이번 생에는 배운 적이 없는 언어를 구사하거나 낯선 악기를 연주하는 등의 능력을 보이는 경우.

앨메더 교수가 믿을 수 있는 전생 사례로 열거한 이상의 것들을 전생 개념에 의지하지 않고 이해할 수 있게 하는 대안적 설명은 없을까? 현재 제기되는 대안적 설명으로는 다섯 가지가 있다. 잠재 기억에 의거한 설명, 유전된 기억에 의거한 설명, 기억 착오에 의거한 설명, 문화적 구성물에 의거한 설명, 부주의한 연구 방법에 의거한 설명이 그것이다. 이번 17강에서는 이 다섯 가지 대안적 설명에 대해 살펴보겠다.

1. 대안적 설명

1) 잠재 기억에 의거한 설명

'잠재 기억(cryptomnesia)'이란 부모나 친구, 혹은 소설이나 책이나 신문이나 TV 등을 통해 과거 어느 시기에 보았거나 읽었거나 들었던 것이 무의식 속에 잠재된 형태로 기억된 것을 말한다. 멜빈 해리스(Melvin Harris, 1930-2004)에 따르면 전생이라는 것은 두뇌가 이러한 잠재 기억을 종합하여 꾸며낸 것이다. 해리스는 영국의 작가이며 BBC 라디오 방송자로서 심령 현상을 연구한 사람인데, 그는 블록샴 테이프에 나오는 에반스 여사가 최면 가운데 한 전생 이야기 역시 잠재 기억의 소산이라고 주장했다(13강 참조).

전생 개념을 옹호하는 이들은 이러한 주장을 반박한다. 이안 스티븐슨 교수의 논문이나 책을 읽어 본 사람이라면 잠재 기억으로 설명할 수 있는 사례는 그의 책에 포함되어 있지 않음을 누구나 알 것이다. 비센 찬드는 락스미 나라인의 아버지가 아무도 모르게 금을 숨겨 둔 곳을 알았다. 스티븐슨 교수의 전생 사례 목록에는 이런 예가 많다. 또 배우지 않은 언어를 말하는 사례도 많다. 이것들을 잠재 기억으로 설명할 수 있을까?

2) 유전된 기억에 의거한 설명

'유전된 기억(genetic memory)'은 유전자를 통해 자손에게 전해진 기억을 말한다. 이것은 아직 주류 학계에서 인정받는 개념은 아니지만, 후성 유전학에서 경험이나 기억의 일부가 유전되는 것을 관찰한 것에 바탕을 두고 있다. 우리가 우리 조상들의 신체적 특질을 물려받은 것처럼, 조상들의 기억 역시 우리의 유전자 속에 유전 암호로 부호화되어 있다는 것이다. 예를 들어, 영장류가 뱀을 무서워하는 것은 나무 위에서 살면서 뱀의 공격을 두려워했던 먼 과거의 영장류 조상들의 기억이 대대로 후손들에게 유전되었기 때문이라는 것이다. 유전된 기억은 보통 때에는 발현되지 않고 억제되어 있다가, 어떤 조건하에서 이 억제가 풀리면 되살아나게 된다. 이런 기억들이 되살아날 때 경험자는 그것을 마치 자신의 기억인 것처럼 여기게 된다. 이것이 유전된 기억의 의미다.

    이 설명은 잠재 기억에 의거하는 설명보다 더 합리적인가? 그렇지 않다. 유전된 기억 개념에 의거한다면 비셴은 락스미의 기억을 물려받은 것이어야 한다. 타블라를 연주하는 능력이나 우르두어(Urdu)를 말하는 능력도 그러한 것이어야 한다. 만일 락스미로서의 삶에 대한 비셴의 기억이 유전적 기억에서 비롯된 것이라면 비셴은 락스미와 같은 유전적 계열에 있어야 한다. 하지만 전혀 그렇지 않다.

    일찍이 이안 스티븐슨 교수가 지적한 바와 같이,[114] 배우지 않은 언어를 말하는 능력(xenoglossy)은 윤회를 암시하는 요소이긴 하지만 여기에 유전적 기억을 적용할 수는 없다. 전생 체험자가 전생의 자신의 죽음을 상세하게 묘사하는 경우도 있지만 여기에도 유전적 기억을 적용할 수는 없다.

    부모는 단지 자식이 태어나기 이전의 기억을 자손에게 전할 뿐이다. 자식이 죽는 모습에 대한 기억을 유전적으로 전할 수는 없다. 기억을 물려받는다는 것은 자식이 태어날 때 부모가 가진 기억을 물려받는다는 뜻이다. 그런데 자식이 죽는다는 것은 자식이 이미 부모로부터 기억을 유전받고 태어난 후에 일어나는 일이다. 부모가 초능력자가 아닌 이상 태어날 자식이 죽는 모습을 알고 이 기억을 뱃속의 아기에게 물려줄 수는 없다. 이것이 유전적 기억을 배제하는 가장 결정적인 이유다. 언어를 말하는 능력이나 악기를 다루는 능력의 획득은 유전만으로는 설명할 수 없다. 왜냐하면 언어를 말하는 능력과 악기를 다루는 능력은 유전된 능력과 함께 환

---

[114] Ian Stevenson, *Twenty Cases Suggestive of Reincarnation*, University of Virginia Press, 1980, p.342.

경에 의해 마련된 또 다른 요소, 즉 연습과 훈련이 필요하기 때문이다.

3) 기억 착오에 의거한 설명

전생 개념은 기억 착오에서 비롯된 것이라는 대안적 설명도 있다. 이 설명에 따르면 기억 착오는 다음과 같은 세 단계를 통해 전생 개념을 만들어 낸다.

첫 번째 단계. 윤회의 믿음이 강한 문화에서는 어린 아이가 한 몇 마디 말이 그 부모에 의해 전생의 기억으로 해석될 수 있다. 이 경우 부모는 아이가 더 많은 말을 하도록 부추기며 유도 질문을 한다. 부모는 이렇게 아이로부터 유도해 낸 답을 자료로 활용하여, 그 자료와 부합하는 삶을 살았던 어떤 죽은 사람을 아이와 동일시한다.

두 번째 단계. 아이의 부모는 죽은 사람의 가족에게 찾아가서 아이가 말한 내용을 이야기하며 죽은 사람과 아이를 연결시킨다. 고인의 죽음에 대해 슬퍼하고 있던 가족들은 아이의 부모가 하는 말을 무비판적으로 받아들인다.

세 번째 단계. 아이는 더 많은 질문을 받고, 너무도 분명한 실마리와 유도 질문을 통해 전생의 가족이라고 상정된 가족의 구성원들을 알아보게 된다. 이런 단계를 거치고 나면 양쪽에서 온 정보가 아이로 하여금 자신이 실제로 기억하는 것보다 더 많이 기억한다고 생각하게 만든다. 이 모든 것에 의식적인 속임수나 조작은 없다. 이것은 단지 문화적 조건과 부주의한 방법이 결합하여 생긴 결과일 뿐이다.

전생의 기억은 대개 그 아이의 전생과 관련 있다는 가족에 의해서 연구자에게 전달된 것이며, 연구자가 직접 체험자와 인터뷰해서 얻은 것인 경우는 거의 없다. 몇몇 비평가들은 이를 전생 사례에 대한 가장 강력하고 결정적인 반박이라고 생각한다.

이안 스티븐슨 교수는 아주 진지하게 기억 착오에 의거한 설명을 받아들였다. 그는 연구자가 직접 증언을 듣기 전에 체험자의 현재 가족과 체험자의 전생 가족으로 상정된 가족 사이에 이미 접촉이 이루어진 경우에는 해당 체험자의 경험을 전생 사례로 인정하지 않았다. 간디도 인정했고 인도 정부도 인정했던 샨티 데비의 사례를 스티븐슨 교수가 전생 사례로 받아들이지 않았던 것 역시 이러한 이유 때문이었다. 샨티의 경우에도 연구자의 조사가 이루어지기 전에 샨티의 현재 가족과 전생의 가족으로 상정된 가족이 이미 접촉을 했던 것이다.

하지만 스티븐슨 교수는 기억 착오에 의거한 설명으로는 한두 가지 사례를 제외한 보다 많은 사례를 설명할 수 없다고 주장했다. 기억 착오에 의거한 설명은 아이가 말한 것을 기록해 둔 20개 이상의 중요한 사례에 대해 적용될 수 없었고, 배운 적이 없는 언어를 구사하는 제노글로시(xenoglossy) 현상이나 비밀스런 정보를 알고 있는 현상에 대해서도 적용될 수 없었다.

제노글로시 현상의 사례로서 스미스 부인(Mrs. Smith)의 체험을 살펴보자. 영국의 정신과 의사 아서 기르담(Arthur Guirdham, 1905-1992)은 그의 책 『카타르파와 환생(The Cathars and Reincarnation)』[115]에서 그로 하여금 윤회를 믿게 만들었던 특별한 경험을 소개했다.

기르담은 영국 배쓰 병원의 정신과 과장으로 있던 1961년에 스미스 부인이라는 환자를 만났다. 스미스 부인은 밤마다 악몽을 꾸면서 크게 비명을 질러 이웃 사람들의 잠을 깨울까 봐 두려워할 정도였다. 기르

---

[115] Arthur Guirdham, *The Cathars and Reincarnation*, Theosophical Publishing House, 1978.

담이 그녀의 신경을 면밀히 조사해 보았지만 신경계에는 아무런 문제가 없었다. 몇 달 뒤 스미스 부인이 기르담에게 어렸을 때 그녀가 꿨던 꿈에 대해 적어 놓은 것이 있다고 말했다. 스미스 부인은 꿈만 적은 것이 아니라 무의식적으로 불쑥 머리에 떠오른 것들도 적어 두었는데, 그녀는 자신이 적은 것임에도 불구하고 도무지 그것들을 이해할 수 없다고 했다. 기르담이 보니 놀랍게도 그것은 12-13세기 프랑스 남쪽 지방에서 쓰이던 언어로 적어 놓은 노래 가사였다. 기르담은 그녀가 학교에서 그런 언어를 배우지 않았고, 그녀가 그런 언어를 배울 기회도 없었음을 조사를 통해 확인했다.

기르담은 이 기이한 일을 흥미롭게 생각하면서 자세히 조사해 봐야겠다고 생각했다. 기르담은 그녀에 관한 보고서를 프랑스 남부에 있는 뚤루즈 대학(Toulouse University)의 르네 넬리(René Nelli, 1906-1982) 교수에게 보냈다. 르네 넬리 교수는 카타르파(Cathar) 연구의 전문가였다. 기르담이 받은 답장에는 그것이 13세기 뚤루즈의 카타르파에 대한 자세한 설명이라고 되어 있었다. 카타르파는 극단적인 이원론을 주장했던 기독교의 이단으로서, 그 신앙의 핵심은 윤회였다. 그래서 그들은 종교 재판에 의해 철저하게 박해 받았고 파괴되었다. 기르담은 엄정한 조사를 위해 또 다른 전문가인 뚤루즈의 쟝 뒤베르노이(Jean Duvernoy, 1917-2010) 교수에게 편지를 썼고, 뒤베르노이 교수로부터 "당신이 원하는 것이라면 무엇이든 연락하기 바랍니다. 나는 당신이 카타르파에 대해 자세한 지식을 갖고 있는 것에 놀랐습니다."라는 답장을 받았다.

두 전문가로부터 얻은 답장에서 큰 용기를 얻은 기르담은 1967년 프랑스 남부 지방을 방문하여 그 사례를 조사하고, 13세기 필사본을 읽었다. 기르담은 사람이나 장소나 사건에 대한 스미스 부인의 설명이 모두 정확한 것을 확인했다. 더욱이 기르담은 그녀가 어릴 때 적어 둔 네

편의 노래까지 필사본에서 찾아냈다. 그것들은 단어 하나하나에 이르기까지 정확했는데, 스미스 부인과 같은 평범한 사람이 이런 것들에 대해 알 수 있는 방법은 없었다고 한다. 그 밖에도 그녀는 옛 프랑스 동전의 모양, 그 당시 착용한 보석의 모양, 그리고 건물들의 배치를 정확하게 그렸고, 카타르 종교 의식의 복잡하고 상세한 부분에 대해서도 정확히 알고 있었다. 스미스 부인은 심지어 화형으로 죽음을 맞이하던 때의 고통까지 묘사할 수 있었으며, 공식적인 기록에는 없고 이단 재판소의 변칙적인 기록에만 나오는 내용들까지 알고 있었다. 스미스 부인이 13세기의 생활상에 관한 책을 읽은 적은 물론 없었다고 한다.

4) 문화적 구성물에 의거한 설명

마드라스 대학(Madras College)의 차리(C. T. K. Chari, 1909-1993) 교수는 인도의 영향력 있는 철학자로서 이상심리학 전문가다. 차리 교수는 이안 스티븐슨 교수가 조사하는 지역에 대해 충분한 지식을 갖고 있지 못했고, 너무 순진했던 나머지 주민들이 하는 말을 액면 그대로 믿었다고 본다. 따라서 차리 교수는 그의 연구를 믿을 수 없다고 주장한다. 인도 문화는 환생을 믿기 때문에, 인도 사람들이 하는 전생 이야기는 단순히 그 문화가 만들어낸 문화적 가공물에 불과하다는 것이다.

전생이 문화적 구성물에 불과하다는 차리 교수의 말은 인도인 대다수가 전생을 믿고 있기 때문에 그럴 듯하다. 하지만 차리 교수의 주장은 전생을 받아들이기 어려운 사람들이 구성해 낸 하나의 추측에 기반한 것일 수 있다. 전생 사례는 미국과 유럽에서도 찾을 수 있기 때문인데, 이번 강의에서 이미 소개한 스미스 부인의 사례가 좋은 예다. 그 밖에 11강에서 살펴본 캐논 보고서, 12강에서 살펴본 브라이드 머피를 찾아서,

13강에서 살펴본 블록샴 테이프에 나오는 내용 역시 모두 유럽과 미국을 배경으로 한다.

이안 스티븐슨 교수의 사례 수집 역시 인도에서만 이루어진 것이 아니다. 스티븐슨 교수는 미국과 유럽을 포함하여 레바논, 터키, 브라질에서도 전생 사례를 수집했다. 특히 유럽에서 수집한 사례는 『유럽의 윤회 사례 유형(*European Cases of the Reincarnation Type*)』**116**이라는 제목의 책으로도 출판되었다. 윤회를 믿는 나라에서 수집한 것이 많은 것은 사실이지만, 그것은 그런 나라에서의 사례 수집이 상대적으로 용이했기 때문일 뿐이다. 이런 면에서 본다면 전생을 단순한 문화적 구성물로 단정하기는 어렵다.

5) 부주의한 연구 방법에 의거한 설명

이안 스티븐슨 교수의 연구 방법에 문제가 있다고 보는 이들은 스티븐슨 교수의 연구팀이 전생을 기억한다는 아이들에 대한 직접 인터뷰가 아니라 아이들의 부모나 친척의 설명에 의존했으며, 그나마도 통역을 거쳤다는 점을 지적한다. 조사 연구가 이런 식으로 이루어졌다면 전생을 기억한다는 아이들의 말을 잘못 이해했을 가능성이 크며, 또 중요한 사례들의 두드러진 양상을 증명하고 기술하는 데 있어서 실수가 있었을 가능성 또한 크기 때문이다. 연구 방법에 실수가 있었을 잠재적 가능성을 최소화하지 않는 한, 수집한 사례를 액면 그대로 받아들이는 것은 비판자들이 보기에 비과학적이고 어리석은 일이다.

로버트 앨메더 교수는 스티븐슨 교수의 연구팀이 전생을 기억한다

---

116 Ian Stevenson, *European Cases of the Reincarnation Type*, McF, 2008.

는 아이들을 직접 인터뷰하지 않고 아이들의 부모나 친척의 설명에 의존했다는 비판을 반박한다. 앨메더 교수는 과거의 사건에 대한 우리의 지식 대부분 역시 목격자 진술에 의지한다는 점을 반박의 근거로 든다. 만약 비판자들의 주장이 옳다면 똑같은 반대 논리가 과거의 사건에 대한 우리의 지식 대부분에 대해서도 적용되어야 할 것이며, 그렇게 된다면 과거의 사건에 대한 우리의 지식 대부분 역시 신뢰할 수 없는 것이 되어 버릴 것이다. 따라서 목격자 진술이 잘못된 것임을 확실히 밝히기 전까지는 이런 논리로 데이터의 가치를 깎아내리는 것은 적절하지 않다. 과거에 대한 우리의 지식이 목격자 진술에 의지한다고 해서 그것을 꾸며낸 이야기라고 단정 지을 수 없는 것처럼, 스티븐슨 교수의 연구 역시 목격자 진술에 의지한다고 해서 꾸며낸 이야기라고 단정 지을 수는 없다.

앨메더 교수는 스티븐슨 교수의 연구팀이 통역 등의 오류로 체험자의 말을 잘못 이해했을 수 있다는 비판도 반박한다. 앨메더 교수는 그런 종류의 실수가 실제로 발생할 확률은 무시할 수 있는 정도라고 말한다. 뿐만 아니라 스티븐슨 교수가 수집한 전생 사례는 서로 상이하고 독립적인 여러 증인들에 대한 조사에 기반하고 있으므로, 그 내용의 정확성을 신뢰할 만하다고 본다.[117]

짐 터커 역시 스티븐슨 교수의 연구팀이 어떤 식으로 조사를 진행했는지 설명함으로써 비판론을 반박했다. 연구팀은 통역에 의지하긴 했지만 정보 제공자가 한 말의 의미를 완전히 이해할 때까지 작은 부분도 분명히 짚고 넘어감으로써 통역에서의 오류 가능성을 최소화했다. 또한 연구팀은 사례 조작의 가능성이 있기 때문에 전생을 기억한다는 아이들

---

[117] Robert F. Almeder, *Death and Personal Survival*, Rowman and Littlefield Publishers, 1992, p.32.

의 가족들에게 대가를 지불하지 않았다. 다만 실제 조사를 위해 찾아가 보면 전생을 기억한다는 주인공이나 그 가족들이 전생에 대해 이미 확인에 나섰던 경우가 많았다. 이런 경우는 정보 조작의 가능성을 우려하여 샨티 데비의 경우와 마찬가지로 전생 사례 수집 목록에 포함시키지 않았다.[118] [119]

2. 맺는 말씀

'과학적 믿음'에 충실한 이들은 전생 개념에 의지하지 않고 전생 체험을 설명하기 위해 노력한다. 여기서 살펴본 다섯 가지 대안적 설명은 그러한 동기에서 나온 것들이다. 우리는 위에서 다섯 가지 대안적 설명을 소개하는 동시에, 이안 스티븐슨 교수와 짐 터커와 앨메더 교수의 견해에 근거하여 그것들을 비판적으로 검토해 보았다.

현재까지 검토한 결과만 놓고 본다면 전생 사례에 대한 대안적 설명은 그다지 만족스럽지 않아 보인다. 하지만 그렇다고 해서 전생을 옹호하는 스티븐슨 교수를 둘러싼 논쟁이 정리되는 것은 아니다. 그에 대한 비판은 전생 사례에 대한 대안적 설명이라는 형태로만이 아니라, 그의 연구 태도를 문제 삼는 형태로도 제기되기 때문이다. 다음 18강에서는 이에 대해서 살펴볼 것이다.

---

[118] 참고로 로버트 앨메더 교수는 이안 스티븐슨이 수집한 전생 사례 가운데 이런 문제와 관련하여 약간이라도 의심이 가는 사례는 앨메더 자신의 '중요한 사례'를 선정할 때 제외했다.
[119] 짐 터커 지음, 박인수 옮김, 『어떤 아이들의 전생 기억에 관하여』, 김영사, 2015, pp.45-54.

18강

이안 스티븐슨의 연구 태도에 대한 논쟁

예비적 고찰

이안 스티븐슨 교수는 그의 연구 태도에 문제가 있다는 비판을 받기도 했다. 물론 이러한 비판은 스티븐슨 교수가 옹호하는 전생 개념 자체에 대한 비판은 아니다. 하지만 그러한 비판이 실제로 타당한 것이라면 스티븐슨 교수가 수집한 전생 사례의 과학적 가치는 크게 손상될 것이다. 스티븐슨 교수에게 가해진 이러한 비판은 과연 옳은 것일까?

1. 비판에 대한 검토

이안 스티븐슨 교수의 전생 개념을 비판하는 사람은 많지만 그의 연구 태도를 비판하는 사람은 흔치 않다. 이안 스티븐슨의 연구 태도와 관련하여 문제를 제기한 사람은 챔프 랜섬과 폴 에드워즈가 있다.

1) 챔프 랜섬의 비판

챔프 랜섬(Champe Ransom, 1936-)은 1970년대에 스티븐슨 교수의 조교로 일했다. 그가 본 바에 의하면 스티븐슨은 아이들에게 유도 질문을 했고, 인터뷰하는 데 충분한 시간을 쓰지도 않았다고 한다. 또한 전생 사례가 알려지고 수년이 지난 다음에야 인터뷰를 한 경우도 종종 있었다고 한다. 챔프 랜섬에 의하면 1,111개의 사례 가운데 단지 11개만이 인터뷰 전에 아이와 죽은 자의 가족 사이에 접촉이 없었던 사례였다고 한다. 뿐만 아니라 스티븐슨 교수가 수집한 전생 사례를 제출하는 태도에도 문제가 있었다고 한다. 즉, 관계된 데이터를 그대로 보고하여 독자들이 진실성을 판단할 수 있도록 한 것이 아니라, 증인이 내린 결론을 그대로 믿고 보고했다는 것이다.

2) 폴 에드워즈의 비판

미국의 철학자 폴 에드워즈(Paul Edwards, 1923-2004)는 이안 스티븐슨 교수의 비판자로 유명한 사람이다. 마이클 셔머도 스티븐슨 교수가 해 온 일을 비판하면서 에드워즈를 전생 비판 분야 최고의 연구자로 꼽고 있다.[120] 여기서는 스티븐슨 교수의 연구 태도에 대한 에드워즈의 비판을 세 가지로 정리해서 살펴보자.

첫째, 에드워즈는 스티븐슨 교수가 자신을 과학자라고 하면서도 과

---

[120] 마이클 셔머 지음, 김성훈 옮김, 『천국의 발명』, 아르테, 2019, p.171.

학자답게 행동하지 않았다고 비판한다. 에드워즈에 의하면 스티븐슨 교수는 그에 대한 비판자들의 견해나 의미 있는 비판에 대해 아무런 반응을 보이지 않았다고 한다.

주관적인 판단에 따라 다른 의견이 있을 수 있지만 이것은 사실이 아니다. 스티븐슨 교수의 저서를 읽는 사람들은 그가 비판자들의 의견을 진지하게 검토한다는 것을 알 수 있다.[121] 스티븐슨 교수의 성실성을 입증하는 사례는 많이 있으며, 실제로 많은 독자들이 그의 꼼꼼함과 성실성에 감탄한다.

둘째, 에드워즈는 스티븐슨 교수가 충분한 검증을 거치지 않고 전생 사례를 채택했다고 비판한다. 이와 관련하여 폴 에드워즈는 『환생을 암시하는 스무 가지 사례(Twenty Cases Suggestive of Reincarnation)』[122]에 나오는 콜리스 초트킨(Corliss Chotkin)의 사례를 예로 든다. 에드워즈는 스티븐슨 교수가 콜리스의 전생이라고 하는 빅터 빈센트(Victor Vincent)의 조카인 한 여인(콜리스의 어머니)의 말만 믿고 그것을 전생 사례로 택했다고 주장한다. 책에서는 콜리스가 빅터에게 있었던 상처와 닮은 모반(母斑)을 갖고 있다고 했는데, 스티븐슨 교수는 빅터의 상처를 본 적이 없었다고 지적한다. 또한 많은 사람들이 콜리스의 엄마에게 이야기를 지어내고 윤색하는 성향이 있다고 했는데, 스티븐슨 교수는 이 사실에 대해 아무런 언급도 하지 않았다고 비판한다.

그런데 스티븐슨 교수는 주어진 상황에서 최선을 다해 사실을 확인했던 것으로 보인다. 스티븐슨 교수가 빅터의 상처를 보지 못한 것은 사

---

[121] 예를 들면 Ian Stevenson, *Children Who Remember Previous Lives*, McF, 2001, pp.150-153에서는 스티븐슨이 비판에 대해 성실히 검토하는 것을 볼 수 있다.

[122] Ian Stevenson, *Twenty Cases Suggestive of Reincarnation*, University of Virginia Press, 1980.

실이다. 하지만 그는 이를 만회하기 위해 연방 공중 보건 병원에 편지를 써서 빅터와 관련된 자료 제공을 의뢰했다. 그는 자신이 받은 답신에서 빅터가 우측 폐에 고인 물을 제거하기 위해 수술을 받았다는 사실을 확인했다. 그리고 스티븐슨 교수는 몇몇 증인들이 콜리스의 어머니에 대해 증인으로서의 신뢰성을 의심한다는 것을 책에서 밝히고 있다. 스티븐슨 교수는 다른 증인들로부터는 콜리스의 어머니의 증언이 신뢰할 만하다는 말도 들었다. 하지만 이런 논란에서 자유로워질 필요가 있었기 때문에, 스티븐슨 교수는 콜리스의 어머니와 관계없는 자료를 모아서 대조해 보았다고 밝히고 있다.

셋째, 에드워즈는 전생 사례에 대한 스티븐슨 교수의 검증에 오류가 있다고 비판한다. 이와 관련하여 에드워즈는 스티븐슨 교수가 에드워드 라이올(Edward Ryall)이라는 사람의 전생 이야기를 잘못 검증했던 사례를 예로 든다. 라이올은 전생의 자신이 1645년에 서머세트주의 웨스턴조이랜드(Westonzoyland) 마을에서 죽은 존 플레처(John Fletcher)였다고 주장하면서 『두 번째로 돌아오다(Second Time Round)』라는 책[123]을 썼다. 이 책의 머리말은 스티븐슨 교수가 썼는데, 여기서 그는 이 사례를 조사해 봤더니 실제 역사적 사실과 부합했다고 말한다. 그런데 존 테일러(John Taylor)라는 사람이 1645년에서 1685년 사이에 작성된 웨스턴조이랜드 교회의 탄생, 결혼, 사망 기록을 조사해 보았지만 존 플레처에 대한 언급은 찾을 수 없었다. 에드워즈는 스티븐슨 교수가 라이올의 전생 이야기를 검증하는 데 있어서 오류를 범했으니, 그가 수집한 다른 사례에도 검증 오류가 있을 것이라고 보았다.

스티븐슨 교수 역시 나중에는 라이올의 전생 이야기에 대한 자신의

---

[123] Edward W. Ryall, *Second Time Round*, Spearman, 1974.

견해를 바꾸고, "나는 더 이상 에드워드 라이올이 말하는 전생의 모든 기억을 믿지는 않는다. 세부적인 면에서 그의 기억에는 분명히 잘못이 있기 때문이다."라고 했다. 다만 그는 라이올이 거짓말을 했다고 생각하지는 않으며, 라이올이 어떤 초자연적 방법으로 그곳에 살았던 사람처럼 서머세트에 관해 잘 아는 것으로 믿는다고 했다.[124]

2. 이안 스티븐슨의 연구 태도에 대한 고찰

이안 스티븐슨 교수를 비롯하여 다른 연구가들이 수집한 전생 사례는 수천 건이 넘는다. 전생 사례를 수집하는 것은 간단한 일이 아니다. 전생을 기억한다는 사람이 나타난 후 빨라야 2-3년이 지난 다음에야 연구자가 당사자를 인터뷰할 수 있다. 이 기간에 전생을 말하는 당사자와 주변 사람들이 대화하는 과정에서 이야기가 처음에 말한 것과는 달리 왜곡될 가능성이 있는 것은 사실이다. 뿐만 아니라 이 기간에 윤회를 말하는 당사자와 그의 전생의 가족 사이에 접촉이 있을 수 있고, 이 접촉을 통해서 어떤 속임수나 조작이 있을 수도 있다.

  스티븐슨 교수와 그의 제자 짐 터커에 의하면 그들은 이런 가능성을 심각하게 고려했다고 한다. 그래서 그들은 수집된 사례들 가운데 조작이나 속임수 또는 심하게 왜곡되었을 가능성이 있는 것은 제외하고, 확실하게 믿을 수 있다고 판단된 것만을 전생의 근거 자료로 제공했다고 주장한다. 수집자의 오해나 실수의 가능성을 완전히 부정할 수는 없지만, 스티븐슨 교수가 속임수나 왜곡을 피하기 위해 노력했다는 것만은

---

[124] Ian Stevenson, *European Cases of the Reincarnation Type*, McF, 2008, pp.230-231.

인정해야 할 것이다.

하지만 아주 작게나마 존재하는 왜곡이나 조작의 가능성이 스티븐슨 교수가 수집한 모든 전생 사례를 부정하게 만들 만큼 심각한 것인지는 의문이다. 챔프 랜섬이나 폴 애드워즈가 지적한 바와 같은 약점이 있긴 하지만, 폴 에드워즈 자신을 포함하여 전생 개념에 비판적인 사람들도 스티븐슨 교수가 수집한 모든 전생 사례들이 잘못된 것이라고는 말하지 않는다.

3. 돌로레스 제이의 사례에 대한 연구

이안 스티븐슨 교수의 성실한 연구 태도를 잘 보여주는 예로는 그의 역작(力作)인 『환생과 생물학(Reincarnation and Biology)』[125]을 들 수 있다. 그 외에 주목할 만한 또 다른 예로는 『배우지 않은 언어(Unlearned Language)』[126]에서 소개되는 돌로레스 제이(Dolores Jay)의 사례에 대한 연구를 들 수 있다.

1970년 5월 10일, 감리교 목사이자 최면술사였던 캐럴 제이(Carroll Jay)는 등에 통증을 호소하는 아내 돌로레스에게 최면을 걸었다. 최면 중에 캐럴은 돌로레스에게 "등을 다쳤느냐?"고 물었는데, 그녀는 독일어로 "Nein(아니오)."이라고 대답했다. 며칠 뒤인 5월 13일에 캐럴이 다시 최면을 걸자 돌로레스는 무아지경 상태에서 "Ich bin Gretchen(나는 그레첸이

---

[125] Ian Stevenson, *Reincarnation and Biology: A Contribution to the Etiology of Birthmarks and Birth Defects*, 2 vols., Praeger, 1997.

[126] Ian Stevenson, *Unlearned Language*, University of Virginia Press, 1984.

오)."이라고 했다. 캐럴은 몇 달 뒤에 다시 아내에게 최면을 걸었다. 최면에 든 아내에게서는 그레첸의 인격이 더 분명하게 나타났고, 그레첸에 대해 더 자세하게 말했다. 이런 일은 매우 드문 경우였는데, 스티븐슨 교수는 최면에 든 돌로레스가 단지 독일어만 하는 것에 주목했다.

캐럴과 돌로레스 부부는 모든 미국인이 알고 있는 몇 개의 독일어 단어 말고는 독일어를 전혀 몰랐다. 자연스럽게 캐럴은 최면에 든 돌로레스가 그레첸으로서 하는 말을 한마디도 알아듣지 못했다. 그러나 캐럴은 사전과 독일어를 아는 친구들의 도움을 받아 최면에 든 아내가 말하는 이야기의 조각들을 맞추어 갔다. 캐럴은 1970년 8월 2일부터는 아내가 최면 상태에서 하는 말을 녹음했다.

1971년에 돌로레스에 대해 알게 된 스티븐슨 교수는 그해 9월에 동료와 함께 캐럴과 돌로레스 부부를 방문했다. 돌로레스에 대한 몇 번의 연이은 최면에서 그레첸의 인격이 나타났다. 스티븐슨 교수는 그녀와 함께 독일어로 의미 있는 대화를 했다.

스티븐슨 교수는 캐럴과 돌로레스가 독일어를 배웠던 적이 있는지 알아내기 위해 두 사람의 지난 삶을 철저하게 조사했다. 스티븐슨 교수는 캐럴과 돌로레스 부부가 자랐고, 돌로레스의 가족들이 그때까지도 살고 있던 웨스트버지니아주의 클락스버그(Clarksburg)를 방문하여 이틀을 보냈다. 스티븐슨 교수는 돌로레스가 어린 시절을 보냈던 마을의 이웃들을 무작위로 택하여 만나 보았다. 또한 그는 클락스버그 지역의 독일어 사용 이민자들의 정착과 관련하여 이 지역의 역사를 책으로 출판한 적이 있는 도로시 데이비스(Dorothy Davis) 부인과 소식을 주고받았다. 스티븐슨 교수는 1974년 2월 5일에 그녀의 독일어 지식과 관련하여 거짓말 탐지기 테스트까지 했다. 스티븐슨 교수가 보는 앞에서 진행되었던 그 테스트의 결과는 그녀의 주장을 뒷받침해 주었다.

스티븐슨 교수는 버지니아 대학(University of Virginia)에서 노 그네첸의 인격과 관련하여 몇 번의 최면을 더 진행했는데, 돌로레스가 기진맥진해진 다음에야 실험을 중지했다고 한다. 스티븐슨 교수는 1977년에 이 사례에 관한 보고서를 출판했다. 최면과 녹음테이프를 번역하는 데 보낸 시간과는 별도로, 스티븐슨 박사는 그 사례에서 일어난 여러 가지 일에 관해 제이 부부와 대략 25시간 정도 인터뷰를 했다고 한다.

4. 맺는 말씀

『환생과 생물학』이나 돌로레스 제이의 사례에 대한 연구를 놓고 볼 때, 전생에 대한 이안 스티븐슨 교수의 연구 태도는 치밀하고 믿을 만하다고 봐야 할 듯하다. 속임수나 오류가 없는 한, 스티븐슨 교수가 옹호하는 전생 개념이 아니고서는 전생을 암시하는 수많은 사례를 설명하기 힘들어 보인다. 하지만 전생 개념을 인정하는 것에는 항상 완강한 반대가 따른다. 전생 개념을 인정하지 않는 이들에게 있어서 전생이란 어쨌든 터무니없는 것이기 때문이다. 그들로 하여금 전생 개념을 거부하게 만드는 지식 기반은 무엇일까? 다음 19강에서는 전생 개념에 대한 합리적인 판단이 무엇인지에 대해 생각해 보자.

19강

전생 개념에 대한 합리적 판단

예비적 고찰

보통 사람들이 전생 개념을 받아들이는 것은 불가능에 가까울지도 모른다. 이것이 얼마나 어려운지를 이해하기 위해 촉망 받는 분자 생물학자였다가 출가하여 티베트 불교의 승려가 된 마티유 리카르(Matthieu Ricard, 1946-)와 철학자인 그의 아버지 장 프랑수아 르벨(Jean François Revel, 1924-2006) 사이의 대화를 살펴보자.

리카르는 출가한 후 20년 만에 처음으로 아버지와 만나 궁극적 진리에 대해 진지하게 토론한다. 이 토론 내용은 『승려와 철학자』[127]라는 제목의 책으로 출판되었다. 이 책에서 리카르는 그의 스승 키엔체 린포체의 환생인 두 살짜리 아이가 키엔체 린포체의 주변 인물들을 정확히 알아보는 것을 직접 목격했던 경험을 이야기한다. 하지만 리카르의 이러

---

[127] 장 프랑수아 르벨, 마티유 리카르 지음, 이용철 옮김, 『승려와 철학자』, 이끌리오, 2004.

한 이야기에도 불구하고 그의 아버지는 환생 개념을 받아들이는 것을 거부한다. 그의 아버지에 따르면 환생은 비록 그것이 불교적 형이상학의 일부라고 하더라도 합리적인 것이 될 수는 없다. 어떤 일이 정말로 합리적이라면 그 일을 직접 목격하지 않은 사람에게도 받아들여질 수 있어야 하는데, 키엔체 린포체의 환생과 같은 일은 리카르처럼 그 일을 직접 목격한 사람 외의 다른 사람에게는 받아들여지기 힘들다는 것이 그 이유였다.

아버지 장 프랑수아 르벨은 아들이 거짓말을 한다고 생각하지는 않지만 그 자신이 윤회전생의 개념을 받아들이지는 않는다. 아버지의 태도는 천체 물리학자 칼 세이건이 한 말을 생각나게 한다. "나는 비록 미세한 염력이나 환생을 믿지는 않지만 이들과 관련해 어느 정도 실험적인 지지 정황이 있음에는 유의한다."[128] 칼 세이건 역시 윤회를 지지하는 '실험적 정황'은 인정하면서도 윤회 자체를 믿을 수는 없다는 것이다.

현대 지식인이 세상을 보는 눈은 확고하다. 장 프랑수아 르벨이 가진 세계관은 유물론이고 이성주의다. 감각 기관을 통해 들어온 정보를 이성적으로 처리하고 판단한 것만 믿겠다는 뜻이다. 그것이 바로 세상 사람들이 믿는 '과학적 믿음'이다. 참고로 말하자면, 과학적 관찰 기구나 측정 도구라고 해서 인간의 감각 기관을 벗어난 것은 아니다. 단지 인간의 감각 기관보다 정밀할 뿐이다.

반면에 불교는 마음도 감각 기관 중 하나라고 본다. 과학이 보고 말하는 세상과 불교가 보고 말하는 세상은 이러한 점에서 서로 다를 수밖에 없다. 19세기 이래 과학자들이 가진 '과학적 믿음'은 유물론이고, 유물론적 관점에서 판단한 결과 나온 것이 '두뇌 상태 = 마음'이라는 도식

---

[128] 칼 에드워드 세이건 지음, 이상헌 옮김, 『악령이 출몰하는 세상』, 사이언스북스, 2022, p.345.

이다. 19세기까지는 과학자들도 '열소(熱素, phlogiston)'라는 것이 있어서 열 현상이 나타난다고 설명했다. 그러나 알고 보니 '열(熱)'이라는 것은 단지 기체 분자의 운동에 불과한 것이었다. 이와 마찬가지로 '마음'이라는 것 역시 두뇌 신경의 전기 화학적 작용에 따라 나타나는 어떤 현상일 뿐이라는 것이 주류 신경 과학자들의 견해다. 두뇌가 없으면 의식이 없는데 어떻게 전생이라는 것이 있을 수 있겠는가?

과학을 한마디로 정의할 수는 없지만, 일단 감각 기관에 들어온 정보를 인간이 이해할 수 있는 방식으로 정리하고 설명하는 것이라고 말할 수 있다. 이것은 달리 말하면, 과학 역시 세상을 볼 때 인간이 이해할 수 있는 어떤 틀을 통해서 본다는 뜻이 된다. 이 틀을 '세계관'이라고 부를 수도 있고, '패러다임'이라고 부를 수도 있다. 과학이 어떤 '틀'을 통해 세상을 보는 하나의 관점이라면, 또 다른 어떤 '틀'을 통해 세상을 보는 새로운 관점 역시 있을 수 있다.

전문가들 사이에 논란이 있는 문제라면 과학자들의 견해를 무조건 따르기보다는 전문가들의 생각을 우리 스스로 판단해 보는 것이 바람직할 것이다. 앞에서 살펴봤던 전생 개념에 대한 비판들과 그 비판들에 대한 반론들 가운데 어느 것이 더 합리적인지를 판단하는 것은 우리의 몫이 될 것이다. 이 19강에서는 폴 에드워즈와 로버트 앨메더 교수의 논쟁을 조금 더 살펴보면서 전생에 대한 고찰을 마무리하고자 한다.

1. 폴 에드워즈의 비판

양자 역학의 철학적 기반을 마련한 덴마크의 물리학자 닐스 보어(Niels H.

D. Bohr, 1885-1962)는 이런 말을 했다. "양자 역학의 발진에 최대로 공헌한 사람은 바로 아인슈타인이다. 아인슈타인의 비판과 도전이 없었다면 양자 역학의 발전은 더뎠을 것이다."[129]

물리학을 공부한 사람이라면 누구나 보어의 말에 동의할 것이다. 어떤 새로운 개념이 주류 학계에서 인정받으려면 혹독한 비판을 견디고 이겨내야 한다. 임사 체험이나 이안 스티븐슨 교수의 전생 사례 연구도 마찬가지다. 사후 세계는 양자 현상보다 훨씬 받아들이기 어려운 개념이다. 우리의 통상적인 경험 세계에서는 임사 체험이나 전생 체험이 일어나지 않기 때문이다. 임사 체험이나 전생 체험이 신경 과학과 심리학에서 인정받기 위해서는 혹독한 비판을 버텨 내야 한다.

스티븐슨 교수의 연구에 가장 비판을 많이 한 사람은 앞서 18강에서 소개했던 폴 에드워즈(Paul Edwards, 1923-2004)다. 그는 오스트리아계 미국인 철학자로서 1967년부터 여덟 권으로 구성된 맥밀란(Macmillan) 철학 백과사전의 편집장으로 활동했으며, 1960년대부터 1990년대까지 뉴욕 대학교 브루클린 칼리지 및 '뉴스쿨 사회 연구원(New School for Social Research)'에서 강의했다. 그가 쓴 책『환생: 비판적 고찰(Reincarnation: A Critical Examination)』[130]은 스티븐슨 교수의 연구를 비판한 것으로 유명하다. 이 책은 학계로부터 긍정적인 평가를 받았고, 이 책을 평가한 논문도 몇 편 발표되었다.

에드워즈는 1987년에 출판한 에세이[131]에서 자신과 다른 사람들의 반대 의견을 한데 모았다. 그는 스티븐슨 교수의 사례 연구가 전생의 증

---

129 Niels Bohr, *Atomic Physics and Human Knowledge*, Science Editions Inc, 1961, p.47.

130 Paul Edwards, *Reincarnation: A Critical Examination*, Prometheus Books, 1996.

131 Paul Edwards, "Reincarnation", *Free Inquiry*, June 1987, pp.24-28.

거라면, 이성을 가진 사람이라면 믿기 어려운 어떤 '부차적 가정'에 대한 증거도 있어야만 한다고 말한다. 이러한 '부차적 가정' 가운데 가장 중요한 것들을 열거해 보면 다음과 같다.

- 육체가 사라진 후에도 '몸을 떠난 순수한 마음(pure disembodied mind)'이나 '아스트랄 체(astral body)'나 다른 종류의 '비물질적인 몸(non-physical body)'이 우리가 모르는 어떤 곳에서 계속 존재한다.
- 두뇌가 사라진 후에도 한 인간이 지녔던 특별한 기술, 특성, 지상에서의 삶에 대한 기억이 계속 유지된다.
- 수년에서 수백 년이 지난 후에도 '몸을 떠난 순수한 마음' 또는 '비물질적인 몸'은 두뇌나 감각 기관을 갖지 않은 채로 지상의 어떤 한 여인을 어머니로 고르고, 수정의 순간 이 여인의 자궁에 들어가 한 사람의 성인이 되기 위해 수정체와 결합하여 다시 인간으로 태어난다.

에드워즈가 보기에 이 황당한 '부차적 가정'을 받아들이는 것은, 쇠렌 키에르케고르(Søren Aabye Kierkegaard, 1813-1855)가 말했던 것처럼 '우리의 지성을 십자가에 매다는 것'과 같다. 에드워즈 역시 다른 사람들의 견해를 빌려, 또는 다른 각도에서 여러 대안론을 통해 전생 개념을 비판했으나, 그의 비판의 핵심은 이러한 '부차적 가정'에 대한 비판에 있다.

2. 로버트 앨메더의 반론

폴 에드워즈의 이러한 비판에 대해, 로버트 앨메더 교수는 육체와 독립적으로 존재하는 의식이 없고 아스트랄 체가 없다는 것을 어떻게 알 수 있느냐고 되묻는다. 앨메더 교수가 보기에 에드워즈의 주장은 독단적 유물론에 입각한 것이지 확실한 과학적 자료에 근거한 것이 아니다. 이안 스티븐슨 교수가 제시한 전생 사례를 거부하지 않는다면, 인간이 죽음 이후에도 살아 있다는 것, 즉 인간의 의식이 두뇌 없이도 존재할 수 있고 몸이 없어도 한동안 활약하다가 윤회한다는 것 역시 거부하기 어렵다. 스티븐슨 교수의 전생 사례를 거부하기 위해서는 그의 전생 사례가 사기거나 망상이거나 문화적 구성물에 불과한 것임을 입증해야 한다. 하지만 에드워즈와 같은 방식으로 전생 개념을 거부하는 것은 '선결문제 요구의 오류(begging the question)', 즉 증명되지 않은 전제를 사용하여 논증하는 오류에 해당한다. 에드워즈는 자신의 결론을 증명하기 위해 증명되지 않은 자신의 결론을 진실로 가정하여 전제로 사용하고 있는 것이다.

앨메더 교수의 지적은 충분히 설득력이 있어 보인다. 윤회가 있다면 당연히 사후 세계를 생각할 수 있다. 그러나 폴 에드워즈는 사후 세계가 없는데 어떻게 윤회를 말할 수 있느냐고 묻는다. 이것은 "흰 까마귀가 있다."는 주장에 대해 "모든 까마귀는 검으니 흰 까마귀는 있을 수 없다."라고 반박하는 것과 비슷하다. 에드워즈는 자신의 결론을 진실로 가정하고 주장을 전개하는 논리적 오류를 범했다고 봐야 할 것이다.

3. 맺는 말씀

1차 연구자가 아닌 사람들은 윤회가 진실이냐 착각이냐 하는 문제에 직접적으로 결론을 내리기 어렵다. 단지 비판자와 옹호자들의 주장 중 어느 쪽이 더 설득력이 있는지를 가늠할 수 있을 뿐이다. 1차 연구자란 이안 스티븐슨 교수나 짐 터커, 또는 알렉산더 캐논 박사와 같이 전생을 체험했다는 사람들의 이야기를 직접 듣고 그것의 의미를 판별하는 정신과 의사나 신경 과학자나 최면술사를 뜻한다. 이들이 경험하고 수집한 자료를 1차 자료 또는 원자료라고 한다. 그리고 이들이 원자료를 바탕으로 작성한 논문이나 책 및 에세이 등을 2차 자료라고 한다. 2차 자료에는 물론 1차 자료의 핵심적인 내용이 들어 있기 마련이다. 폴 에드워즈나 로버트 앨메더 교수와 같이 1차 연구자들이 발표한 2차 자료를 수시로 접하고, 필요에 따라 1차 자료에 접근할 수도 있으며, 그것에 대해 찬반론을 제기하는 사람들을 2차 연구자라고 한다. 또한 1차 연구자들과 2차 연구자들의 책이나 논문 등을 통해 그들의 주장을 살펴보는 사람들을 '문제에 관심 있는 대중'이라고 할 수 있다.

'윤회에 관심 있는 대중'의 입장에서 우리는 다음과 같은 결론을 내릴 수 있을 것 같다. 철학자들은 논리적 사고와 언어의 사용에 있어서 누구보다도 잘 훈련된 사람들이다. 하지만 이들 역시 확고한 도그마에 빠졌으면서도 자신이 거기에 빠진 줄 모르는 경우가 있다. 폴 에드워즈가 '선결 문제 요구의 오류'라는 함정에 빠진 것도 그런 경우라고 할 수 있다. 전생 사례에 대한 대안적 설명도, 연구 방법에 대한 문제 제기도, '부차적 가정'에 대한 비판도 설득력이 있다고 보기는 어려울 것 같다. 그렇다면 호의적 회의주의자의 입장에서 볼 때 현재의 연구 결과를 놓고 판단하자면 전생 개념을 받아들이는 것이 합리적이다. 전생 개념을 거부하는 사람들은 과학적 자료에 근거해서가 아니라, 자신들이 갖고 있는 과학적 믿음에 따라 그런 결론을 내린 것이기 때문이다. 앞에서 살펴본 바와 같이 그들이 내세운 대안론은 수집된 전생 사례를 제대로 설명하지 못한다.

2부 강의는 여기서 마치고 다음 3부에서는 불교의 무아 윤회에 대해서 논할 것이다. 3부의 첫 번째 강의인 20강에서는 먼저 우리가 확실하다고 믿는 믿음의 토대에 대해 검토해 볼 것이다.

불교의 무아 윤회

20강

믿음의 토대

예비적 고찰

칼 세이건이 그의 책 『코스모스』에서 소개한 바에 따르면, 실증주의 철학을 주창한 프랑스의 철학자 오귀스트 콩트(Isidore Marie Auguste François Xavier Comte, 1798-1857)는 과학이 아무리 발달해도 별들이 무슨 물질로 구성되어 있는가를 과학자들이 알아낼 수 없을 것이라고 단언했다.[132] 하지만 콩트의 생각은 틀렸다. 확실한 것은 무엇일까?

이 책의 1강에서는 우리의 움벨트를 구성하는 믿음의 토대가 얼마나 허약한지를 설명한 바 있다. 감각 기관에 들어온 정보를 그대로 받아들이는 것은 확실히 문제가 있다. 그것은 인간이 이해할 수 있는 방식으로 정리되어야 한다. 그렇다면 인간이 이해할 수 있는 방식 중 가장 믿을 만한 것은 무엇일까? 사람들은 그것이 논리라고 생각한다. 인간의 세계

---

[132] 칼 세이건 지음, 홍승수 옮김, 『코스모스』, 사이언스북스, 2025, pp.199-200.

관을 만드는 것은 이성적 사유이고, 이성적 사유의 바탕은 논리다. 하지만 논리에는 아무런 문제가 없을까?

1. 귀납법과 논리

과학은 관찰을 통해 귀납적으로 진리를 추론하고 이 진리를 인간이 이해할 수 있는 방식으로, 즉 논리적으로 설명한다. '두뇌 상태 = 마음'이라는 주류 신경 과학자들의 견해 역시 마음이 뇌의 전기 화학적 작용에 바탕을 두고 있다는 것을 관찰한 데서 얻은 결론이다.

그런데 귀납법과 논리는 완전한 것일까? 초월적 영역에 해당하지 않는 측면에서의 마음은 모든 면에서 반드시 뇌의 물질적 과정에 의지한다고 볼 수 있다. 그런데 뇌의 작용을 초월하는 정신 영역은 없을까? 10강에서 설명한 바와 같이 버클리의 심리학자 엘리자베스 로이드 마이어 교수는 자신의 체험을 통해 초상 현상(超常現象, paranormal phenomenon)이 있음을 믿는다. 그리고 물리학자 프리만 다이슨도 초상 현상은 실재하지만 그것을 과학적으로 검증할 수는 없다고 믿는다. 여기서 먼저 모든 과학의 바탕을 이루는 귀납법에 아무런 문제가 없는지 살펴보자. 영국의 철학자 흄(David Hume, 1711-1776)은 귀납법의 문제를 지적한 바 있다. 귀납적 추론은 다음과 같은 논리적 형식을 갖는다.

"우리의 경험상 'XX'가 항상(혹은 자주) 발생했다. 따라서 미래에도 'XX'가 계속해서 발생할 것이다."

흄은 이런 추론이 "미래는 계속해서 과거와 비슷할 것이다."라는 전제를 포함하는 것에 주목했다. 미래가 계속해서 과거와 비슷할 것이라고 생각하는 근거가 무엇인가? 이 질문에 대해 우리가 제시할 수 있는 최고의 근거를 추론으로 정리하면 다음과 같다. '우리의 과거 경험상 미래는 과거와 비슷했다. 고로 미래는 계속해서 과거와 비슷할 것이다.' 이 추론은 명백히 순환 추론이다. 즉, 이 추론은 입증하고자 하는 결론 자체를 전제로 가정한다. 흄의 요지를 요약하면 이렇다. 모든 귀납적 사례는 미래가 계속해서 과거와 비슷할 것이라는 함축된 전제에 의존한다. 하지만 이 함축된 전제를 정당화하는 방법은 순환 추론이다. 이 함축된 전제는 정당화될 수 없는 것으로 보인다. 결국 미래에 대한 어떤 추론도 정당화될 수 없으며, 따라서 결론을 믿을 만한 논리적 근거를 제공하지 못한다.

흄의 요지는 보편적이다. 태양이 동쪽에서 솟아오른다는 것처럼 지극히 평범한 추론이건, 미래에 변함없이 견지할 과학 법칙에 관한 추론이건, 수학이 과거나 미래에나 같을 것이라는 믿음에 관한 추론이건, 미래에 대한 모든 추론에 적용된다. 흄의 의문은 우리가 미래에 대한 추론을 논리적으로 정당화할 수 있느냐는 것이고, 그의 대답은 정당화할 수 없다는 것이다.

'두뇌 상태 = 마음'이라는 귀납적 추론에도 흄이 제기한 문제가 적용되어야 한다. 지금까지 신경 과학자들이 인간의 정신 활동과 뇌신경의 상태를 연구해 본 결과, 둘 사이에는 1:1의 대응 관계가 있었다. 그래서 '두뇌 상태 = 마음'이라는 결론을 얻었다. 그러나 그것은 지금까지 신경 과학자들이 사람들의 일상적인 정신 활동이나 생리 현상만 관찰했을 뿐, 임사 체험이나 전생 경험과 같이 드물게 나타나는 현상을 관찰한 적은 거의 없었기 때문이라고 할 수 있다. 사실 초월적 현상은 우리 주위에서 드물기는 하지만 가끔 경험담을 통해 전해 들을 수 있다. 하지만 초월적 현상이 과학계의 주목을 받지 못하는 것은 그것이 재현될 수 없고, 따라서 과학자들에 의해 반복해서 검증될 수 없기 때문이다. 과학의 힘이 반복적인 검증에서 오는 것임을 상기해 보면, 초월적 현상에 대한 과학자들의 무관심도 이해가 되는 면이 없지 않다. 하지만 반복적인 검증이 불가능하거나 어려움에도 불구하고, 정신이 물질을 통제할 수 있다는 것을 검증한 사례가 있다. 이에 대해서 알아보자.

2. 정신의 물질 통제

1) 툼모(Tummo) 수행

프랑스인 알렉산드라 다비드-넬(Alexandra David-Néel, 1868-1969)은 1924년 탁발승으로 위장하고 당시 여행이 금지되었던 티베트를 여행한 최초의 여성이다. 히말라야 지역을 여행하며 신비주의자와 성자(聖者), 그리고 지혜를 찾아다녔던 그녀는 저서 『라싸로 가는 길』과 『티베트 마법의 서』에서 자신이 목격한 여러 가지 신비한 마술을 전한다. 『라싸로 가는 길』에 이런 글이 나온다.

> "나는 툼모 수행자들이, 거센 돌풍이 불어 닥치는 한겨울 밤에 하루도 거르지 않고, 완전히 벗은 채 눈 위에 앉아 부동자세로 명상에 빠져 있는 모습을 보았다. … 한겨울인데도 젊은이들은 호수나 강가로 나가 옷을 전부 벗고 맨살 위에 얼음물에 적신 모포를 올려서 그대로 말렸다. 모포가 마르면 곧 다른 모포를 올렸다. 물에 담갔다가 꺼내자마자 얼어서 뻣뻣해진 모포는 마치 지글거리는 프라이팬 위에 올려진 것처럼 김이 났다. 나 역시도 겨울철 다섯 달 동안 3,900미터의 고도에서 면으로 된 얇은 초심자용 옷을 걸치고

훈련했다."¹³³

다비드-넬이 묘사한 툼모 수행은 착각이나 과장이 아니다. 하버드 대학교 의과 대학의 심신 의학 교수이자 심장병 전문의인 허버트 벤슨(Herbert Benson, 1935-2022)은 그녀의 책을 읽고 크게 감명을 받았다. 벤슨 교수는 달라이 라마가 소개한 툼모 수행자 3명의 체온을 측정하고 그들의 체온이 섭씨 15도까지 상승하는 것을 확인했다.¹³⁴ 이런 실험을 바탕으로 벤슨 교수는 티베트 불교도들이 명상 중에 열을 발생시켜 눈을 녹이는 것에서 보듯 마음은 몸 밖의 물질에 대해 영향을 미칠 수 있으며,¹³⁵ 따라서 마음이란 뇌의 기능을 초월하는 힘을 가진 것으로 볼 수 있다고 이야기한다.¹³⁶

툼모에 대한 연구는 벤슨 교수만으로 그치는 것이 아니다. 2008년 4월에는 45명의 러시아 과학자로 구성된 조사단이 2개월간 히말라야 고산 지대에 산재한 티베트 불교 사원 40곳을 답사했다. 이들의 목적은 현재는 거의 소멸된 티베트 불교 수도승들의 밀교 수행 비술인 툼모 요가의 유래와 비밀을 알아내 서양의 질병을 치료하는 데 활용하는 것이었다.

---

133 알렉산드라 데이비드 닐 지음, 김은주 옮김, 『라싸로 가는 길』, 르네상스, 2000, p.228.

134 H. Benson, J. W. Lehmann, M. S. Malhotra, R. F. Goldman, J. Hopkins, M. D. Epstein, "Body temperature changes during the practice of g Tum-mo yoga", *Nature* vol.295 no.5846, 1982, pp.234-236.

135 허버트 벤슨, 윌리엄 프록터 지음, 장현갑, 장주영, 김대곤 옮김, 『과학 명상법: 조금 더 건강하게 조금 더 행복하게』, 학지사, 2003, p.36.

136 허버트 벤슨, 윌리엄 프록터 지음, 장현갑, 권오근, 박순정, 장주영 옮김, 『나를 깨라! 그래야 산다』, 학지사, 2006, p.79.

2) 틱광둑 스님의 소신공양

툼모 수행은 마음이 몸 밖의 물질에 영향을 미치는 현상이다. 그런데 이보다 훨씬 더 극적인 사례도 있다. 사람의 몸이 불에 타면 보통 사람의 경우 그 고통을 참기 어려울 것이다. 17강에서 소개한 바 있는 스미스 부인은 자신이 장작더미 위에서 화형을 당할 때 그녀가 느꼈던 고통을 다음과 같이 묘사했다. "고통은 미칠 것 같았다. 당신이 죽을 때 극심한 죽음의 고통 속에서 기도를 올릴 수 있다면 당신은 신께 기도를 올려야만 한다."[137]

그런데 베트남의 틱광둑(Thich Quang Duc, 釋廣德, 1897-1963) 스님은 1963년 6월 베트남 정부의 독재에 항거하여 소신공양을 했는데, 몸이 완전히 불에 타 재가 될 때까지 미동도 하지 않았다. 당시 현장을 목격한 데이비드 헬버스탬(David Halberstam, 1934-2007) 기자는 이렇게 썼다. "스님은 불에 타는 동안 미동도 하지 않았고 아무 소리도 내지 않았다. 주변의 통곡 소리와 너무나 대조적으로 스님은 지극히 평온했다."[138]

몸이 불에 타는데도 가만히 있다는 것은 무엇을 뜻하는가? 고통을 참는 것일까? 고통이 없는 것일까? 두뇌 신경의 작용을 놓고 보면 몸에 해로운 사건이 일어나면 고통을 느끼게 되어 있고, 고통이 있으면 그것을 피하는 방향으로 몸을 움직이게 되어 있다. 몸이 타는 상황에서 초연하게 있었다면 그것은 고통이 없었다는 뜻이다. 생리적으로 두뇌는 고통의 느낌을 만들어 내게 되어 있다. 그럼에도 불구하고 스님에게 고통

---

[137] Arthur Guirdham, *The Cathars and Reincarnation*, Theosophical Publishing House, 1978, p.89.

[138] "Thich Quang Duc" in Wikipedia: https://en.wikipedia.org.
틱광둑 스님의 소신공양에 대해서는 다음 책에서도 자세히 묘사된다.
로버트 라이트 지음, 이재석, 김철호 옮김, 『불교는 왜 진실인가』, 마음친구, 2019, p.37.

이 없었다는 것은 틱광둑의 스님의 정신이 물질, 즉 두뇌를 통제하여, 즉 자율 신경을 통제하여 고통의 느낌을 만들지 않았다는 뜻이다.

그러나 스님이 어떻게 하여 미동도 하지 않았는지를 설명하는 방법은 '자율 신경을 통제하여 고통을 느끼지 않았다.'고 하는 것 한 가지만 있는 것은 아니다. 스님이 초인적인 인내력으로 참았다고 생각하는 사람도 있을 수 있고, 약물이나 어떤 방식에 의해 고통을 느끼는 스님의 신경계가 마비되었다고 생각하는 사람도 있을 수 있다. 이러한 생각 중 어느 것이 옳을지 단정하기 힘들지만 호의적 회의주의자라면 스님이 깊은 선정 속에서 자율 신경을 통제하여 고통을 느끼지 않았다고 보는 것이 가장 합리적인 판단이라고 믿을 것이다. 왜냐하면 불교나 요가의 명상을 통해 자율 신경을 어느 정도 통제할 수 있다는 과학적 연구 결과가 많이 있기 때문이다.[139] 허버트 벤슨이 툼모 수행자가 체온을 조절하는 것을 확인한 것도 요기나 불교 선승들이 자율 신경을 통제하는 증거로 삼을 수 있을 것이다. 어떻게 생각하든 한 가지 확실한 것은 스님이 불에 타는 동안 미동도 하지 않았다는 것이다. 이것은 외신 기자들을 비롯하여 많은 목격자들이 있었고 사진과 영상이 있어 누구도 부인할 수 없는 사실이다. 틱광둑 스님은 인간에게 내재되어 있는 잠재력이 우리가 생각하는 것보다 훨씬 크다는 것을, 우리의 움벨트 너머에 무한한 가능성

---

[139] 차드 맹 탄 지음, 권오열 옮김, 『너의 내면을 검색하라』, 알키, 2015, p.21. 이 책에 의하면 19강에서 소개한 마티유 리카르는 자율 신경에 의해 일어나는 깜짝 반사(startle reflex)를 통제할 수 있는, 과학이 찾아낸 최초의 인간이라고 한다. 이 밖에 명상과 요가에 의해 자율 신경을 어느 정도 조절할 수 있다는 논문이 많이 있는데, 두 편만 소개하면 다음과 같다.
김지선, 「Yoga와 Pilates 운동 수행이 자율신경계에 미치는 영향」, 『한국산학기술학회논문지』 vol.16 no.7, 2015, pp.4450-4458.
Idil Sezer, Matthew D. Sacchet, "Advanced and long-term meditation and the autonomic nervous system: A review and synthesis", *Neuroscience & Biobehavioral Reviews* vol.173, 2025, 106141.

이 있고 우리가 상상도 못하는 일이 있음을 보여 줬다고 할 수 있다. 적어도 불교도라면 윤회도 이런 가능성 중의 하나로서 마음의 주인이 된 부처님이 검증한 것이라고 믿는 것이 옳은 태도일 것이다.

알렉산드라 다비드-넬은 툼모 외에도 자신이 티베트에서 목격했던 여러 가지 신비한 현상을 전하고 있다. 이것들 모두가 과학적으로 검증된 것은 아니지만 툼모는 허버트 벤슨 교수에 의해 검증되었다. 틱광둑 스님의 소신공양을 정신이 물질을 통제할 수 있음을 보여 주는 사례로 인정한다면, 다비드-넬이 했던 말 역시 옳을 수 있다는 가능성을 인정해야 할 것이다. 그것이 바로 호의적 회의주의자의 태도다.

우리는 귀납적 추론을 바탕으로 과학을 한다. 하지만 흄은 궁극적 진리를 탐구하는 데에는 귀납적 추론만으로는 충분하지 않다고 지적한다. 그렇다면 임사 체험에서 본 사후 세계나 유체 이탈, 전생 개념과 같은 것을 '두뇌 상태 = 마음'이라는 '과학적 믿음'으로 부정해서는 안 될 것이다. 수집된 사례들이 속임수였음을 밝히거나, 아니면 정확한 관찰과 증거를 바탕으로 내용을 검토해 본 결과 그것이 잘못된 것이었음을 밝히는 등 과학적 자료로써 비판해야 할 것이다. 어떤 합리적인 대안론으로도 전생 사례를 설명할 수 없다면 일단 전생 개념을 수용하는 것이 옳은 태도일 것이다. 이제 다른 각도에서 우리 믿음의 토대에 대해 살펴보자.

3. '나'는 과연 실체일까

우리의 두뇌는 우리를 속인다. 우리는 우리가 만든 '매트릭스(matrix)'에 갇혀 헛것을 진실이라 여기고 있는지도 모른다. 의심할 여지없이 믿을 수 있는 것은 무엇인가?

데카르트는 확실히 옳은 것을 출발점으로 철학을 확립하고자 했다. 그가 찾아낸 의심할 수 없는 것은 다음과 같은 유명한 명제였다. "나는 생각한다. 고로 존재한다." 데카르트는 악마나 두뇌가 자신을 속일지라도 자신이 생각하고 있다는 사실 하나만은 확실하고, 자신이 생각하고 있는 것이 사실이라면 자기가 존재하는 것 역시 부인할 수 없는 진실이라고 판단했다. 우리는 자신이 현존한다는 명제를 어느 정도 확신할 수 있다. 이런 면에서 데카르트의 접근법을 부인하기는 어려울 것이다.

그러나 '나'가 무엇인지 밝히지 못한다면 이 명제 하나만을 토대로 하여 그 위에 지식의 구조물을 세우기는 어렵다. 모르는 것에 '나'라는 이름을 붙인 것에 불과하기 때문이다. 불교에서는 무아(無我)를 말한다. '무아'는 '나'라고 할 만한 '동일성을 유지하는 어떤 것'이 없다는 뜻이다. 불교의 무아설이 옳다면 "나는 생각한다. 고로 존재한다."라는 말은 무의미하게 된다.

무아는 연기법의 논리적 귀결로서 불교의 핵심적 개념이다. 하지만 서양의 불교학자들을 비롯하여 많은 사람들이 무아에 대해 오해하기 때문에 여기서 잠깐 이에 대해 설명하겠다.

연기법은 불교의 핵심 교리다. 이에 대해서는 여러 가지 해석이 있을 수 있는데, 대승불교의 기본적 해석에 의하면 이 세상 모든 것이 상호 의존적으로 존재하며 서로 영향을 미치는 이치를 말한다. 비유하자면, 두 갈대 단이 서로 의지하며 서 있는 것과 같이 이 세상 어느 것 하나도 다른 것과의 관계를 떠나서는 독자적으로 존재할 수 없다는 것이다. 다른 것의 존재와 상관없이 독립적으로 존재하는 것을 서양 철학에서는 실체(實體, substance)[140]라고 한다. 따라서 실체는 동일성을 유지하는 개

---

[140] 14강 각주 98 참조.

체적 성질을 갖고 있어야 된다. 실체가 없다는 말은 동일성이 없다는 말과 마찬가지다.

연기법에 의하면 이 세상 모든 존재는 상호 의존적이므로 실체가 없다. 우리가 '나'라고 부르는 자아도 실체가 없다. 자아에 실체가 없음을 가리켜 '무아(無我)'라고 한다. '나'라는 것에 실체가 없어 '무아'라고 하는 것은, 앞서 말한 바와 같이 우리가 '나'라고 부르는 것에는 '나'라고 할 만한 '동일성을 유지하는 개체적 성질'이 없다는 뜻이다. '무아'라고 해서 우리가 '나'라고 부르는 것이 아무것도 없는 허깨비 같은 존재라는 뜻은 결코 아니다. 우리가 '나'라고 하는 것은 다른 것과 관계없이 독립적으로 존재하는 것이 아니라는 뜻이지, '나'라는 것은 다른 것과의 관계를 통해서 존재한다.

데카르트가 "나는 생각한다. 고로 존재한다."고 말할 때의 '나'는 다른 것의 존재와 상관없이 존재한다. 만약 이것이 옳다면 우리는 이 '나'를 바탕으로 진리를 찾아 나아갈 수 있다. 그러나 불교의 연기법에 의하면 데카르트의 생각은 틀렸다. 연기법은 현대 물리학의 핵심을 이루는 양자 역학과 상대성 이론에 부합한다. 양자 역학에 의하면 객관적 실재는 없다. 입자라고 하는 것도 관찰자와 상관없이 존재하는 것이 아니라 관찰자의 관찰을 통해서 출현하게 된다. 관찰자의 존재를 떠나 독립적으로 존재하는 입자는 없다. 물체의 운동도 상호 관계 안에서만 의미를 갖는다. 일반 상대성 이론에 의하면 시공간은 휘어져 있고, 이 휘어진 시공간을 따라 물체가 움직이게 되어 있다. 그런데 시공간의 휘어진 정도, 즉 시공간의 곡률을 결정하는 것은 물질의 분포다. 즉, 시공간의 곡률은 물질의 분포에 의해 결정되고, 물질의 분포는 시공간의 곡률에 의해 결정된다. 서로가 서로를 결정하고 서로가 서로의 원인이자 결과가 되는 것이다.

현대 심리학과 신경 과학에서 설명하는 '나'도 이와 비슷하다. 하버드 대학교 심리학과의 스티븐 핑커(Steven Pinker, 1954-) 교수는 "의식이란 뇌 안에서 몰아치는 폭풍과 비슷하다. 통제실에 앉아 모든 장면을 스캔하고 근육의 움직임을 통제하는 '나'라는 것은 환상이다."[141]라고 말했다. 핑커 교수가 한 말은 그냥 한 말이 아니라 신경 과학의 연구 결과에 바탕을 두고 한 말이다. 신경 과학자 크리스 나이바우어(Chris Niebauer)에 의하면 자아는 실재하는 것이 아니라 소설의 등장 인물에 더 가까운 것인데,[142] 실험적 증거에 따르면 '나'라는 느낌은 좌뇌의 여러 가지 기능이 합쳐져서 만들어지는 것에 불과하다.[143]

무아(無我)는 '자아'라고 할 만한 것이 아예 존재하지 않는다는 뜻이 아니다. 무아는 '자아'라고 하는 것은 다른 것과의 관계를 통해서만 가설(假設)되는 연기적 존재이지, 실체적 존재는 아니라는 뜻이다.

4. 맺는 말씀

키에르케고르는 "사람이 속는 방식에는 두 가지가 있다. 하나는 사실이 아닌 것을 믿을 때이고, 다른 하나는 사실인 것을 믿으려고 하지 않을 때다."라고 말한 적이 있다고 한다. 이 말은 그대로 이 20강의 내용에 대한 요약이기도 하다.

옳고 그름을 확인해 보지도 않고 무조건 믿는 것을 미신(迷信)이라고

---

[141] 미치오 카쿠 지음, 박병철 옮김, 『마음의 미래』, 김영사, 2015, p.61.
[142] 크리스 나이바우어 지음, 김윤종 옮김, 『자네, 좌뇌한테 속았네』, 불광출판사, 2019, p.16.
[143] 크리스 나이바우어 지음, 김윤종 옮김, 『자네, 좌뇌한테 속았네』, 불광출판사, 2019, p.27.

한다. 고대인들이 곧잘 그렇게 했던 반면, 현대인들은 사신이 경험해 보지 못했거나 과학적으로 설명할 방법이 없는 것은 무조건 믿지 않는다. 확인 없이 무조건 믿는 것을 '고대적 미신'이라고 한다면, 확인할 수 없는 것은 무조건 불가능한 일이라며 믿지 않는 것은 '현대적 미신'이라고 할 수 있을 것이다.

그러면 옳은 태도는 무엇일까? 앞에서 살펴본 바와 같이 우리 믿음의 토대는 생각보다 허술하다. 따라서 확인할 수 있는 것은 받아들이되, 확인할 수 없는 것에 대해서는 가능성을 열어 둘 필요가 있다. 즉, 사물이나 현상을 바라볼 때는 과학적 믿음만 고수하는 입장보다는 호의적 회의주의자의 입장에 서는 것이 좋다. 너무 완고한 과학적 믿음 역시 미신과 다를 바 없기 때문이다.

세상은 넓고 마음은 끝을 알 수 없을 정도로 깊다. 그리고 우리가 보는 세상은 우리의 오관과 경험으로 보는 좁은 세상에 불과하다. 칼 세이건이 그랬던 것처럼, 내가 이해할 수 없는 것에 대해서도 그 가능성만은 인정하는 열린 태도야말로 우리가 취해야 할 올바른 태도라고 할 수 있다. 임사 체험과 전생 개념에 대해서는 그것을 긍정할 만한 과학적 자료가 이미 어느 정도 수집되어 있다. 다만 '과학적 믿음'을 신봉하는 현재의 주류 학계가 그것을 받아들이지 않고 있을 뿐이다. 하지만 자료가 더 많이 수집되면 언젠가는 주류 학계에서도 임사 체험과 전생 개념을 인정하게 될 것이다. 그리고 그때 비로소 새로운 마음의 과학이 탄생할 것이다. 21강에서는 불교의 무아 윤회를 이해하기 위한 준비 단계로서 존재 중심의 세계관과 사건 중심의 세계관에 대해 살펴볼 것이다.

21강

존재 중심의 세계관과 사건 중심의 세계관

예비적 고찰

세상에는 '어떤 것'이 존재하고, 그 존재들이 사건을 일으킨다는 것이 우리의 일반적인 생각이다. 존재 없이는 사건이 있을 수 없지만 사건 없이도 존재는 있는 것처럼 보인다. 이것이 우리 보통 사람들이 보는 세계관이자 움벨트다.

그런데 양자 역학과 상대성 이론에서는 그렇게 보지 않는다. 세상은 사건들로 가득 차 있고, 이 사건들로부터 존재라는 개념이 나온다고 본다.

1. 양자 역학

양자 역학에 의하면 미시 세계의 소립자들은 모두 입자-파동의 이중성을 갖는다. 미시 세계의 입자들은 관찰사가 물리적 대상을 관찰하기 전에는 파동으로서, 관찰 후에는 입자로서 행동한다.

입자는 알맹이라는 뜻이지만, 소립자들은 먼지나 모래알과 같은 알맹이는 결코 아니다. 소립자가 모여서 이루어진 원자도 모래알과 같은 의미를 갖는 알맹이가 아니다. 미시 세계의 소립자란 단지 존재하려는 경향일 뿐이며, 객관적인 실재가 아니다. 왜냐하면 양자 역학의 정통적 해석에 의하면 원자나 소립자들은 관찰 전에는 존재하지 않았기 때문이다. 입자는 관찰 전에는 존재하지 않았고, 입자라는 실체는 관찰자의 관찰 또는 측정에서 만들어진 것이다. 이러한 해석이 이상하게 들리겠지만 이것은 관찰된 양자 현상을 바탕으로 내린 결론이다. 소립자나 원자들은 관찰 전에는 위치나 속도와 같은 물리량도 갖고 있지 않다. 양자 역학의 정통적 해석으로 인정받는 코펜하겐 해석에 의하면, 물리량은 측정을 통해 만들어진 것이다. 입자가 측정을 통해 만들어진 것이라면 측정 전의 물리적 대상은 무엇일까? 그것은 확률파(確率波)다. 관찰자가 물리적 대상을 관찰하기 전에 그 대상은 확률파라는 파동으로서 아무런 실체가 없다. 확률파를 대상으로 관찰할 때 비로소 입자라는 실체가 나타난다.

확률파란 관찰자가 물리적 대상을 상대로 관찰할 때 공간상의 어떤 점에서 입자를 발견할 확률을 말하며, 이 확률이 파동으로 행동한다는 뜻이다.[144] 입자는 측정 대상과 측정 도구의 상호 작용에서 나타난 존재다. 즉, 입자는 연기적으로 존재하는 것이다. 달리 설명하자면 관찰된 입

---

[144] 양자 역학의 해석에 따라 확률파를 입자가 존재할 확률이라고 해석할 수도 있지만 양자 역학의 정통적 해석으로 인정받는 코펜하겐 해석에 따르면 이것은 잘못된 해석이다. 이러한 해석은 관찰 전에도 입자가 어딘가에 존재하고 있다는 것을 뜻하기 때문이다. 이 책에서는 철저하게 코펜하겐 해석에 따라 양자 현상을 해석할 것이다.

자는 어디에 있던 것이 관찰에 의해 발견된 것이 아니라, 관찰이라는 사건을 통해 출현한 것이다. 따라서 입자의 출현이 바로 하나의 사건이라고 할 수 있다.

관찰자가 측정을 함으로써 비로소 입자가 출현하게 된 것이기 때문에 존재 중심으로 세상을 기술할 수는 없다. 세상을 사건의 네트워크라고 해야 측정 문제를 설명할 수 있다. 이것은 양자 역학이 사건 중심의 세계관을 지지한다는 것을 뜻한다.

애매하고 불확실한 미시 세계는 관찰자가 관찰을 행할 때만 입자라는 구체적인 실체를 갖는다. 관찰이 행해지지 않을 경우 원자나 소립자는 하나의 허깨비에 불과하다.

2019년에는 2,000개의 원자로 이루어진 분자와 아미노산 15개로 이루어진 생체 분자의 이중성도 관찰했다. 원리적으로는 거시 세계의 물체들도 이중성을 가져야 한다. 미시 세계의 대상은 우리가 질문하는 방식에 따라 실재로서 형성되는 것처럼 보인다. 우리가 질문을 달리하면 대답이 달라진다. 파동을 보고 싶으면 파동으로 나타나고, 입자를 보고 싶으면 입자로 나타난다. 입자 하나가 동시에 두 곳에 존재한다는 것도 증명할 수 있고, 입자 하나는 어느 한 곳에만 존재한다는 것도 증명할 수 있다. 여기에서 "얕은 진리는 그 반대가 틀렸다는 것을 가리킨다. 하지만 더 깊은 진리가 있다면 그 반대 역시 더 깊은 진리가 된다."라는 말이 나온다.

이와 같이 양자 역학이 기술하는 세계는 존재 중심으로 보기보다는 사건 중심으로 보는 것이 더 편리하다. 이제 상대성 이론의 세계관을 살펴보자.

2. 상대성 이론

특수 상대성 이론을 발표한 사람은 아인슈타인이지만, 이 이론을 수학적으로 잘 정리하여 시간과 공간을 하나로 묶어 4차원 시공간의 개념으로 정립한 사람은 아인슈타인의 대학 시절 선생이던 수학자 민코프스키(Hermann Minkowski, 1864-1909)다. 민코프스키 이전에는 3차원 공간의 좌표를 (x, y, z)로 나타내고 시간은 따로 t로 나타내었으나, 4차원 시공간에서는 공간과 시간을 하나로 묶어 (x, y, z, t)로 나타낸다.

[그림1]

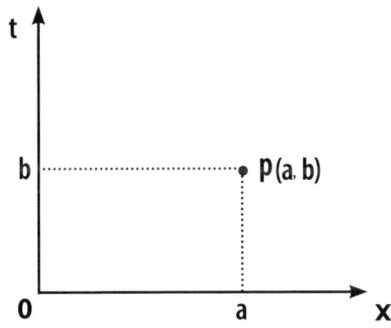

[그림 1]에서 세로 축 t는 시간 축을, 가로 축 x는 공간 축을 의미한다. 시공간 상의 한 점 p(a, b)는 사건을 나타낸다. 왜 그럴까? 그것은 [그림 1]과 [그림 5]를 보면 자명해질 것이다. [그림1]에서 점 P는 시간이 b일 때를 나타내는데, 시간히 흘러 다른 시간이 되면 점 P(a, b)는 사라지고 말 것이다. 즉 P(a, b)는 시간이 흐르면 사라지고 마는 사건인 것이다. 시공간 상의 임의 한 점 p(a, b)가 사건을 나타낸다는 것은 시공간 전체가

사건의 집합이라는 뜻이다.

이제 어떤 존재를 시공간의 좌표에 나타내 보자. 공간상의 한 점에 정지하여 머물러 있는 입자는 시공간 상에 하나의 직선으로 나타난다.

[그림 2]

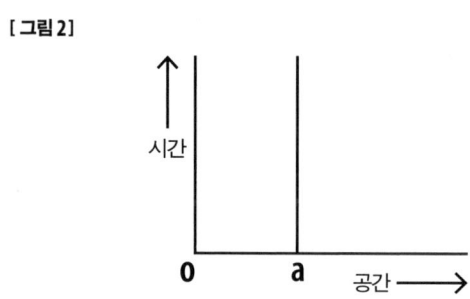

[그림 3]

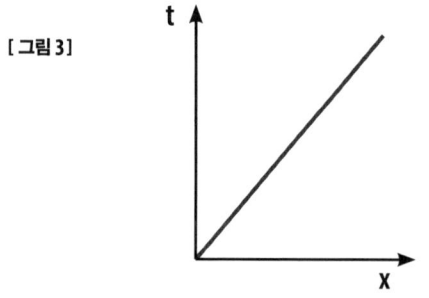

어떤 물체 하나가 원점 O로부터 공간상으로 a 만큼 떨어진 거리에 정지해 있다고 하자. 이제 이 물체를 시공간의 좌표에 나타나면 [그림 2]와 같이 될 것이다. 시간이 세로축을 따라 아무리 많이 흐르더라도 물체가 정지해 있으므로 공간상의 위치 a는 변하지 않기 때문이다. 이번엔 움직이는 물체를 시공간의 좌표에 나타내 보자. 문제를 간단히 하기 위해 이 물체가 처음에 좌표의 원점에 있다가 일정한 속도 v로 움직인다고 하자. 물체가 등속도로 움직이므로 시간(t)의 흐름에 따라 이 물체가 원점에서부터 '멀어지는 거리'는 속도(v)에 '흐른 시간'을 곱한 것이 될 것이다. 즉, x =vt 이기 때문에 이 물체를 시공간 상의 좌표로 나타내면 〔그림 3〕처럼 원점을 지나는 직선이 된다. 등속도로 움직이는 물체가 시공간 좌표에서 직선으로 나타난다는 것을 알면, 물체가 등속도로 움직이지 않고 그 속도가 변할 때 이 물체가 시공간 좌표에서 어떤 모양으로 나타나는지 아는 것은 어렵지 않을 것이다. 임의의 속도로 움직이는 물체의 모양은 시공간 좌표에서 곡선으로 나타난다. 이제 등속도로 움직이는 물체가 충돌한다고 할 때, 이 두 물체는 시공간 좌표 상에서 〔그림 4〕처럼 나타날 것이다.

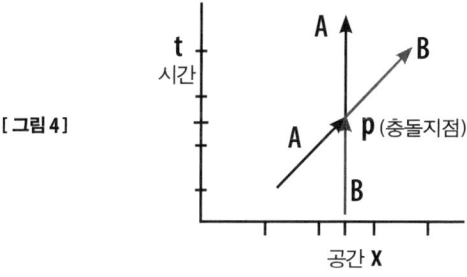

[그림 4]

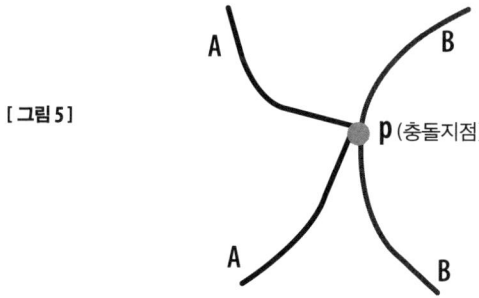

[그림 5]

〔그림 4〕에서 A는 등속도로 움직이는 물체이고 B는 정지한 물체다. A와 B라는 두 물체가 점 p에서 충돌하면 두 물체 모두 p에서 꺾인다. 즉, 충돌 지점 p는 충돌 사건이 일어나는 지점을 가리킨다. 이것은 사건(event)이 시공간 상에서 점으로 나타남을 뜻한다. 〔그림 5〕는 임의의 속도로 움직이는 두 물체 A와 B가 점 p에서 충돌하는 것을 시공간의 좌표로 나타낸 것이다. 〔그림 4〕와 〔그림 5〕는 두 입자가 충돌하는 사건이 발생하면 그 사건은 모두 점으로 나타난다는 것을 뜻한다. 앞서 입자를 시공간에 나타내면 선으로 표시된다고 한 것과 함께 정리하면 다음과 같이 말할 수 있다.

> "시공간 상에서 존재(입자)는 선(직선 또는 곡선)으로 나타나고, 사건은 점으로 나타난다."

입자는 선으로 나타나고 사건은 점으로 나타나기 때문에, 존재(선)가 있어 사건(점)을 일으킨다고 보는 것도 옳긴 하지만, 사건(점)이 모여 존재(선)를 만든다고 보는 것이 존재와 사건을 이해하는 데 훨씬 더 편리하고 간단하다. 왜냐하면 선보다는 점이 더 기본적인 개념이기 때문이다. 선이 만나 점을 이룬다고 보는 것보다는, 점이 만나 선을 이룬다고 보는 쪽이 더 간단하고 편리하다는 것은 자명한 이치일 것이다. 이것을 달리 말하면 존재보다는 사건이 기본적인 개념이라는 뜻이다. 사건이 존재보다 더 기본적인 개념이라면 사건에서 어떻게 존재가 생겨나는가? 그것은 점이 모여 선을 이루는 것을 생각하면 쉽게 이해할 수 있다. 일련의 사건이 시간 T_1에서 일어나 인과적으로 연결되어 T_2까지 지속되면 우리는 T_1에서 T_2까지 어떤 존재가 존속했다고 본다.

시공간은 사건의 집합이고, 존재하는 모든 것들 역시 인과로 연결된 사건의 집합이다. 결국 이 우주에 존재하는 모든 물리직 존재는, 즉 물리적 우주는 사건의 집합이라고 할 수 있다. 상대성 이론의 세계관은 양자 역학과는 또 다른 의미에서 세상을 존재 중심으로 보는 것이 아니라 사건 중심으로 본다.

이제 양자 역학과 상대성 이론을 결합하여, 이 세상을 어떻게 보는 것이 보다 합리적인지 생각해 보자. 이 문제를 위해 양자론과 일반 상대성 이론을 결합한 양자 중력 이론에서 뛰어난 업적을 남긴 두 물리학자의 이야기를 들어 보자. 한 사람은 미국의 '페리미터 이론 물리학 연구소(Perimeter Institute for Theoretical Physics)'의 연구원인 리 스몰린이며, 다른 한 사람은 이탈리아의 카를로 로벨리다.

3. 존재와 사건: 두 물리학자의 설명

세상의 사물이란 물리학적으로 보면 결국 존재와 사건을 말한다. 존재와 사건으로 이루어진 이 세상을 이해하는 데는 두 가지 관점이 있다. 하나는 사물의 기본은 존재이고, 이 존재가 사건을 일으킨다고 보는 세계관이다. 이것을 존재 중심의 세계관이라고 할 수 있는데, 고전 역학적 세계관이 이에 해당한다. 다른 하나는 앞에서 설명한 바와 같이 사물의 기본은 사건이고, 이 사건이 존재를 만든다고 보는 세계관이다. 이것을 사건 중심의 세계관이라고 할 수 있는데, 바로 양자 역학과 상대성 이론의 세계관이다. 리 스몰린과 카를로 로벨리가 설명하는 양자 역학과 상대성 이론의 세계관을 들어 보자.

1) 리 스몰린

리 스몰린(Lee Smolin, 1955-)은 『양자중력의 세 가지 길』이라는 책에서 이 세상을 사건 중심의 세계관으로 보아야 한다는 것을 잘 설명했는데, 그 내용을 요약하면 다음과 같다.[145]

세상에는 돌멩이나 깡통처럼 그 성질만 나열하면 그것이 무엇인지 알 수 있는 것(object)들이 있다. 그리고 사람이나 문화(文化)같이 그 과정(process)을 알아야만 이해할 수 있는 것들이 있다. 돌멩이나 깡통은 그 모양, 크기, 색깔, 질량 등을 말하면 그것이 무엇인지 금방 알 수 있다. 그러나 사람은 그의 얼굴 생김새, 몸의 크기를 말한다고 해서 그가 누구인지 알 수 없다. 그가 어디서 나서 어떻게 자라왔고 어떤 교육을 받고 무슨 일을 했는지 그가 살아온 역사를 말해야 알 수 있다. 그래서 사람들은 세상에는 돌멩이나 깡통과 같은 물체(object)와 시간의 흐름에 따라 변화해 가는 과정(process)이라는 두 가지 종류의 사물(thing)이 있다고 생각한다. 그러나 물리학자 리 스몰린은, 현대 물리학의 양대 기둥이라고 할 수 있는 상대론(相對論, theory of relativity)과 양자론(量子論, quantum theory)을 바탕으로, 우리가 사물을 이렇게 두 가지로 나누어 보는 것은 착각이라고 지적한다.

우리가 물체라고 생각하는 것도 느리게 변해 갈 뿐 그것들도 사실은 하나의 과정이다. 따라서 세상에는 느리게 변하는 것과 빠르게 변하는 것이 있을 뿐, 물체와 과정이 따로 있는 것은 아니다. 우주가 물체로 구성되었다는, 즉 존재가 세상을 이루는 기본이라는 것은 환상(illusion)이다. 이 환상이 고전 역학을 구성하는 바탕이 되었다. 다시 말해 우리가

---

[145] 리 스몰린 지음, 김낙우 옮김, 『양자중력의 세 가지 길』, 사이언스북스, 2007, pp.107-121의 내용을 요약한 것이다.

인식한 세상, 우리의 움벨트는 환상에 불과하다는 것이다.

스몰린은 근사적이고 임시적으로 말하는 것이 아니라면 세상에 존재하는 것은 아무 것도 없다(nothing is)라고 강조한다. 우주는 물체로 구성된 것이 아니라 많은 사건들로 구성되어 있다는 것이다. 사건은 과정의 가장 작은 부분으로 간주될 수 있다. 사물의 모든 성질들은 사건들 사이의 관련성을 통해서 기술된다. 따라서 세상은 존재 중심적 관점이 아니라 사건 중심적 관점에서 고찰되어야 한다.

이런 이유에서 리 스몰린은 "사건들의 우주는 관계론적인 우주(relational universe)"라고 말한다. 그의 이러한 진술은 불교적 관점에서 볼 때 무척 흥미롭다. 이것은 연기법이 곧 우주 운행의 근본 원리라는 것으로 해석될 수 있기 때문이다.

2) 카를로 로벨리

카를로 로벨리(Carlo Rovelli, 1956-)는 사물이 있어서 관계를 맺는 것이 아니라 관계가 사물의 개념을 낳는 것이며, 양자 역학은 세계를 사물이 아니라 과정으로 본다고 말한다.[146] 따라서 그에게도 세계는 존재들로 이루어진 어떤 것이 아니라 여러 사건들의 네트워크다.[147] 인간도 사물이 아니다. 산 위에 걸린 구름처럼 음식, 정보, 빛, 언어를 비롯한 수많은 것들이 들어가고 나오는 복잡한 프로세스다.

로벨리의 말을 불교적 용어로 바꾸어 말하면 모든 것은 연기적으로 얽힌 존재이며, 인간 역시 색(色)·수(受)·상(想)·행(行)·식(識)이라는 오

---

[146] 카를로 로벨리 지음, 김정훈 옮김, 『보이는 세상은 실재가 아니다』, 쌤앤파커스, 2018, p.136.
[147] 카를로 로벨리 지음, 김정훈 옮김, 『보이는 세상은 실재가 아니다』, 쌤앤파커스, 2018, p.107.

온(五蘊)**148**이 연기법에 의해 복잡하게 얽힌 존재라는 것이 된다.

물리학자들이 말하는 사건과 존재에 관한 설명은 불교의 무아와 무아 윤회를 이해하는 데 결정적인 도움이 된다. 이제 사건 중심의 세계관을 통해 무아의 의미를 살펴보자.

4. 사건 중심의 세계관과 무아

리 스몰린이 말한 바와 같이 모든 것이 하나의 과정이라면 거기에는 어떠한 실체도 있을 수 없고, 사물 간의 관계 변화에 따라 오직 '사건의 흐름'만 있을 뿐이다. 그렇다면 존재의 생멸은 처음부터 있을 수 없다. 인과로 연결된 변화, 즉 하나의 과정만 있을 뿐이다. 깡통과 돌멩이도 결국 천천히 변해 가는 과정일 뿐이다.

다만 흥미 있는 것은 삶과 죽음의 문제다. 생명 또는 '나'라는 것이 정보가 드나드는 복잡한 과정이라면 이것은 시작도 끝도 없이 계속되는 어떤 과정, 즉 '사건의 흐름'일 뿐이다. 끝없이 계속되는 사건의 흐름은 바다의 파도에 비유할 수 있다. 바다의 물결은 한 번 솟아났다 사라지는 하나의 사건이다. 그러나 사라진 물결은 그냥 없어지고 마는 것이 아니라, 그 사라진 물결이 원인이 되어 새로운 물결이 생겨난다. 새로 생긴 물결은 그냥 독자적으로 나타난 것이 아니라, 사라진 물결과 인과 관계

---

148 오온은 정신과 물질을 뜻하는 불교 용어다. 오온에서 색(色)은 물질 및 신체, 수(受)는 느낌을 뜻하며 정서적 심리 현상의 단초가 된다. 상(想)은 표상 및 인식을 뜻하며, 이성적 사유의 단초가 된다. 행(行)은 의지, 충동 및 형성력을 뜻하는데, 수와 상을 제외한 마음 작용 전체를 뜻한다. 식(識)은 의식으로서 분별과 식별 작용을 하는데, 나머지 네 가지 온이 모두 식에 의존하여 일어난다.

를 맺고 생겨난 것이다. 바다의 파도는 이렇게 사라지고 생겨나는 사건의 흐름이다. 우리의 삶도 사건의 흐름이다.

　10년 전의 '나'와 오늘의 '나'를 비교해 보자. 둘 사이에 같은 것은 하나도 없다. 몸을 이루는 물질도 다 새로운 물질로 바뀌었고, 두뇌 신경 회로를 연결하는 부위인 시냅스(synapse)는 늘 바뀐다. 신경 세포에 전달되는 모든 신호는 시냅스를 통해 전달된다. 따라서 시냅스가 바뀐다는 것은 우리의 느낌과 인식 작용과 인식 내용 및 생각도 바뀐다는 뜻이다. 물론 욕구와 의지도 바뀐다. 따라서 10년 전의 '나'와 오늘의 '나' 사이에는 정신이든 물질이든 변하지 않은 것이 없다. 모든 것이 변했지만 10년 전의 '나'와 오늘의 '나'는 별개의 존재도 아니다. 왜냐하면 10년 전의 '나'와 오늘의 '나' 사이에는 인과로 연결된 연속성이 있고, 따라서 10년 전의 '나'가 한 일에 대해 오늘의 '나'가 책임을 지고 과보(果報)를 받기 때문이다. 실체가 없어 동일성은 없지만 연속성은 있는 것, 그것이 바로 불교에서 말하는 무아의 의미다.

5. 맺는 말씀

앞으로 24강에서 무아 윤회(無我輪廻)에 대해 자세히 논하겠지만, 사건 중심의 세계관은 무아 윤회를 이해하는 데 큰 도움이 된다. 삶을 사건의 흐름으로 볼 때, 생명체의 삶이라는 것은 카를로 로벨리가 말한 대로 사건이 드나드는 복잡한 프로세스라고 할 수 있다. 한 생명체가 살아가는 '사건의 흐름'으로서의 삶은 동일성을 갖지는 않지만 연속성을 갖는다. 그래서 무아는 불교적으로 보나 현대 물리학적으로 보나 삶의 참모습을 가리키고 있다.

그런데 이러한 사건의 흐름이 죽음으로써 끝날까? 임사 체험자들의 말에 의하면 의식의 활동은 '죽음'이라는 사건을 마지막으로 끝나지 않는다. 죽음 이후에도 의식이 계속된다면 그것은 삶이라는 사건의 흐름이 계속 이어진다는 뜻이다. 그러한 흐름이 어떻게 가능하냐와 관련해서는 여러 가지 형태를 생각할 수 있겠지만, 이안 스티븐슨 교수를 비롯한 학자들이 수집한 전생 사례를 설명할 수 있는 개념은 현재로서는 윤회밖에 없다. 앞에서 설명한 바와 같이 정통 과학자들이 제안한 대안론은 임사 체험자들의 경험과 전생 사례를 충분히 설명하지 못한다. 그렇다면 윤회의 개념을 받아들여야 할 것이다.

윤회를 받아들인다면 '삶'이라는 '사건의 흐름'은 '죽음'이라는 '사건'으로 끝나는 것이 아니다. '삶과 죽음' 전체가 끝없이 반복되는 하나의 과정이다. 이 과정에는 동일성은 없지만 연속성은 있다. '동일성은 없지만 연속성은 있다.'는 사실을 어떤 유한한 시간에 대해 적용하면 그것은 '무아'가 되고, '삶과 죽음'이 반복되는 전체 과정에 대해 적용하면 그것은 '무아 윤회'가 된다.

일어난 사건은 사라지기 마련이다. 사건 중심의 세계관에서 보면 세상에 존재하는 것들은 사건과 사건의 흐름으로 이루어져 있다. 따라서 세상에 존재하는 것들은 불변의 상태를 유지하지 못한다. 하지만 한 번 일어난 사건은 그 자체는 사라지더라도 다른 사건이 일어나는 원인이 되기도 한다. 그래서 대승불교의 철학적 기반을 마련한 용수(龍樹, Nāgārjuna, 150년경-250년경)는 그 전 과정을 가리켜 '불상역부단(不常亦不斷)'이라고 한 것이다.

불상역부단의 개념으로써 삶과 죽음을 해석하면 무아 윤회가 된다. '불상(不常)'은 삶에 동일성이 없음을 말하고, '부단(不斷)'은 죽음으로써 사건의 흐름이 끝나지 않음을 말하기 때문이다. 지금까지 살펴본 바와 같이 사건 중심의 세계관은 불교의 무아 윤회와 조화를 이룬다.

    지금까지 이 강의에서는 윤회의 개념에 과학적으로 타당한 측면이 있음을 살펴보았다. 다음 22강에서는 윤회가 불교 윤리의 바탕임을 설명할 것이다.

22강

불교 윤리의 바탕이 되는 윤회

예비적 고찰

성자들은 깨달음을 통해 윤회가 삶과 죽음의 실상임을 안다고 한다. 반면에 깨달음이 없는 보통 사람들이 윤회가 사실인지 아닌지 알 수 있는 방법은 과학적 관찰과 검증이다. 앞에서 설명한 바와 같이 '두뇌를 떠나서 활동하는 의식'과 윤회의 진실성을 뒷받침하는 과학적 증거는 충분히 많다. 다만 정통 과학계의 학자들이 '두뇌 상태 = 마음'이라는 '과학적 믿음'에서 벗어나지 못한 나머지 윤회를 인정하기 어려워하고 있을 뿐이다. 보다 많은 자료가 쌓이면 정통 과학계 역시 윤회를 인정하게 될 것이다. 이번 22강에서는 윤회의 의미를 윤리적 측면에서 살펴볼 것이다.

중국의 역사가 사마천(司馬遷, 기원전 145년경-86년경)은 그가 쓴 역사책 『사기(史記)』에서 "세상에 천도란 있는 것인가, 없는 것인가(天道是耶非耶)."라고 외쳤고, 노자(老子, 기원전 6세기경)는 "하늘의 그물은 성긴 것 같아도 빠져나갈 틈이 없다."라고 말했다. 사마천은 왜 그런 말을 했을까?

노자의 말을 뒷받침할 수 있는 근거는 무엇일까? 불교의 관점은 무엇인가?

사마천은 학자다. 학자로서 그는 사람이 옳은 일을 해야 한다고 배웠다. 그런데 역사적 사건을 살펴보니 악한 사람이 잘되고 착한 사람이 잘못되는 경우가 많았다. 그래서 사마천은 천도라는 것이 과연 있기나 한 것인지 의문을 품었다. 사마천이 의심했던 것처럼 행복과 불행에 별다른 인과가 없는 것이라면, 우리가 옳은 일을 해야 하고 그른 일은 하지 말아야 할 이유가 무엇인가?

춘추 시대(春秋時代, 기원전 770-403) 말에 살던 노자도 사마천처럼 악인이 잘되고 착한 사람이 고통을 당하는 것을 많이 보았다. 그래서 노자도 일단 "하늘의 그물은 성긴 것 같"다고 하면서 사마천과 같은 말을 한다. 하지만 노자는 사마천과는 달리 이어지는 구절에서 "빠져나갈 틈이 없다."라고 말한다. 결국 "하늘의 그물은 성긴 것 같아도 빠져나갈 틈이 없다."라는 노자의 말은 "세상의 행복과 불행에는 아무런 인과도 작용하지 않는 것처럼 보이지만 결국은 다 뿌린 대로 거두는 것이다."라는 말로 해석될 수 있을 것이다. 노자는 왜 이렇게 사마천과는 다른 이야기를 했던 것일까? '하늘에 순응하는 이는 흥하고, 하늘을 거스르는 이는 망한다(順天者興 逆天者亡).'는 이치가 실제로 있다고 믿었기 때문일까? 인간의 삶은 윤회의 흐름 안에 있기 때문에 죽음으로 모든 것이 끝나지는 않는다고 믿었기 때문일까?

이에 대해 논하기 전에, 일단 생태계에서 일어나는 일을 통해 삶이란 무엇인지에 대해 생각해 보자.

1. 삶의 현장

자연계의 생명체에게 가장 중요한 일은 살아남는 것이다. 살아남기 위해서라면 자연계의 생명체는 무슨 일이든 한다. 자연에는 선악이 따로 없다. 살아남는 것이 최고의 선이다. 자연계의 생명체에게는 속임수가 지혜다. 강한 자가 살아남는 것이 아니라 살아남은 자가 강한 자다. 자연의 생태계에서는 다윈(Charles Robert Darwin, 1809-1882)이 신을 믿을 수 없다고 말했을 정도로 끔찍한 일도 일어난다.

1) 곤충의 세계

맵시벌은 기생벌이다. 맵시벌은 숙주의 몸에 알을 낳고, 알에서 부화한 맵시벌의 애벌레는 살아 있는 숙주의 몸을 파먹으면서 성장한다. 맵시벌의 숙주는 사슴벌레, 하늘소 등 나무속에서 사는 곤충들의 유충으로, 기생 당한 숙주는 유충에게 몸을 다 먹히고 껍질만 남게 된다. 종류에 따라 다른 종류의 나비에게도 기생하는데, 나비의 애벌레가 번데기가 되면 안에서 어른벌레가 되어 번데기를 뚫고 나온다. 맵시벌이 하는 일이 다윈에게는 무척이나 끔찍하게 여겨졌던 모양이다. 하지만 이 벌들은 사람의 입장에서 보면 익충이다. 다윈은 이런 말을 했다. "나는 자애롭고 전지전능한 신이 살아 있는 유충들의 몸속에서 그 살을 파먹겠다는 의지를 뚜렷이 드러내는 맵시벌을 의도적으로 창조했다는 것을 믿을 수 없다."

　　신의 존재를 의심하게 만들 정도로 끔찍한 일을 하는 것은 맵시벌뿐만이 아니다. 흡충(吸蟲)은 숙주에 기생하여 살 뿐만 아니라, 숙주의 뇌를 조종하고 통제하여 숙주를 죽게 만들기도 한다. 창형흡충(槍形吸蟲)은 개미의 뇌를 조종하여 좀비로 만든다. 좀비 개미는 흡충의 조종에 따라 초식 동물이 풀을 뜯는 이른 아침에 풀잎에 매달려 있고, 초식 동물은 풀과 함께 개미를 삼킨다. 흡충은 초식 동물의 뱃속에서 알을 낳고 기괴한 한살이를 되풀이한다.

중국 사람들이 성기능 강화, 불로초 등으로 알고 비싼 값에 거래하는 동충하초 역시 다른 생명을 희생시키는 기생 버섯이다. 기생 버섯의 숙주가 되는 곤충은 대개 나비, 매미, 벌, 딱정벌레, 메뚜기 등인데, 기생 버섯의 포자에서 자란 균사는 곤충의 몸에 달라붙어 곤충의 표피를 인식하고 관통하는 흡반상 기관(吸盤狀器官, appressorium)[149]을 통해 곤충의 몸속으로 침투한다. '흡반상 기관'은 곤충의 몸속에서 면역 반응이 일어나는 것을 억제한다. 곤충의 몸은 결국 죽지만 결코 썩지는 않는다. 버섯은 죽은 곤충의 몸에서 자실체를 만들고, 포자가 공기 중에 퍼져 다른 숙주를 찾아낸다.

참고로 말하자면 모든 생물은 환경의 변화에 적응하기 위해 진화한다. 수백만 년 전이나 수천만 년 전부터 길앞잡이 벌레한테만 감염되던 동충하초 포자가 길앞잡이 벌레의 숫자가 줄어들자 다른 거의 모든 곤충한테 감염될 수 있도록 진화했다. 길앞잡이 벌레 고기만 먹고 살던 버섯이 그 벌레가 줄어들자 다른 곤충의 고기도 먹을 수 있도록 식성이 바뀐 것이다. 지구 환경 변화가 계속 이어진다면 동충하초의 포자 역시 진화를 계속하여 곤충의 고기뿐만 아니라 동물의 고기도 먹을 수 있게 될지도 모른다. 그때는 사람 역시 동충하초의 먹이가 될 수 있다.

숙주의 행동을 조절하는 기생충의 사례는 생각보다 흔하다. 어떤 종류의 기생벌은 거미를 좀비로 만들어 누에고치 같은 안전한 보호막을

---

[149] 기생성 균류(菌類)의 균사(菌絲) 끝에 있는 기관. 다른 동물이나 물체에 달라붙는 역할을 한다.

만들게 한 후 그 보호막 속에서 거미를 먹는다. 톡소포자충(Toxo胞子蟲)의 경우 최종 숙주인 고양이에게 감염되기 위해 고양이의 먹이인 쥐의 뇌를 조종한다. 감염된 쥐는 고양이에 대한 공포가 줄어들고 과잉 행동을 해 고양이의 눈에 쉽게 띈다. 결국 고양이가 감염된 쥐를 잡아먹으면 톡소포자충은 최종 숙주인 고양이에게 감염된다.

2) 삶의 보편적인 모습

곤충의 생태가 사람의 삶과 무슨 관계가 있을까? 알고 보면 사람의 삶이라고 해서 곤충이나 다른 동물의 삶과 크게 다른 것은 아니다. 곤충의 생태에서 본 것은 세렝게티(Serengeti)에 사는 야생 동물의 삶에서도 비슷하게 일어나는 일이고, 인간의 삶에서도 일어나는 일이다. 사마천이 말한 대로 『삼국지』의 조조(曹操, 155-220)와 같은 사람이 흥하게 되어 있는 것이 인간 사회다. 생물학적으로 볼 때 인간은 본질적으로 폭력적이다.[150] 오랜 인류 진화의 역사에서 가장 큰 위험은 같은 인간이었다. 고대 도시에서 출토된 인간 유골의 1/4-1/3은 그들이 살해되었음을 보여 준다. 1970년대까지도 열대 우림의 원시 종족은 살해당하는 비율이 1/4이었다. 현대 문명사회에서는 살해당하는 이들의 비율이 10만분의 1 정도다.

    생물은 본질적으로 다른 생물의 희생을 바탕으로 삶을 유지한다. 폭력, 사기, 도둑질, 약탈, 뻔뻔스러움은 생물의 본성 중 하나다. 사기와 도둑질은 인간계에서는 악이지만, 자연의 생태계에서는 지혜라고 할 수

---

[150] 인간의 폭력성을 말해주는 대표적인 책으로는 다음의 두 권을 들 수 있다.
에드워드 윌슨 지음, 이한음 옮김, 『지구의 정복자』, 사이언스북스, 2013.
콘라드 로렌츠 지음, 송준만 옮김, 『공격성에 관하여』, 이화여자대학교출판문화원, 1990.

있다. 식물도 예외가 아니다. 식물 역시 뻔뻔스럽기도 하고 속이기도 하며 때로는 사악하기까지 하다.[151] 덩굴 식물, 기생 식물, 식충 식물 등은 특히 그렇다. 식물이 자기방어를 위한 화학 물질을 분비해 잎사귀를 맛없게 만들면 벌레들은 같은 벌레를 먹이로 섭취하는 행태를 보인다. 속임수를 잘 쓰는 식물로는 벌난초(ophrys apifera)를 들 수 있다. 이 난초는 모양, 조직, 향기는 물론 페로몬에 이르기까지 벌의 암컷을 완벽하게 모방한다. 여기에 현혹된 수벌은 실제 암컷보다 벌난초와의 교미를 시도한다. 이 과정에서 벌난초는 수벌에게 꽃가루를 잔뜩 묻힌다.

식물이 하는 행동을 보면 느리게 움직일 뿐 동물과 별 차이가 없다. 그래서 스위스 연방 윤리 위원회는 2008년 식물의 존엄성에 관한 보고서를 발표했고, 그보다 훨씬 전에 인도의 저명한 식물학자 자가디스 찬드라 보스(Sir Jagadish Chandra Bose, 1858-1937)는 다음과 같은 말을 했다.

"나무들에게도 우리와 같은 삶이 있다. 그들도 먹고 성장하며, 가난과 슬픔과 고통에 직면한다. 그들도 굶주리면 도둑질과 강도짓을 하지만, 서로 돕고 친구를 사귀며, 자손을 위해 자신의 삶을 희생할 줄도 안다."[152]

옳은 일을 하고, 그른 일을 하지 않는 것이 사람의 도리라고 생각한다. 그것이 윤리의 기본이다. 그러나 앞에서 말한 바와 같이 자연계에는 선악이 따로 없고, 생명체의 본질은 생존과 번식이며, 강한 자가 살아남는 것이 아니라 살아남은 자가 강한 자다. 그렇다면 자연계에서 살아남기

---

151 스테파노 만쿠소, 알렉산드라 비올라 지음, 양병찬 옮김, 『매혹하는 식물의 뇌』, 행성B, 2016.
152 스테파노 만쿠소, 알렉산드라 비올라 지음, 양병찬 옮김, 『매혹하는 식물의 뇌』, 행성B, 2016, p.232.

위한 최선의 전략은 무엇일까?

3) 팃포탯(tit for tat) 전략

생명체는 예외 없이 다른 생명체를 먹이로 삼고 살아가게 되어 있다. 그러나 종과 종 사이의, 혹은 같은 종 내에서의 협력이 '나'를 더 강하게 만들 수도 있다. 자연의 생태계에는 극심한 경쟁도 있지만 공생도 있다. 공생은 개미와 진딧물, 개미와 아카시아, 꽃과 곤충, 동백나무와 동박새, 사람과 농작물 등 많은 관계에서 발견된다. 자연은 경쟁 관계와 공생 관계가 균형을 이루면서 진화해 왔다고 할 수 있다. 살아남는 데는 공생과 협력이 중요하지만, 같은 종 내에서도 동료를 배신하고 자기 이익만 챙기는 녀석이 있기 마련이다. 이런 환경에서 살아남을 수 있는 최선의 전략은 무엇일까? 컴퓨터 시뮬레이션을 해 보면 답은 의외로 간단하다. 팃포탯(tit for tat) 전략이다. 팃포탯 전략은 간단하다. 처음에 나는 남 모두에게 잘한다. 그러나 그 다음에는 그의 행동에 반응하여 나의 태도를 정한다. 그가 나에게 잘하면 나도 잘한다. 그러나 그가 나를 배신하면 나도 배신한다.

팃포탯 전략은 '눈에는 눈, 이에는 이'를 뜻한다. 이것이 생태계와 인간 사회에서 살아남고 성공하는 최선의 전략임은 분명하다. 하지만 성인들은 하나같이 팃포탯 전략을 쓰지 말라고 한다. 이 세상 모든 중생을 구하겠다는 대승불교의 보살 사상은 말할 것도 없고, 예수 또한 "눈에는 눈으로 이에는 이로 갚으라 했다는 것을 너희가 들었으나, 나는 너희에게 이르노니 악한 자를 대적하지 말라. 누구든지 네 오른편 뺨을 치거든 왼편도 돌려 대며 … 달라고 하면 가진 것을 다 주라."고 했고, 심지어 "너희 원수를 사랑하며 너희를 박해하는 자를 위하여 기도하라."라고도

했다. 이슬람교의 교주 마호메트 역시 "이웃에게 사랑을, 적에게 관용을"이라고 했다. 왜 성인들은 생태계에서 일어나는 일과 정반대의 가르침을 베풀었을까? 성인들은 모두 노자가 본 천도(天道)를 보았을까? 하늘의 구멍이 성기다고 본 것은 범부들이 잘못 본 것이고 성인들이 볼 때는 빠져나갈 구멍이 없이 엄정한 것일까?

성인들의 가르침은 그렇지만 인간은 분명히 자연계의 생명체다. 인간 사회에서 부정과 부패는 지탄을 받는다. 그러나 자연계의 생명체를 기준으로 판단하면 부정과 부패는 들키지만 않으면 지혜로운 일이 아닐까? 그렇지 않다면 그 이유는 무엇인가? 무엇이 옳은 일이며, 무엇이 그른 일인가? 또 옳은 일은 왜 옳으며, 그른 일은 왜 그른가? 그것을 판별하는 기준은 무엇인가? 이 물음에 대한 불교적 관점을 이해하기 위해 먼저 세상에서 통상적으로 윤리라고 하는 것이 무엇인가에 대해 생각해 보자.

2. 윤리란 무엇인가

일반적으로 윤리는 사회적 존재로서의 '나'와 타인이 서로에게 마땅히 지켜야 할 사회적 규범 또는 사회적 관계의 표준을 의미한다고 볼 수 있다. 윤리적인 행위는 선한 행위라고 불리고, 비윤리적인 행위는 악한 행위라고 불린다. 선과 악을 결정하는 것은 공동체의 규범이다.

그런데 공동체의 규범이라고 하는 것은 어떤 공동체의 존속을 위해 해당 공동체의 구성원들이 맺은 약속과 같은 것이다. 약속은 언젠가 깨지기 마련이다. 사회 구성원들은 후손들에게 그 규범을 지키도록 지속적으로 교육을 시키지만 시간이 흐르고 시대가 바뀜에 따라 그 규범에

반기를 드는 사람도 나타나기 마련이다. 지배 계급과 피지배 계급, 유물론자와 관념론자 사이에 규범을 둘러싼 논쟁이 벌어지고 투쟁도 벌어진다. 심할 때는 혁명이 일어나기도 한다.

인간이 해 온 일을 역사를 통해 판단할 때, 씨족 사회라면 씨족 전체에게 유리한 것이 선(善)이며 불리한 것은 악(惡)이다. 씨족 사회를 놓고 보면 절대 선, 절대 악이란 것은 없다. 그렇다면 씨족 사회의 윤리는 자연계의 생명체 사이에서 일어나는 일과 별반 다르지 않다. 지금까지 살펴본 바에 의하면 통상적으로 말하는 윤리란 사회적 규범이다. 사회가 달라지고 구성원이 달라지면 사회적 규범은 바뀌기 마련이다. 따라서 윤리가 자연의 법칙처럼 누구나 지켜야 할 당위성을 제공하지 못한다면, 그 윤리는 이론적으로 불완전하다고 보아야 할 것이다.

싫든 좋든 누구도 중력의 법칙을 피할 수 없는 것처럼, 윤리에도 절대적으로 보편타당한 천도(天道)가 있어 그것을 따르는 자는 흥하고 거스르는 자는 망하기 마련이라면(順天者興 逆天者亡), 누구나 그것을 따르지 않을 수 없을 것이다. 종교에서 말하는 법칙이 바로 그런 것이다. 유신론적 종교에서 말하듯이 절대자가 존재하고, 종교가 제시하는 윤리가 신의 명령이라면 사람은 마땅히 그것을 따라야 할 것이다. 기독교와 이슬람교를 비롯하여 유일신을 믿는 종교에서는 유일신의 뜻이 곧 절대적 윤리다. 그런데 불교 윤리는 무엇일까?

창조주를 인정하지 않고 삼계 육도(三界六道)에 존재하는 신들을 윤회하는 중생 중의 하나로 간주하는 불교에서 유일신의 뜻이나 명령만큼 누구나 지키지 않을 수 없는 절대적 윤리, 또는 우주적 질서와 법칙[天道]이 있을까? 그것을 알아보기 위해서는 부처님을 포함하여 부처님의 교단에 속하는 모든 제자들이 왜 걸식을 했는지를 알아볼 필요가 있다. 먼저 부처님의 설명을 들어 보자.

3. 걸식

한때 부처님의 제자들이 승원에서 공양물의 분배 문제를 가지고 다툰 적이 있었다. 이때 부처님은 그들을 꾸짖고는 다음과 같이 설법했다.

> "비구들이여, 걸식이라는 것은 삶을 영위하는 가장 비천한 방법이다. 세상에는 '손에 바루나 들고 돌아다녀라.' 하는 저주가 있다. 그러나 비구들이여, 좋은 가문의 자식들은 바른 목적을 위해 이러한 삶을 사는 것이다. … 그들은 '나는 태어남, 늙음, 죽음, 슬픔, 비탄, 고통, 근심, 절망에 떨어졌다. 적어도 괴로움의 다발들이 종식되어야 한다.'고 생각해서 그런 것이다. … 이와 같이 출가한 아들들이 탐욕을 일으키고, 감각적 쾌락의 욕망에 탐닉하고, 마음에 분노가 넘치고, 정신적 사유가 타락하고, … 집중이 되지 않고, 마음이 산란해지고, 감각 능력을 통제하지 못하고 있다. … 이 같은 사람은 재가자로서 즐거움도 누리지 못하고, 수행자의 목적도 성취할 수 없다고 나는 말한다."[153]

위의 설법에서 분명히 걸식은 비천한 삶이지만 세속의 삶에는 즐거움이 있다고 한다. 그렇다면 걸식은 왜 하는 것일까? 그것은 태어남, 늙음, 죽음, 슬픔, 비탄 등의 괴로움에서 벗어나기 위해, 즉 열반에 이르러 윤회의 사슬을 끊기 위해서다. 불교 윤리는 이러한 열반에 이르기 위한 수행법에 바탕을 둔다.

---

153 『쌍윳따니까야』 22:80 「걸식의 경」.

4. 불교의 윤리관

불교의 연기법에 의하면 인간은 우주의 법칙에 의해 탄생한 존재다. 우주적 법칙은 보편적이며 필연적이다. 인간이 그것에 저항할 수는 없다. 불교가 말하는 우주적 법칙은 어떤 절대자가 법칙에 순응하는 이에게 보상을 하고 법칙에 역행하는 이에게 형벌을 내리는 형식(順天者興 逆天者亡)으로 관철되는 것이 아니라, 탐(貪)·진(瞋)·치(癡)에서 벗어나지 못한 사람은 그에 맞는 삶을 살고, 탐·진·치에서 벗어난 사람은 또 그에 맞는 삶을 사는 형식(善因樂果 惡因苦果)으로 관철되는 것이다.

예를 들어, 게으르게 지내는 사람은 한동안 편하게 살지만 결국 이룬 것이 없어서 후회하는 삶을 살게 될 것이다. 게으르게 지낸 것은 그의 선택이고 후회하는 결과를 초래하게 된 것은 누구도 피할 수 없는 우주적 법칙이다. 그런데 사마천이 관찰했던 것처럼 우리 주변에서도 악인이 잘 되고 착한 사람이 화를 당하는 경우를 종종 볼 수 있다. 이것은 어떻게 설명되어야 할까? 이러한 점과 관련해서 불교는 업과 윤회를 이야기한다.

불교의 윤회설에 따르면 중생의 삶은 하나의 생(生)만으로 끝나지 않는다. 자기가 행한 행위에 대한 과보는 이번 생에 받지 않는다 하더라도 다음 생에는 반드시 받게 된다는 것이 불교의 업과 윤회설이다. 윤회의 원리는 논리적으로 추론한 결과로 도출된 것이 아니라, 부처님이 선정과 깨달음을 통해 직접 관(觀)한 것이다. 불교 윤리는 업과 윤회의 원리에 기반해 있기 때문에 유일신 종교에서의 절대자의 명령만큼이나 강력한 절대성을 갖게 된다. 윤회는 이 세상 모든 중생들이 살아가는 모습인 것이다.

5. 맺는 말씀

윤리의 목표는 행복이고, 행복은 인격의 완성에서 오는 것이다. 일체의 탐(貪)·진(瞋)·치(癡)가 마음에서 말끔히 사라진 것이 인격의 완성이다. 이것을 해탈이라고 한다. 부처님은 『쌍윳따니까야』 22:12 「무상의 경」에서 이렇게 설했다.

> "해탈하면 해탈했다는 궁극적인 앎이 생겨난다. '태어남은 부서졌고, 청정한 삶은 이루어졌고, 해야 할 일은 다 마쳤으니, 더 이상 윤회하지 않는다.'"[154]

탐·진·치, 즉 탐욕과 분노와 어리석음이란 사람으로 하여금 사물의 참 모습을 보지 못하게 만드는 말과 행동이다. 탐·진·치는 사람으로 하여금 진실 아닌 것을 진실이라 보게 하는 가죽 끈과 같은 것이다. 사람은 탐욕과 분노와 어리석음으로 인해 윤회의 굴레에서 벗어나지 못하고 계속 중생의 삶을 반복한다. 따라서 불교 수행(윤리)에서는 다른 종교나 철학과 같이 인간의 윤리적 행동을 단순히 선과 악으로 나누지 않는다. 인간에게 이익이 되는 것을 선(善), 이롭지 못한 것을 불선(不善), 이익도 없고 해롭지도 않은 것을 무기(無記)라고 한다. 어떤 사람의 어떤 행동과 말과 생각이 그 사람의 탐욕과 분노와 어리석음을 감소시키면 그것은 그 사람에게 이익이 되기 때문에 선이다. 반대로, 어떤 사람의 행동과 말과 생각이 그 사람의 탐욕과 분노와 어리석음을 증대시키면 그것은 그 사람에게 해가 되기 때문에 불선이다. 선에는 당연히 자리이타(自利利他)

---

[154] 『쌍윳따니까야』 22:12 「무상의 경」.

의 마음과 행동이 포함된다. 따라서 불교 윤리에서 말하는 인격의 완성에는 타인에 대한 배려를 포함해 정의 사회 실현이 따르기 마련이다. 이것이 불교에서 말하는 우주적 법칙이요, "선한 원인은 즐거운 결과를 낳고, 악한 원인은 괴로운 결과를 낳는다(善因樂果 惡因苦果)."는 가르침의 의미다.

다음 23강에서는 업과 윤회에 대해 살펴볼 것이다.

23강

업과 윤회

예비적 고찰

앞의 19강에서는 분자 생물학자였다가 출가하여 티베트 불교 승려가 된 마티유 리카르(Matthieu Ricard)의 이야기를 소개한 바 있다. 리카르의 아버지인 장 프랑수아 르벨은 아무리 그럴듯한 전생 사례를 들더라도 그것을 직접 경험한 사람이 아니고는 아무도 윤회를 믿지 않을 것이라고 말했다. 그의 말은 현실을 잘 반영하는 것 같다. 현대 교육을 받은 스님들과 불교학자들 중에도 윤회 사상은 석가모니가 설한 것이 아니라 힌두교에서 흘러 들어온 것이라고 주장하는 경우가 종종 있기 때문이다. 과연 그런 것인지 경전을 한번 살펴보자.

1. 업과 윤회에 대한 설법

부처님은 윤회에 대해 자주 설했다.『쌍윳따니까야』22품「존재의 다발 모음」에 속하는 150개의 경전에서만 고르더라도 58개의 경을 고를 수 있다. 58개의 경이라는 것도 직접 '윤회'라는 말이 나오는 곳의 수가 그렇다는 것이지, 윤회를 암시하는 다른 말들, 예를 들면 '전생', '현세와 내세'라거나 '죽음과 태어남'과 같은 말이 나오는 곳을 찾으면 이보다 훨씬 많다.『법구경』에서도 423개 게송 가운데 29개 게송이 직접 윤회를 언급한다.

이 밖에도 십이연기, 사향사과 등 부처님이 윤회를 설한 것은 셀 수 없이 많다. 부처님은 왜 이렇게 윤회에 관해 많은 설법을 했을까? 그것은 윤회에서 벗어나는 것이 불교 윤리의 목표이기 때문이다. 부처님이 윤회를 바탕으로 많은 설법을 했다는 것을 부정할 사람은 없다.『쌍윳따니까야』에 나오는 윤회에 대한 설법 가운데 몇 가지를 살펴보자.

> "신구의(身口意) 삼업(三業), 이것이야말로 자신의 것, 그는 그것을 가지고 가네. 그림자가 몸에 붙어 다니듯 그것이 그를 따라다닌다네. 공덕이야말로 저 세상에서 뭇 삶들의 의지처가 되리."[155]

> "어리석은 자는 몸이 부서져 죽은 뒤에 또 다른 몸을 받는다. 그가 다시 몸을 받으면 그는 생로병사와 슬픔, 비탄, 근심, 절망에서 벗어나지 못한다. 그는 괴로움에서 해탈하지 못한다. 현명한 이는 몸이 부서져 죽은 뒤에 다른 몸을 받지 않는다. 그는 생로병사와 슬픔, 비탄, 근심, 절망에서 벗어난다. 그

---

[155]『쌍윳따니까야』3:20「아들 없음의 경」.

는 괴로움에서 해탈한다."¹⁵⁶

"미세한 물질의 세계(色界)에 사는 중생도 비물질의 세계(無色界)에 사는 중생도 괴로움의 소멸을 알지 못하여 다시 태어남으로 복귀하는 것이네."¹⁵⁷

"수행승들이여, 이 윤회는 시작을 알 수 없다. 무명에 덮인 중생들은 갈애에 속박되어 유전하고 윤회하므로 그 최초의 시작을 알 수 없다."¹⁵⁸

"인간으로 다시 태어나는 존재들은 적고 인간이 아닌 다른 세계에 태어나는 존재들은 훨씬 많다."¹⁵⁹

"물질은 무상한 것이다. … 잘 배운 고귀한 제자는 이와 같이 보아서 물질에서도 싫어하여 떠나고 … 싫어하여 떠나면 사라지고, 사라지면 해탈한다. 그가 해탈하면 해탈했다는 궁극적인 앎이 생겨난다. '태어남은 부서졌고, 청정한 삶은 이루어졌고, 해야 할 일은 다 마쳤으니, 더 이상 윤회하지 않는다.'라고 분명히 안다."¹⁶⁰

---

156 『쌍윳따니까야』 12:19 「바보와 현자의 경」.
157 『쌍윳따니까야』 5:6 「짤라의 경」.
158 『쌍윳따니까야』 15:1 「풀과 나뭇가지의 경」.
159 『쌍윳따니까야』 20:2 「손톱 끝의 경」.
160 『쌍윳따니까야』 22:12 「무상의 경」.

2. 무소의 뿔처럼 혼자서 가라

지금까지 살펴본 바와 같이 부처님은 초기 경전 곳곳에서 윤회에 관해 설했다. 윤회를 설하지 않았다는 말은 전혀 근거가 없는 말이다. 그럼에도 불구하고 스님들과 불교학자들 가운데 적지 않은 수의 사람들이 윤회를 불교의 기본 교리로 인정하지 않는다. 이들은 윤회는 힌두교의 기본 사상으로서 불교에 흘러 들어온 것이라고 본다.

윤회가 힌두교에서 불교로 흘러 들어온 사상이라고 주장하는 사람들은 부처님이 윤회를 설하긴 했지만 그것은 당시 사람들이 모두 윤회를 믿고 있어서 방편으로 설한 것이라고 한다. 하지만 이러한 종류의 주장은 부처님을 모독하는 말이다. 성자들은 진리를 위해 목숨을 바칠지언정 진리 아닌 것과는 타협하지 않기 때문이다. 자신이 주장하는 진리를 위해 목숨을 바친 대표적인 예로 예수를 들 수 있지만, 철학자 소크라테스 역시 진리를 위해 목숨을 바쳤으며, 이슬람교의 교주 마호메트(Muhammad, Mohammed, Mahomet, 570년경-632)도 목숨이 위태롭게 됨을 무릅쓰고도 메카의 세 여신들(Al-Rat, Al-Uzzah 및 Manat)을 알라의 천사로 인정해 달라는 메카의 유력자들과 타협하지 않았다. 부처님의 제자였던 목련(目連) 존자와 부루나(富樓那) 존자도 타협 없이 불법을 전파하면서 목숨을 잃었다. 그런데 하물며 부처님이 윤회가 거짓이라고 생각하면서도 불교를 전파하기 위해 타협했을까? 그릇된 것과 타협하지 말고 꼿꼿하게 바른 길로 가라는 뜻에서 부처님은 제자들에게 "무소의 뿔처럼 혼자서 가라."고 설했다.『숫따니빠따』의 구절 몇 개만 음미해 보자.

"탐욕 없이, 속임 없이, 갈애 없이, 거짓 없이, 더러움과 어리석음을 날려 버리고, 온 세상에 대한 집착 없이, 무소의 뿔처럼 혼자서 가라."[161]

"최상의 진리를 얻기 위해 단호하고 활기찬 마음으로, 게으름 없이 확고한 노력으로, 강한 힘을 갖추어, 무소의 뿔처럼 혼자서 가라."[162]

"소리에 놀라지 않는 사자처럼, 그물에 걸리지 않는 바람처럼, 진흙에 더럽혀지지 않는 연꽃처럼, 무소의 뿔처럼 혼자서 가라."[163]

제자들에게는 진리 아닌 것과 타협하지 말고 무소의 뿔처럼 꼿꼿이 가라고 설하면서 부처님 자신은 윤회가 진실이 아님을 알면서 사람들의 마음을 얻기 위해 윤회를 설했을까? 그것은 부처님의 인격 수준을 남의 눈치나 보는 세속 사람의 인격 수준으로 낮추는 것이다. 부처님이 윤회가 진리가 아님을 알면서도 진리라고 설했으니, 부처님의 가르침은 믿을 수 없고 불교 역시 잘못된 종교라고 주장한다면 그것은 적어도 논리적으로 맞는 말이다. 그러나 부처님이 여러 훌륭한 가르침을 많이 설했다고 하면서도, 윤회만큼은 그것이 진리가 아닌 줄 알면서도 세상과의 타협을 위해 방편으로 설했다고 하는 것은 앞뒤가 맞지 않는 이야기다. 업과 윤회는 부처님이 직접 체험하고 설법한 것이다. 부처님의 설법을 더 들어 보자.

---

[161] 『숫따니빠따』 게송 56.
[162] 『숫따니빠따』 게송 68.
[163] 『숫따니빠따』 게송 71.

3. 신통력에 대한 부처님의 설법

"나는 내가 원하는 대로 … 사유와 숙고를 갖추고, 멀리 여읨에서 생겨나는 희열과 행복을 갖춘 첫 번째 선정에 든다. … 나는 내가 원하는 대로 … 사유와 숙고를 여의어, 삼매에서 생겨나는 희열과 행복을 갖춘 두 번째 선정에 든다. … 지각과 느낌이 멈춘 상수멸(想受滅)에 든다. … 나는 내가 원하는 대로 전생의 여러 가지 삶의 형태를 기억한다."[164]

이렇게 차례로 구차제정(九次第定, 아홉 단계의 선정)에 관해 설한 후 부처님은 신통력에 관하여 설한다. 육신통(六神通)을 정리해 보면 다음과 같다.

첫째는 신족통(神足通)이다. 원하는 곳에 자유로이 출현할 수 있는 능력을 가리킨다. 마음으로 몸을 만들거나 사라지게 할 수 있고, 벽 등을 통과할 수 있으며, 물위를 걸을 수 있고, 하늘을 날 수 있는 능력 등이다.

둘째는 천이통(天耳通)이다. 천상의 소리를 듣거나 아주 멀리 떨어진 곳에서 나는 소리를 들을 수 있는 능력을 가리킨다.

셋째는 타심통(他心通)이다. 업을 포함하여 남의 마음을 다 아는 능력을 가리킨다.

넷째는 숙명통(宿命通)이다. 자신이나 남의 전생의 모습을 아는 능력을 가리킨다. 여러 겁에 걸친 우주의 생성소멸을 다 아는 능력이다.

다섯째는 천안통(天眼通)이다. 미래 운명을 내다보는 능력을 가리킨다. 업보에 따라 어디에 태어날지를 아는 능력이다.

여섯째는 누진통(漏盡通)이다. 번뇌에서 완전히 해방되는 능력을 가리킨다.

---

[164] 『쌍윳따니까야』 16:19 「선정과 곧 바른 앎의 경」.

누진통을 제외한 다섯 가지 신통은 천신이나 다른 외도도 가질 수 있는 능력이다. 하지만 누진통만은 부처님이나 아라한이 가진 신통이며, 이 신통으로 인해 불교의 성인은 범부중생 또는 외도와 구분된다. 수행자가 누진통에 이르렀을 때 비로소 일체의 고통에서 벗어나 열반에 들었다고 할 수 있다.

불교의 열반은 불이 꺼져 타고 남은 재처럼 탐(貪)·진(瞋)·치(癡)가 완전히 사라진 상태를 말한다. 그런데 열반에 대한 정의 가운데 '탐(貪)이 완전히 사라진 상태'를 아무런 의욕이 없는 상태로 이해한 나머지, 그러한 열반을 추구하는 불교를 염세주의라거나 허무주의로 오해하는 경우가 종종 있다. 그러나 부처님은 열반의 즐거움은 말로 표현할 수 없다고 설한다.

"열반(에 이른 마음)은 불가견이고 무한이고 모든 곳에서 빛난다. 여기서 정신과 물질은 남김없이 소멸한다. 알음알이가 소멸하면 남김없이 소멸한다."[165]

깨달은 자가 보기에 인간은 누구나 열반에 이르기 전에는 윤회의 고통 속에 살면서 자신은 그 사실을 모르고 있다. 불교는 바로 이 사실을 알려 주고, 윤회에서 벗어나는 법을 일러 주는 가르침의 체계다.

삼법인(三法印), 즉 무상(無常)·고(苦)·무아(無我)가 사물의 실상이라면 업(業)과 윤회(輪廻)는 중생들이 살아가는 삶의 실상이다. 따라서 윤회와 업과 고는 불가분하게 연결된 개념이다. 이제는 불교에서 말하는 업의 개념에 관해 알아보자.

---

[165] 『디가니까야』 11 「께밧따의 경」.

4. 업

불교를 좋아하는 학자들도 보통 업과 윤회를 무시하지만, 업과 윤회는 석가모니 부처님 자신이 선정(禪定)을 통하여 검증한 삶의 두 가지 측면이다.[166] 삶과 죽음은 존재론적 사고에서 온 개념이다. 사건 중심의 세계관에서 본다면 삶과 죽음은 연결된 개념이지 이분법적으로 나눌 수 있는 개념이 아니다. 삶을 알아야 죽음을 알고, 죽음을 알아야 삶을 알 수 있다.

업은 원래 일체의 행위를 뜻하는 말이다. 업은 인과의 연쇄 관계 안에 위치한다. 현재의 업은 과거의 업의 결과인 동시에 미래의 업에 대해서는 원인이 된다. 업은 인도에서 발생한 모든 사상에서 중요하게 여기는 개념이지만 각 사상마다 그 뜻이 조금씩 다르다. 여기서는 불교 이외 인도 사상에서의 업 개념과 불교의 업 개념에 대해 살펴보겠다.

1) 불교 이외 인도 사상에서의 업 개념

가장 먼저 살펴봐야 할 것은 인도에서 정통파 철학으로 분류되는 베단타 철학의 업 개념이다. 베단타 철학은 우파니샤드를 중심 문헌으로 하여 발전했으며, 오늘날 힌두교의 사상적 기초가 된다. 이 사상에 따르면 상주불멸하는 자아(ātman)가 행위, 즉 업(業)을 짓는 주체이며, 고(苦) 이든 낙(樂)이든 그에 따르는 결과의 수혜자다. 베단타 철학의 업 개념은 불교의 업 개념과 부분적으로 유사한 점이 있다. 하지만 베단타 철학의

---

[166] 예를 들면 『맛지마니까야』 6 「바란다면의 경」과 『맛지마니까야』 19 「두 갈래 사유의 경」에 업과 윤회에 대한 부처님의 선정 체험이 자세히 나와 있다. 물론 『쌍윳따니까야』를 비롯해 『아함경』에도 많이 나와 있다.

업 개념은 제일 원인(第一原因)을 상정하는 실체론에 입각해 있는 반면, 불교의 업 개념은 제일 원인을 부정하는 연기법에 입각해 있다. 따라서 베단타 철학의 업 개념과 불교의 업 개념은 일부 유사성이 있음에도 불구하고 근본적으로 다르다.

다음으로 살펴볼 것은 인도에서 불교와 함께 비정통파 철학으로 분류되는 자이나교의 업 개념이다. 이들에 따르면 업은 인간의 행위에 의해 생성되는 물질 입자다. 이러한 업은 영혼의 본질적인 순수성을 가릴 뿐만 아니라, 누적되어 감에 따라 윤회의 고통을 초래한다. 따라서 인간은 금욕과 고행을 통해 업이 축적되는 것을 막고 기존에 축적된 업을 소진시켜야 한다.

마지막으로 살펴볼 것은 육사외도(六師外道) 가운데 한 명인 막칼리 고살라에 의해 창시된 아지비카 학파의 업 개념이다. 이들은 업(業)과 그것에 따르는 결과 사이에는 인과적 연관성이 없으며, 모든 것은 우주의 법칙에 의해 필연적으로 규정된 것일 뿐이라고 주장했다. 윤회 역시 필연적인 것이기 때문에, 개별 인간이 도덕적 행위를 한다고 해서 벗어날 수 있는 것은 아니라고 보았다.

2) 불교의 업 개념

불교의 업 개념을 이해하기 위해 불교 경전에 나오는 업에 대한 언급들을 먼저 살펴보자.

"만일 일부러 짓는 업이 있으면, 나는 그것은 반드시 과보를 받되, 현세에서 혹은 후세에서 받는다고 말한다. 만일 일부러 지은 업이 아니면, 나는 이것이 반드시 그 보를 받는다고는 말하지 않는다."**167**

"신구의(身口意) 삼업(三業), 이것이야말로 자신의 것, 그는 그것을 가지고 가네. 그림자가 몸에 붙어 다니듯 그것이 그를 따라다닌다네. 공덕이야말로 저 세상에서 중생들의 의지처가 되리."**168**

불교에서 업과 윤회는 떼려고 해도 뗄 수 없는 관계를 맺고 있다. 어떤 사람이 지은 업은 그 보를 다할 때까지 그 사람을 따라다니고, 업이 있는 한 윤회는 계속된다.

업과 관련하여 불교는 의도적인 행위를 중요하게 여긴다. 이것은 자이나교가 불교를 비판하는 중요한 이유 가운데 하나다.

"자이나교에서는 오랫동안 불교를 철저한 동기론으로 비판해 왔다. 자이나교의 한 경전[The sūtrakṛtāṅga sūtra]은, 불교의 가르침에 따른다면 만약 어떤 사람이 쌀자루를 사람인 줄 알고 쇠꼬챙이로 찔렀다면 그는 살인죄를 저지른 것이 되고, 사람을 쌀자루로 착각하여 쇠꼬챙이로 찔러 죽였더라도 그는 살인죄를 저지른 것이 아니라고 해야 한다며, 불교를 無作用論(Akriyavāda)이라고 비판한다."**169**

자이나교의 비판은 물론 오해와 편견에 의한 것이다. 불교는 모르고 한 일이라고 해서 반드시 그 보가 없다고 하지는 않고, 여러 가지 조건에 의

---

167 『중아함경』 권3 「사경(思經)」.
168 『쌍윳따니까야』 3:20 「자식 없음의 경」.
169 박경준, 「불교 업보윤회설의 의의와 해석」, 『불교학연구』 vol.29, 2011, p.180.

해 결정된다고 본다. 『중아함경』 권3 「사경(思經)」에서 보듯이 고의성이 없다고 해서 책임이 전혀 없다는 뜻은 아니다. 고의성이 없는 행위라면 반드시 그 보를 받는 것은 아니라고 했다. 받을 수도 있다는 뜻이다. 『현우경』에도 고의성 없는 행위에 대해 보를 받는 이야기가 있다. 부처님 당시 어떤 사미승(아들)이 비구 스님(아버지)을 부축하다가 잘못하여 스님을 넘어뜨려 죽게 했다. 그런데 여기에는 인과가 있었다. 오랜 과거 생에는 죽은 비구 스님이 아들이었고 사미승은 아버지였다. 아들이 아버지를 몹시 귀찮게 하는 파리를 몽둥이로 쫓으려다 그만 아버지를 죽게 했다는 것이다. 이 이야기는 의도적이지 않은 행동에도 그에 상응하는 과보가 따를 수 있음을, 인과의 법칙은 우리가 의식하지 못하는 중에도 우리의 심층 심리 속에서 작용하고 있음을 가르쳐 준다. 지금 이 순간의 작은 행위도 큰 결과를 가져올 수 있음을 깨닫는다면, 자연스럽게 매사에 신중하게 행동하게 될 것이다.

5. 맺는 말씀

불교가 설명하는 업도 그 업을 지은 이가 그에 따른 보를 받을 때까지 그를 따라다니고 윤회의 근원이 된다는 점에서 다른 인도 사상이 설명하는 업과 유사하다. 하지만 불교의 업설은 결정론이 아니다. 원인 없는 결과는 없으나 미래가 결정된 것은 결코 아니다. 결정론이라면 수행은 아무런 의미가 없을 것이다. 불교는 인간의 자유 의지와 자유를 강조하는 종교다. 이것을 부처님의 설법을 통해 알아보자.

"사람은 지은 바 업에 따라 갚음을 받는다. 악행을 하면 반드시 그 보를 받는다. 그러니 몸과 마음을 닦고 지혜를 닦아 선행을 하고 청정한 삶을 살면 과거에 지은 업이 이 사람에게 큰 힘을 발휘하지 못한다. … 한 냥쭝의 소금일지라도 찻잔에 넣은 소금과 갠지스강에 넣은 소금의 효과는 다르다."[170]

연기법의 세계에서는 과거라고 해서 변하지 않고 영구적으로 갇혀 있는 것이 결코 아니다. 과거도 현재와의 상호 작용을 통해 변하기 마련이다. 사람의 힘으로 과거를 능동적으로 재조직할 수 있다.

끝으로 말해 둘 것은 불교의 업설에 대해 사람들이 오해하는 것이 한 가지 있다는 것이다. 모르고 저지른 잘못은 용서될 수 있지만 일부러 저지른 잘못은 용서될 수 없다는 생각이 그것이다. 그렇지 않다. 모르고 저지른 잘못이 더 큰 과보를 가져온다. 그릇된 욕망에 이끌려 두 사람이 똑같은 잘못을 저지른다고 하더라도, 그것이 그릇된 욕망인 줄 아는 사람은 때가 되면 잘못을 크게 깨닫고 고칠 수 있지만, 그것이 그릇된 욕망인 줄 모르는 사람은 계속 그 잘못을 저지르기 마련이기 때문이다. 그래서 정견(正見)이 중요한 것이다. 다음 24강에서는 무아 윤회의 참뜻에 대해 다시 한 번 살펴볼 예정이다.

---

170 『중아함경』 권3 「염유경」.

24강

테세우스의 배

예비적 고찰

불교와 몇몇 철학자들은 우리가 그릇된 인식에 사로잡혀 있다고 하면서 다음과 같이 경고한다.

[유식불교]

범부는 '있는 것'을 없다고 보고 '없는 것'을 있다고 본다.

[『반야심경』]

뒤바뀐 헛된 생각에서 벗어나야 한다(遠離顚倒夢想).

[키에르케고르]

"사람이 속는 방식에는 두 가지가 있다. 하나는 사실이 아닌 것을 믿을 때이고, 다른 하나는 사실인 것을 믿으려고 하지 않을 때다."

[칼 융]

"합리주의(rationalism)와 교조주의(doctrinairism)는 우리 시대의 질병이다. 그것들은 해답을 모두 알고 있는 것처럼 꾸미고 있지만 많은 것이 아직 발견되지 않고 있다. 그것들은 지금 우리의 시야가 좁은 탓에 불가능하다고 제외된 것인지도 모른다. 우리의 시간 및 공간 개념은 근사치의 타당성밖에 지니지 못하는 것이다."[171]

우리는 우리가 만든 움벨트라는 우물 안에 있을지도 모른다. 조금 더 솔직하게 말하면 우리는 우물 안에 갇혀 있다고 감히 말할 수 있다. 윤회에 대한 의심도 무조건 받아들일 수 없다는 믿음에서 비롯된 것일 가능성이 크다. 우리는 우물을 벗어나 바다를 찾아 나설 필요가 있다. 윤회에 대한 그릇된 견해부터 살펴보자.

1. 윤회에 대한 세 가지 그릇된 견해

1) 뇌·신경 과학적 견해

주류 신경 과학자들은 "두뇌가 만들어지기 이전의 일을 기억한다는 것은 있을 수 없는 일이다."라고 하며 윤회를 부정한다.

하지만 이런 이유로 윤회를 부정하는 것은 잘못된 논법에서 비롯된 것이다. 이것은 19강에서 설명한 바와 같이 '선결 문제 요구의 오류(begging the question)', 즉 증명되지 않은 결론을 진실로 가정하여 전제로

---

[171] Carl G. Jung, Aniela Jaffe, et al., *Memories, Dreams, Reflections*, Vintage, 1973, p.300.

사용하는 오류에 해당하기 때문이다. 그러나 사람은 한 번 도그마에 빠지면 거기에서 쉽게 빠져 나오지 못한다. 폴 에드워즈의 책 『환생: 비판적 고찰(Reincarnation: A Critical Examination)』[172] 역시 이러한 오류를 범하고 있다. 그럼에도 불구하고 이 책이 이안 스티븐슨 교수의 주장에 대한 비판서로서 널리 알려진 것은 많은 철학자나 과학자들이 '두뇌 상태 = 마음'이라는 도그마에 갇혀 있음을 뜻한다. 주류 신경 과학자들은 유물론을 신앙하고 있고, 그러한 믿음으로 인해 '현대적 미신'에 사로잡혀 있는 것으로 보인다.

어떤 연구가 과학이냐 아니냐는 어떤 주제를 골랐느냐에 따라서가 아니라, 신뢰할 만한 증거에 입각하여 정확하게 관찰하고 추론했느냐의 여부에 따라서 정해진다. 단지 어떤 현상을 진짜라고 믿는 사람이 별로 없다고 해서 그 현상에 대한 연구가 사이비 과학이 되지는 않는다. 주류 신경 과학자들이 윤회를 비판하고자 한다면 수집된 윤회전생 사례가 속임수라거나 착각이라는 증거를 제시해야 할 것이다.

어떤 도그마에 사로잡혀 있는 사람은 그 생각과 다른 생각을 받아들이려고 하지 않는다. 예를 들어 갈릴레오는 달에 분화구가 있다고 하면서 자신의 생각을 비판하는 이들에게 직접 망원경으로 달을 보라고 권했다. 하지만 그들은 한사코 망원경을 보기를 거부했다. 렌즈에 얼룩이 있어 그것이 분화구처럼 보일 뿐이라는 것이 그들의 주장이었다. 양자 역학이 인정받게 된 것도 양자 역학적 관점에 비판적이던 학자들이 승복했기 때문이 아니라 그들이 모두 다 세상을 떠났기 때문이라는 우스갯소리도 있다. 사람이 갖는 편견과 아집은 이 정도다.

---

[172] Paul Edwards, *Reincarnation: A Critical Examination*, Prometheus Books, 1996.

2) 무아 윤회에 대한 논리적 고찰

많은 사람들이 무아 윤회는 논리적으로 문제가 있는 개념이라고 비난한다. '누구'라는 것이 없다면 그 '누구'가 다음 생에 삶을 계속 이어 간다는 것은 있을 수 없다는 것이다. 이 말은 세상 사물을 존재 중심으로 볼 때는 옳은 지적이다.

하지만 21강에서 설명한 대로 양자 역학과 상대성 이론에 의하면 이 세상은 존재 중심으로 생각할 때가 아니라 사건의 네트워크로 생각할 때에만 올바르게 기술할 수 있다. "비가 온다."거나 "번개가 친다."라고 할 때, '비'나 '번개'라는 존재자가 있어 오는 것이 아니다. 비가 오고 번개가 치는 사건이 있을 뿐이다. 물리학자 카를로 로벨리가 말한 대로, 가족도 사물이 아니라 관계와 사건, 느낌의 총체다. 그렇다면 인간은 어떨까? 인간도 당연히 사물이 아니다. 산 위에 걸린 구름처럼 음식, 정보, 빛, 언어를 비롯한 수많은 것들이 들어가고 나오는 복잡한 프로세스다. 무아 윤회가 논리적으로 문제가 있는 것이 아니고, 무아 윤회의 의미를 바르게 이해하는 것이 핵심이다.

3) 기억과 윤회의 문제

대부분의 사람들은 전생의 기억이 없다. 전생에 대한 기억이 없다면 내가 알지도 못하는 과거 어떤 사람이 저지른 일로 인해 내가 복을 받거나 고통을 받는다는 것이 된다. 이것은 윤회에 대한 가장 핵심적인 비판이다. 윤회가 사실임이 과학적으로 입증된다고 하더라도, 기억이 없다면 윤회는 아무런 의미가 없다. 윤회와 기억의 문제에 대한 대답은 현재로서는 다음 두 가지다.

첫째는 명상 속의 체험이다. 부처님을 비롯하여 많은 사람들이 명상

속에서 전생을 체험했다고 한다.

둘째는 자발적 기억이다. 어린아이들 중에는 자발적으로 전생의 기억을 떠올리는 경우가 있다. 이안 스티븐슨 교수가 주목한 것도 이 경우다.

그러나 위의 두 가지 경우는 과학적으로 옳은 것이라고 밝혀지더라도 보통 사람들에게는 의미가 없다. 기억이 없다면 윤회가 사실이든 아니든 무슨 의미가 있겠는가? 전생에 대한 기억은 아니지만 이와 관련하여 살펴볼 만한 것이 또 하나 있다. 임사 체험이 그것이다. 보통 사람도 임사 체험 도중에 전생은 아니더라도 과거를 기억하게 되는 경우가 있다. 엘리자베스 퀴블러-로스 박사나 브루스 그레이슨 교수에 따르면 임사 체험을 한 이들은 현생에서 겪었던 과거 일들이 주마등같이 순식간에 떠오르는 것을 경험한다. 칼 융은 본인 스스로 이런 경험을 하기도 했다. 8강에서 정리한 바와 같이 임사 체험자들의 증언은 엄밀한 과학적 관찰에 의해 확인된 바다. 우리도 죽기 직전이나 죽음에 들어서는 순간 임사 체험자들이 체험한 것처럼 우리의 과거를 순식간에 다 기억해 낼 가능성이 있다. 그렇다면 우리가 살아 있을 때 전생을 기억 못한다고 해서 윤회가 의미 없다고 말하기는 어려울 것이다.

그리고 여기서 한 가지 덧붙일 것이 있다. 불교에서 말하는 존재의 네 가지 상태를 말하는 사유(四有)에 관해서다. 사유는 생유(生有)·본유(本有)·사유(死有)·중유(中有)라는 네 가지 형태의 존재를 가리키는 말인데, 생유(生有)는 태어남의 순간을, 본유(本有)는 태어남의 순간부터 죽음의 순간까지를, 사유(死有)는 죽음의 순간을, 중유(中有)는 사유부터 생유까지의 존재 기간을 말한다. 쉽게 말해 중유는 삶과 삶 사이의 존재를 말한다. 그러니까 임사 체험자들이 체험했다고 하는 임사 체험은 바로 이 사유(死有)의 순간이거나 중유에 들어간 순간으로 볼 수 있을 것이다. 중유를 티베트 불교에서는 '바르도(Bardo)'라고 하는데 '바르도 쐐돌'이라고 부르는 『티베트 사자의 서』는 이 바르도 상태에 대해 이야기하는 불교 경전이다. 『티베트 사자의 서』에 의하면 바르도에서는 과거의 일을 모두 기억한다고 한다. 이것은 보통 사람들은 경험하지 못하는 것이지만, 칼 융을 비롯한 많은 임사 체험자들이 경험했다고 하는 것이니 참고해 둘 만하다. 임사 체험의 특징 중 하나는 자신의 과거를 주마등처럼 회고한다는 것이다.[173] 『티베트 사자의 서』와 임사 체험자들의 이야기를 종합하면 사람은 윤회의 과정 중 과거 전생의 일을 생유 상태에서는 기억하지 못하지만 중유 상태에서는 기억한다. 참고로 앞서 머리말과 11강에서 언급한 정신과 의사이자 신경생리학자인 조엘 휘튼 박사는 바르도의 본질과 범주를 캐는 일에 빠져들었다고 한다.[174] 불교 윤회와 기억의 문제는 이 정도로 정리하도록 하자.

  21강에서 설명한 바와 같이 삶과 죽음 전체는 끝없이 이어지는 사건의 흐름이다. 이 끝없는 사건의 흐름 가운데 우리는 어느 한 토막을 잘라 '삶'이라고 부를 뿐이다. 임사 체험이란 끝없이 이어지는 삶과 삶의 중간에 해당하는 사후 세계에서의 체험이다. 사후 세계에서는 의식이 두뇌를 떠나서 활동하고, 이때 의식은 모든 것을 명료하게 기억한다.

  우리가 '삶'이라고 부르는 현생의 삶에서 전생의 일을 기억하지 못하는 것은 오히려 축복이다. 전생에서 저지른 끔찍한 잘못이나 억울함 및 고통을 모두 기억한다면 우리는 현생의 삶을 평온하게 이어 가기 어려울 것이다.

---

[173] 제프리 롱, 폴 페리 지음, 한상석 옮김, 『죽음, 그 후』, 에이미팩토리, 2010. p.17. 이 책 외에도 임사 체험에 관한 책 대부분이 임사 체험의 특징으로 '과거 회상'을 든다.

[174] 조엘 L. 휘튼, 조 피셔 지음, 이재황 옮김, 『죽으면 무슨 일이 일어날까』, 기원전, 2004. p.47.

사물을 실체론적, 이분법적으로 보고 생각하는 것은 우리가 가진 도그마일 뿐이다. 물리학자 리 스몰린과 카를로 로벨리가 말한 대로 세상을 잘 설명하기 위해서는 그것이 어떤 존재로 이루어진 것이 아니라 사건의 네트워크로 이루어졌다고 볼 필요가 있다. 윤회도 마찬가지다. 윤회를 잘 설명하기 위해서는 어떤 변해 가는 과정만 있을 뿐 어떤 불변의 존재가 다시 태어나는 것은 아니라고 볼 필요가 있다. '누구'라는 존재가 있다고 생각하는 것은 실체론적으로 사물을 보는 것이다. 이것은 '없는 것'을 '있다'고 보는 것이다. 이렇게 실체론적으로 사물을 보는 한 무아 윤회를 받아들이기는 참으로 어려울 것이다. 무아의 개념과 현실의 '자아'가 어떻게 조화를 이루는지, 그리고 무아 윤회의 뜻을 구체적으로 이해하기 위해 먼저 서양 철학자들이 동일성의 문제를 다루면서 논의했던 테세우스의 배에 대해 살펴보자.

2. 테세우스의 배

테세우스(Theseus)는 아테네의 시조로 추앙 받는 영웅이다. 테세우스는 아버지를 찾으러 아테네로 왔다. 그가 왔던 당시의 아테네는 약소국이었다. 아테네는 매년 크레타 섬으로 남녀 9명씩을 바쳤는데, 이들은 미노타우루스라는 괴물에게 산 제물로 바쳐졌다. 이에 테세우스는 이 문제를 해결하기 위해 자진하여 이 인원들 사이에 끼어 크레타로 들어갔다. 테세우스는 미로(迷路)를 통하여 지하 동굴에 갇혀 있던 괴물을 찾아 무찌르고, 괴물의 먹이가 될 뻔했던 아테네의 소년과 소녀들을 데리고 돌아왔다. 테세우스가 문제를 해결하고 오자 아테네인들은 그가 탔던 배를 계속 보수하여 데메트리오스 팔레레우스(Demetrius Phalereus, 기원전 345-283) 시대까지 유지했다. 부식된 헌 널빤지를 뜯어내고 튼튼한 새 목재를 덧대어 붙이기를 거듭하니, 이 배는 철학자들 사이에서 제기되는 '자라는 것들에 대한 논리학적 질문'의 살아 있는 예가 되었다. 그래서 어떤 이들은 배가 그대로 남았다고 주장했고, 어떤 이들은 배가 다른 것이 되었다고 주장했다.

    문제를 바꾸어 보자. 테세우스의 배가 보물을 찾으려 항해를 한다. 끝없는 항해 중에 배의 널빤지는 새로운 것으로 교체되고, 선원들 중에도 죽는 사람이 있어 새로운 항구에 들를 때마다 새로운 선원이 충원된다. 이렇게 수백 년을 항해하다 보니 처음 출발 당시의 널빤지와 선원들은 간 데 없고, 모두 새로운 널빤지와 선원들로 교체되었다. 다만 항해일지는 계속 쓰고 있었고, 보물을 찾겠다는 이 배의 목표도 변하지 않았다. 그렇다면 이 배도 수백 년 전의 테세우스의 배라고 할 수 있을까? 이 질문에 대한 답은 동일성을 어떻게 정의하느냐에 따라 달라질 것이다. 그렇다면 동일성이란 무엇인가? 그것은 단지 사람이 의미를 붙이기 나름일 뿐인가?

    테세우스의 배를 우리 몸으로 바꾸어 생각할 수 있다. 우리 몸을 구성하는 세포들 중 90%는 미생물의 것이다. 사람 몸의 조직을 구성하는 세포들의 수는 우리 몸 세포의 10%밖에 되지 않는다. 우리 몸 세포의 90%를 차지하는 장내 미생물은 계속 바뀐다. 우리 몸의 조직을 구성하는 세포도 계속 바뀐다. 몸의 조직을 구성하는 세포들은 지금도 계속해서 죽어 가고 있으며 새로운 세포로 대체된다. 하지만 우리는 아무런 문제를 느끼지 않고 살아가고 있다. 일반적으로 우리 몸의 세포는 6개월을 주기로 대부분 새것으로 바뀌고, 적어도 7년이면 다 바뀌는 것으로 알려져 있다. 그렇다면 7년 전의 나와 지금의 나, 또는 7년 후의 나와 지금의 나는 다른 사람인가? 또 우리 몸이라고 하는 것은 몸의 조직을 구성하는 세포들만을 가리키는 것인가, 아니면 미생물의 세포까지 포함하는 것인가? 여기서 동일성은 무슨 의미를 갖는 것인가?

존 로크(John Locke, 1632-1704)는 영국의 철학자이며 정치 사상가로서 인식론과 정치 철학에 큰 영향을 준 사람이다. 존 로크는 '의식'의 연속성을 통해 자아를 정의하려 한 최초의 철학자다. 존 로크는 이런 생각을 하고 있었다. '지금은 영국의 거지인 사람이 천 년 전에 영국을 정벌한 덴마크의 위대한 왕 카누트(Canute the Great, 995-1035)의 일을 상세히 기억하고 있다면, 이 거지는 천 년 전의 카누트가 지금 영국에 태어난 것이다.' 즉, "내가 천 년 전의 일을 기억하고 있으면 천 년 전의 그가 나다."

그러나 서양 철학은 존 로크의 생각에 동의하지 않는다. 서양 철학에서는 어떤 두 가지가 동일하다고 하기 위해서는 동일성의 원리를 만족시켜야 한다고 본다. 기억의 동일성은 자아의 동일성을 보장하지 않는다.

3. 서양 철학의 동일성의 원리

다음 도식을 살펴보자.

$X: T_1 \rightarrow P_1$ |
시간 T_1에 사람 P_1에게 어떤 사건 X가 일어났고 P_1은 사건 X를 기억하고 있다.

$T_2 \rightarrow P_2$ |

시간이 흘러 시간은 T_2가 되었고

어떤 사람 P_2가 T_1에 일어난 사건 X를 기억하고 있다.

이 경우에 P_1과 P_2를 동일인이라고 할 수 있을까? 서양 철학자들의 견해에 따르면 P_1과 P_2가 동일인일 때에만 T_2의 시점에서 T_1에 일어난 사건을 기억하는 것이 의미 있다. 따라서 T_1에 일어난 사건을 기억한다는 것만으로 P_1과 P_2가 동일인이라고 말할 수는 없다.

서양 철학자 중에는 동일성의 원리로 윤회의 가능성을 검토한 사람이 있다. 앞에서 이안 스티븐슨 교수의 전생 사례 수집 연구를 비판한 사람 중 대표적인 인물로 철학자 폴 에드워즈를 꼽았던 바 있다. 에드워즈가 편찬한 철학 백과사전에서 자아 동일성의 문제에 대한 집필은 캐나다 캘거리 대학(University of Calgary) 철학과의 테렌스 페넬름(Terence M. Penelhum, 1929-2020) 교수가 맡았다. 그는 자아 동일성에 대한 연구로 이름이 잘 알려진 사람이다.

페넬름 교수는 『사후 세계의 철학적 분석』이라는 책[175]에서 윤회가 논리적으로 문제가 없는지 검토했다. 여기서 페넬름 교수는 윤회에는 논리적으로 다른 문제가 없으나, 전생 사례는 과학적 자료로 인정할 수 없다고 한다. 이유는 동일성의 원리에 의해 전생을 기억하는 자와 전생의 존재가 동일함을 증명할 수 없기 때문이라는 것이다. 이러한 논리에 따른다면 존 로크의 시대에 영국에 살았던 거지가 그보다 천 년 전에 살았던 카누트의 일을 기억한다고 해서 그 거지가 카누트와 동일한 인물이라고 말할 수 없다. 이것은 논리적으로 옳은 것 같이 보이지만 현실적으로 보면 문제가 있는 생각이다.

---

[175] T. 페넬름 지음, 이순성 옮김, 『사후 세계의 철학적 분석』, 서광사, 1991.

동일성의 원리는 과거의 존재와 현재의 존재가 동일할 때에만 전생의 기억이 의미를 갖는다는 뜻으로서, 전생의 존재와 그것을 기억하는 현재의 존재가 동일인임을 증명하기 전에는 전생을 기억한다고 하는 사람이 무슨 말을 하더라도 의미가 없다는 뜻이다. 그런데 수집된 전생 사례를 살펴보면 전생을 기억한다는 사람 중에는 전생에 살았던 그 사람이 아니면 알 수 없는 일을 아는 사람이 상당수 있다. 예를 들면 16강에서 설명한 비센 찬드(Bishen Chand)의 사례와 같은 경우다. 금생의 비센은 자신이 전생에 락스미 나라인(Laxmi Narain)이었다고 주장하면서 락스미가 아니면 알 수 없는 비밀스러운 일들을 다 알고 있었다. 동일성의 원리를 주장하는 서양 철학자들은 이 사례를 어떻게 설명할 수 있을까? 이 문제를 이해하기 위해 우리는 인과적 연결이 갖는 의미에 대해 생각해 볼 필요가 있다.

4. 인과적 연결

서양 철학에서 말하는 동일성의 원리는 연기법과 현대 과학의 관점에서 볼 때 중요한 문제점을 안고 있다. 사물을 실체론적으로 본다는 점이 그것이다. 동일성은 실체에 대해서만 말할 수 있는 개념이다. 어떤 것이 실체가 아니라면 그것에 대해 동일성을 말할 수는 없다. 이미 21강에서 설명한 바와 같이, 양자 역학과 상대성 이론은 세상을 존재 중심의 세계관으로 기술하지 않고 사건 중심의 세계관으로 기술한다. 그러나 불교와 현대 물리학이 사물의 실체를 부정한다고 해서 서양 철학이 말하는 동일성의 문제를 간단히 무시하고 넘어갈 수는 없다. 인간이 사물을 인식하는 방식 중 하나가 사물을 실체로 보는 것이기 때문이다.

우리는 '같다'는 말과 '다르다'라는 말을 자주 쓰는데, 이 말이 무엇을 뜻하는지 곰곰이 생각해 볼 필요가 있다. 우리는 무엇을 가리켜 같다고 하는 것일까? 어제의 페넬름과 오늘의 페넬름이 같다는 것을 어떻게 증명할 수 있을까? 사진? 신분증? 기억? 글을 쓰기 위해 필통에 누워 있던 연필을 손에 잡으면 이 두 연필은 같은 것인가? 2차원에서 움직이는 개미가 볼 때 필통에 누워 있는 연필과 사람의 손에 잡혀 서 있는 연필은 분명히 다를 것이다. 그러나 3차원적 존재인 우리는 두 연필이 같다고 한다. 같다고 한다면 그 근거는 무엇인가?

물리학과 수학에서는 대칭의 원리로써 같고 다름을 정의한다. 하나의 기하학적 도형을 회전시키거나 평행 이동시켜 두 도형을 포갤 수 있다면 공간적으로 떨어진 두 도형이 같다고 본다. 이것은 도형이 좌표 상에서 이동하는 과정을 쭉 따라갈 수 있으면 두 도형이 같다고 보는 것과 마찬가지다. 필통에 있던 연필이 공간을 이동하여 사람 손에 들어가는 과정을 관찰할 수 있기 때문에 우리는 필통에 있는 연필과 사람 손에 잡힌 두 연필이 같다고 본다. 그러나 기하학적 도형과 물리적 실재인 연필 사이에는 큰 차이가 있다. 기하학적 도형은 시간의 흐름과 무관한 존재다. 그것은 인간의 머릿속, 플라톤의 이데아에 존재하는 것으로 시간이 지나도 그 도형에는 아무런 변화가 일어나지 않는다. 그러나 현실에 존재하는 연필에는 항상 변화가 일어난다. 공기 분자와의 상호 작용, 책상이나 필통을 이루는 분자와의 상호 작용, 또 사람 손과의 상호 작용에 의해 물리적인 연필에는 변화가 일어난다. 연필이라는 불변의 존재가 있는 것이 아니라, 리 스몰린이 말한 바와 같이 서서히 변해 가는 과정이 있을 뿐이다. 다만 그 변화가 느려 사람이 느끼지 못하고 자신이 인식하는 한도 내에서 같다고 할 뿐 그 둘은 같은 것이 아니다.

그렇다면 사람은 어떨까? 사람의 경우는 연필과는 또 다르다. 어떤 사람이 성형 수술을 하여 다른 얼굴을 가진 사람이 되더라도 얼굴이 변화하는 과정을 알면 우리는 보통 두 사람이 같은 사람이라고 생각한다. 연필에 일어난 변화와 달리 눈에 띄게 달라졌는데 왜 같은 사람이라고 보고 동일성을 말하는 것일까? 그것은 사람에 대해서는 그 사람의 몸이 아니라 정신을 보고 판단하기 때문이다. 사람은 일인칭의 관점에서 자신이 언제나 자기 자신이라고 생각한다. 그런데 정신이라고 하는 것은 무엇일까? 불교에서는 느낌, 인식(perception), 욕구와 의지(will), 의식(consciousness)의 총체라고 말한다. 이것은 심리학과 뇌·신경 과학에서 말하는 것과 별반 다르지 않다. 그런데 정신을 구성하는 이런 요소들은 늘 변한다. 일인칭의 관점에서 무엇이라고 생각하든, 어제의 '나'와 오늘의 '나' 사이에는 큰 변화가 없더라도 10년 전의 '나'와 오늘의 '나' 사이에는 정신을 구성하는 이들 요소에 큰 변화가 있기 마련이다. 이 변화 속에서 어떻게 '나'라는 존재의 동일성을 찾을 수 있을까? 기억이 자신의 동일성을 말하는 데 중요한 역할을 할 것 같지만, 동일성의 원리는 동일인이라는 것이 먼저 입증되어야 기억이 의미를 가진다고 한다. 그런데 어떻게 사람의 동일성을 말할 수 있을까? 동일하다고 인정할 수 있는 기준이 있을까?

수집된 전생 사례를 보면 전생을 기억하는 아이가 전생에 아버지가 몰래 금을 숨겨 둔 장소를 알아낸다거나, 전생에 사용하던 언어라고 하면서 배우지 않은 언어를 말하는 경우를 볼 수 있다. 동일성의 원리 때문에 전생을 기억한다고 하더라도 윤회를 인정할 수 없다면 서양 철학은 이런 사례를 어떻게 설명할 것인가? 동일성을 말하지만 서양 철학은 아직 자아의 동일성을 판단할 수 있는 근거나 기준을 제시하지 못하고 있다. 반면에 양자 역학과 상대성 이론의 관점에서 보면 동일성을 유지하는 불변의 존재를 인정할 수 없다. 물리학자 스몰린이 말한 바와 같이 세상에는 '어떤 것(thing)'이란 존재하지 않으며 단지 서서히 변하는 것과 빨리 변하는 것의 차이가 있을 뿐이다. 그리고 20강에서 말한 바와 같이 신경 과학에서도 동일성을 유지하는 자아의 존재를 부정하고 있다. 일체 사물에 실체가 없다는 연기법을 가르치는 불교 역시 동일성을 유지하는 개체를 인정하지 않는다. 따라서 불교는 전생을 기억한다고 해서 '전생의 그'와 '현생의 나' 사이에 동일성이 있다거나 같다고 하지 않는다. 불교는 '같다'는 말 대신에 '인과적으로 연결되어 있다'는 말을 쓴다. 어떤 둘이 동일하지는 않지만 인과적으로 연결되어 있다면 그 둘 사이에 연속성이 있다고 본다. 이제 불교가 말하는 자아의 의미에 대해 살펴보자.

5. 과정으로서의 자아

세상 일체의 것에 실체가 없다면, 그리고 무아(無我)라면 우리가 일상적으로 경험하는 '나'라는 존재는 무엇일까? 부처님이 계실 때도 무아가 '나'의 존재를 완전히 부정하는 것으로 오해하는 사람들이 있었다. 그중의 한 사람이 승단의 장로 찬나(闡陀)였다. 부처님이 열반한 지 얼마 되지 않아 찬나는 "일체에 실체가 없고 공적(空寂)하다면 그중에 어떤 내가 있어서 이렇게 알고 이렇게 보고 말하고 있는가?"[176]라고 묻는다. 이 물음은 무아의 개념에 대한 오해에서 온 것이다. 무아라면 나의 행위에 대한 책임이 없을까? 부처님이 무아를 강조했다고 해서 무아를 '나'의 절대적인 부정이나 '참다운 나'의 탐구를 배격하는 것으로 보아서는 안 된

---

[176] 『잡아함경』 권10 「262경(천타경)」; 『쌍윳따니까야』 22:90 「찬나의 경」.

다. 여기서 말하는 '참다운 나'는 물론 아트만을 뜻하는 것이 아니다. 번뇌에서 벗어나 '더 이상 윤회하지 않는 자'를 뜻한다. 부처님도 『법구경』에서 "나의 주인은 나"라고 한다. '나'가 무엇인가와 관련하여 부처님은 다음과 같이 설한다.

> "수행승들이여, 어떤 사문이든 바라문이든 수많은 전생의 갖가지 삶들을 기억하는 자들은 모두 취착(取着)의 대상이 되는 오취온(五取蘊)을 기억하는 것이지 그 외 다른 것을 기억하는 것이 아니다."[177]

> "사문이나 바라문으로서 불변적인 나의 실체가 있다고 말한다면 그들은 모두 오취온에서 그렇게 헤아리는 것이다."[178]

> "개체란 무엇인가? 그것은 다섯 가지 존재의 집착 다발[오취온]을 말한다. 물질의 집착 다발, … 의식의 집착 다발이다."[179]

세상에서 말하는 자아 또는 '나'는 오취온(五取蘊)이라는 것이다.[180] 오취온이란 스몰린이 21강에서 설명한 바와 같이 '하나의 과정'이라는 뜻이다. 카를로 로벨리는 사람이란 '산 위에 걸린 구름처럼 음식, 정보, 빛, 언어를 비롯한 수많은 것들이 들어가고 나오는 복잡한 프로세스'라고 했

---

[177] 『쌍윳따니까야』 22:79 「삼켜버림 경」.
[178] 『잡아함경』 권3 「63경(분별경3)」.
[179] 『쌍윳따니까야』 22:105 「개체의 경」.
[180] 오온(五蘊)은 인간을 구성하는 다섯 가지 기본 요소를 가리키는 불교 용어다. 그리고 오온에 욕탐이 있는 것을 오취온이라고 한다. 오온에 욕탐이 있어 오온을 '나'의 것으로 집착하는 데서 오취온이 되고, 여기에서 괴로움이 생긴다는 것이 부처님의 설법이다.

는데, 이 말은 사람이란 결국 '테세우스의 배'라는 뜻이나.

생명체란 오온(五蘊)이 결합하여 만든 사건의 흐름이다. 『밀린다팡하』에서는 이를 등불에 비유한다. 등불이 계속 타고 있으면 거기에 등불이라는 존재가 있는 것처럼 보인다. 그러나 이 등불은 타는 동안에 연속성을 가지지만 한순간도 동일했던 적이 없다. 매 순간 새로운 기름이 새로운 공기를 만나 타고 있는 것일 뿐이다. 그렇지만 처음에 타오르던 등불과 나중의 등불이 아무런 관련이 없는 것은 아니다. 한순간의 등불은 그 이전 순간의 등불을 원인으로 생겨난 것이고, 이 순간의 불꽃이 사라지면서 다음 순간의 불꽃이 생겨난다. '등불'은 '탄다'라고 하는 사건들이 인과 관계를 맺고 진행되는 하나의 과정인 것이다.

앞에서 소개했던 업에 관한 부처님의 설법과 삶에 대한 칼 융의 말을 되새겨 보자. 그리고 불교에서 말하는 업과 자아의 의미를 생각해 보자.

"신구의(身口意) 삼업(三業), 이것이야말로 자신의 것, 그는 그것을 가지고 가네. 그림자가 몸에 붙어 다니듯 그것이 그를 따라다닌다네. 공덕이야말로 저 세상에서 뭇 삶들의 의지처가 되리."[181]

"그것은 마치 내가 지금껏 경험하거나 했던 모든 것, 나를 중심으로 일어났던 모든 것들을 내가 지니고 다니는 것 같았다. 또 이렇게 말할 수 있을 것이다. 그것은 나와 함께 있었고, 내가 그것이다. 말하자면 나는 그 모든 것으로 구성되어 있다. 나는 내 역사로 구성되었다고 확실하게 느꼈다. 이것이야

---

[181] 『쌍윳따니까야』 3:20 「아들 없음의 경」.

말로 나다. 나는 일어난 모든 것의 집합체다."¹⁸²

 부처님의 설법에서 말하는 '자아', 즉 오취온과 칼 융이 말하는 '내 역사'는 살아온 과정 전체를 뜻한다. 그리고 '업'이 칼 융이 말하는 '역사'에 해당한다. 불교에서 말하는 '자아'는 '과정으로서의 자아'이며 '역사로서의 자아'인 것이다. 과정으로서의 자아는 순간순간 변해 가기 때문에 거기서 불변의 동일성을 찾을 수는 없다. 그러나 그 과정 전체는 인과적으로 연결되어 있다. 그래서 '과정으로서의 자아'에는 동일성은 없지만 연속성은 있다. 결국 '과정으로서의 자아'는 무아를 의미하게 된다.
 '무아'라고 해서 행위의 주재자나 주체가 없다는 뜻은 결코 아니다. 부처님은 무아를 강조하면서도 '과정으로서의 자아'인 '가아(假我)'의 책임에 대해 많은 설법을 했다. '가아'란 '나'에 실체가 없어 무아라고 하지만 '과정으로서의 자아' 중 변화를 느끼지 못하는 한 부분을 가리키는 말이다. 통상적으로 우리가 말하는 '자아' 또는 '나'이다. '가아'는 잠정적으로 그렇게 존재하는 것처럼 보인다는 뜻에서 붙인 이름이고 결국 소멸될 존재이지만 소중히 여겨야 한다. 열반이 열매라면 '가아'는 꽃이기 때문이다. 열매를 맺으려면 꽃이 져야 하지만 꽃 없이 열매를 맺을 수는 없다. 마찬가지로 '가아'는 상주불멸의 존재가 아니지만 '가아'를 '참 나'처럼 소중히 잘 다스리고 아끼지 않으면 깨달음이라는 열매는 없다. 여기서 말하는 '참 나'는 물론 아트만을 뜻하는 것이 아니다. 번뇌에서 벗어나 '더 이상 윤회하지 않는 자'라는 뜻이다. '가아'의 책임과 소중함을 설하는 부처님의 설법을 들어 보자.

---

182 Carl G. Jung, Aniela Jaffe, et al., *Memories, Dreams, Reflections*, Vintage, 1973, p.291.

"자신이 귀한 줄 알면 자신을 잘 지키도록 하라. 지혜 있는 사람은 하루에 세 번쯤 자신을 살피나니."[183]

"자기(the Self)만이 자기의 주인이다. 누가 따로 주인이 될 수 있으랴? 자기만 잘 다스리면 얻기 힘든 주인(a Lord)을 얻으리라."[184]

"자신에 의해 악은 행해지고, 자신에 의해 사람은 더러워진다. 또 자신에 의해 악은 행해지지 않기도 하고 깨끗해지기도 한다. 깨끗함과 더러움은 자기 자신에 달려 있다. 아무도 남을 깨끗하게 할 수 없다."[185]

"남을 위한다는 일이 아무리 크더라도 자신의 의무를 등한히 하지 말라. 자신의 의무를 알고 그 의무에 충실해야 한다."[186]

"지각하고 사유하는 육척 단신의 몸 안에 세계와 세계의 발생과 세계의 소멸과 세계의 소멸로 이끄는 길이 있음을 나는 가르칩니다."[187]

자신을 구원하는 자는 자신이다. 즉, '과정으로서의 자아'다. 부처님은 무아라고 해서, '가아'라고 해서 가벼이 여기지 말라고 설한다. '가아'를 존귀한 존재로 여기고 바르게 살라고 설한다.

---

[183] 『법구경』 게송 157.
[184] 『법구경』 게송 160.
[185] 『법구경』 게송 165.
[186] 『법구경』 게송 166.
[187] 『쌍윳따니까야』 2:26 「로히땃사경」.

6. 맺는 말씀

'삶'은 과거와 현재와 미래에 걸쳐 진행되는 모든 과정을 말한다. 그것은 한 편의 영화와 같다. 따라서 한 생의 '삶'은 그 영화의 한 토막에 해당하고, 이 순간의 '나'는 그 영화의 한 장면에 해당한다. 생명체도 등불과 마찬가지다. '삶'이란 오온이 유기적인 인과 관계를 맺고 진행되는 과정에 '삶'이라는 이름을 붙인 것일 뿐이다. 거기에는 어떠한 동일성도 없다. 그러나 연속성은 있다.

동일성은 없지만 연속성이 있는 것, 그것이 바로 세상에서 말하는 자아다. 즉, '나'라는 것은 과정으로서의 자아다. '동일성은 없지만 연속성이 있는 것', 이것을 삶과 죽음에 적용하면 무아 윤회가 된다. 부처님은 상주론(常住論)과 단멸론(斷滅論)이라는 두 가지 극단적인 견해를 떠나 중도(中道)를 취한다고 했다. 상주불변(常住不變)하지는 않기에 동일성이 없지만, 그렇다고 해서 죽음으로 모든 것이 끝나는(斷滅) 것 역시 아니기에 연속성은 있다는 뜻이다. 상주론과 단멸론을 모두 떠나 중도를 취한다는 것은 바로 무아 윤회를 뜻한다.

삶과 죽음이 반복되는 과정 전체가 바로 무아 윤회다. 삶이라는 등불은 오온에 대한 집착과 욕탐이 있는 이상 결코 꺼지지 않고 계속된다. 무아 윤회가 논리적으로 모순이라는 것은 연기의 이치를 모른 채 실체론적으로 세상을 볼 때 하는 소리다. 불교는 실체론을 부정하고 연기법을 취한다. 무아 윤회를 부정하면 그것은 불교의 교설일 수 없다. 윤회는 중생들이 삶과 죽음을 반복하는 삶의 모습이며, 업이 만든 프로그램이다. 이것은 영화 「매트릭스」에서 말하는 '매트릭스'와 같은 것이다. 중생들은 자신이 '매트릭스'라는 감옥에 갇힌 줄 모르고 있기 때문에 부처님은 이러한 삶을 '고'라고 했다. '매트릭스'에서 벗어나도록 이끄는 것이 부처님의 가르침이자 불교 수행의 목적이다. 다음 25장에서는 중도의 이치와 윤회와 고성제에 대해 살펴볼 예정이다.

25강

중도와 윤회와 고성제

예비적 고찰

흔히 보이는 불교에 대한 오해로는 세 가지가 있다.

첫째는 불교는 염세주의거나 허무주의라는 오해다. 불교의 핵심 교리인 연기법의 논리적 귀결은 삼법인(三法印, 無常·苦·無我)과 사성제다. 이 가르침에 따르면 일체의 존재에는 실체가 없고, 삶은 괴로움이다. 이러한 가르침 때문에 세계적인 학자들 중에도 불교를 염세주의나 허무주의로 오해하는 경우가 있다.

둘째는 무아(無我), 즉 '나'가 없다고 한다면 윤회의 주체도 있을 수 없다는 오해다.

셋째는 불교에서 말하는 무소유의 가르침은 재가자가 따르기 어렵고, 대량의 자본 투입을 요구하는 국가적 규모의 산업 발전이나 과학 기술 발전에 도움이 안 된다는 오해다.

이 세 가지 오해 중 이번 25강에서는 첫 번째 오해에 대해 살펴보겠다. 부처님이 설한 '괴로움'의 잠뜻을 알기 위해 연기법과 삼법인의 이치에 대해 다시 한 번 살펴보자.

1. 연기법

연기법(緣起法)은 다음과 같이 표현된다.

> "이것이 있으므로 저것도 있다.
> 이것이 생기므로 저것도 생긴다.
> 이것이 없으므로 저것도 없다.
> 이것이 멸하므로 저것도 멸한다."

대승불교에서는 연기법이 모든 것이 서로에 대해 원인이 되고 결과가 되는 이치를 뜻한다고 본다. 모든 것은 원인과 조건에 의해 생겨나거나 소멸한다. 하지만 모든 것의 근원이 되는 제일 원인은 따로 없다. 연기법의 핵심 내용인 상호 의존성과 상호 인과에 입각하여 생각해 본다면, 모든 사물이 분리될 수 없는 하나임을 알 수 있다. 물질계에서는 이것이 '양자 얽힘(quantum entanglement)'으로 나타난다.[188] 양자 역학의 탄생에 큰 기여를 하고 불확정성 원리를 발표한 하이젠베르크(Werner Karl Heisenberg, 1901-1976)는 "이 세계를 주체와 객체, 내부 세계와 외부 세계,

---

[188] 양자 얽힘을 설명하는 물리학 해설서는 많이 있다. 여기서는 한 가지 참고 자료만 소개하겠다. 브루스 로젠블룸, 프레드 커트너 지음, 전대호 옮김, 『양자불가사의』, 지양사, 2012.

육체와 영혼으로 나누는 것은 더 이상 적절하지 않다."[189]고 말했고, 또한 "세상과 나를 칼로 자르듯이 분리하는 것은 불가능하다."[190]고도 말했다.

사물을 '이것'과 '이것 아닌 것'으로 이분법적으로 나눌 수 없다는 것은 중도(中道)의 이치를 나타낸다. 부처님은 곳곳에서 존재와 비존재, 상주와 단멸 등으로 사물을 이분법적으로 나누는 것을 하나의 극단이라고 하면서, 여래는 양극단을 떠나 중도를 취한다고 설한다. 부처님이 설한 중도에는 여러 가지 뜻이 있지만 여기서는 윤회와 관련하여 상주와 단멸의 중도에 대해서만 설명하겠다. '상주(常住)'란 아트만과 같은 불변의 영혼이 있어서 영원히 산다는 뜻이다. '단멸(斷滅)'이란 몸이 죽으면 그것으로 모든 것이 끝난다는 뜻으로, 오늘날의 유물론자들이 생각하는 죽음이 이것에 해당한다. 그런데 부처님은 상주도 단멸도 아니고 중도를 취한다고 했다. 그것은 동일성은 없지만 연속성은 있다는 뜻이다. 상주와 단멸을 떠나 취하는 중도가 바로 무아 윤회에 해당한다.

2. 삼법인

삼법인(三法印)은 연기법의 논리적 귀결로서, 현상계 일체 사물의 참모습을 나타내는 불교적 용어다. 삼법인은 구체적으로는 제행무상(諸行無常)·일체개고(一切皆苦)·제법무아(諸法無我)를 말하는데, 이 세 가지를 줄여서 무상·고·무아라고 표현하기도 한다. 삼법인의 내용을 정리해 보면

---

[189] 폴 데이비스 지음, 류시화 옮김, 『현대물리학이 발견한 창조주』, 정신세계사, 2000, p.172.
[190] Werner Heisenberg, *Physics and Philosophy*, Haper, 1958, p.55.

다음과 같다.

[제행무상(諸行無常)]

현상계의 모든 사물은 상호 의존적이므로, 서로 간의 끊임없는 영향 관계 속에서 항상 변해 간다는 것을 뜻한다. 실체가 없으면 동일성을 유지할 수 없으므로 무상할 수밖에 없다.

[일체개고(一切皆苦)]

현상계의 모든 것이 괴로움이라는 것을 뜻한다. 사성제(四聖諦) 가운데 고성제(苦聖諦)에서 말하는 '삶은 괴로움'이라는 것과 같은 뜻이다.

[제법무아(諸法無我)]

현상계의 모든 사물은 상호 의존적이므로, 실체(實體, substance)가 없고 독자적인 정체성을 가지지 않는다는 것을 뜻한다. 독자적인 정체성을 가지지 않는다는 것을 무아 외에 '무자성(無自性)' 혹은 '공(空)'이라는 말로 표현하기도 한다.

제행무상은 그다지 이해하기 어려운 개념이 아니다. 제행무상을 그저 사물의 변화라고 해석한다면 그러한 이치는 불교만 말하는 것이 아니다. 연기법을 모르고 선정 삼매에 들지 않더라도 세상사 돌아가는 것을 살펴보면 변화가 세상사의 근본임을 알 수 있다. 그러한 이치를 설명한다고 하는 유교(儒敎)의 경전 중 하나인 『주역(周易)』의 이름에 '바뀔 역(易)'자가 들어간 것도 고대 중국의 성인(聖人) 역시 변화야말로 세상의 근본적 이치라고 보았기 때문이다. 고대 그리스의 철학자 헤라클레이토스(Heraclitus, 기원전 535년경-475년경) 역시 '판타레이(Panta rhei)'[191]라고 하여, "같은 강물에 두 번 들어갈 수 없다."는 말로 제행무상이 사물의 실상임을 말했다.

사람에게는 젊음과 사랑, 권력과 재산 등 행복한 상태가 영원히 변치 않기를 바라는 마음이 간절하다. 물 위에 비친 달의 아름다움에 반해 달을 건지려고 온갖 노력을 하는 어린아이의 노력이 헛될 수밖에 없듯이, 무상한 것에 집착하는 인간의 욕망도 헛될 수밖에 없다. 그것을 모르고 무상한 것에 집착하려고 든다면 괴로움만이 있을 뿐이다.

하지만 무상에 대한 인식이 반드시 '삶은 괴로움'이라는 결론으로 귀결되는 것은 아니다. 우선 『주역』의 경우가 그러하다. 『주역』은 변화의 이치를 설명하고, 그에 맞추어 사람이 취할 마음가짐과 처신(處身)을 가르치는 책이다. 『주역』은 역경에 처하게 되더라도 상황은 변하기 마련이니, 기회가 올 때 그것을 놓치지 않도록 열심히 공부하고 노력하여 미래를 준비하라고 가르친다. 반대로 일이 순조롭게 잘 풀릴 때에는 상황이 변할 때를 대비하여 저축하고 다른 사람들에게 겸손하게 대하며 덕을 베풀라고 말한다. 『주역』은 사물의 변화를 단순히 괴로움의 근원으로 보지 않고 오히려 사물의 변화에서 현세를 살아가는 지혜를 찾고자 한다. 이와 비슷한 가르침은 『채근담(菜根譚)』에도 나온다.

"하늘이 내 몸을 수고롭게 하면 나는 내 마음을 편안하게 하여 이를 보충하고, 하늘이 내 처지를 곤궁하게 하면 나는 내 도(道)를 높여 이를 트이게 할 것이다."

---

[191] '판타레이'는 만물유전(萬物流轉), 즉 모든 사물은 고정되어 변하지 않는 것이 아니라 마치 흐르는 강물처럼 시간에 따라 끊임없이 변한다는 뜻이다.

훌륭한 태도다. 유교가 이런 태도를 가르치기 때문에 유교인들은 자신들이 불교보다 훌륭한 가르침을 따른다고 생각한다. 유교인들이 사물이 늘 변화한다는 사실을 깨닫고 이런 훌륭한 태도를 취하는데, 왜 유독 불교는 무상에 대한 인식에서 '삶은 괴로움'이라는 결론을 끌어내는 것일까? 왜 '삶은 괴로움'이라는 것을 가리켜 '고통에 대한 성스러운 진리(苦聖諦)'라고 하는 것일까? 불교에서 말하는 '괴로움'은 단순히 모든 것이 무상해서 괴롭다고 하는 것이 아니다. 이를 이해하기 위해서는 불교에서 말하는 '괴로움'의 의미를 살펴볼 필요가 있다.

부처님은 '괴로움'에 대해 설할 때 삼고(三苦) 또는 팔고(八苦)로 설명했다. 삼고는 일상적인 괴로움인 고고(苦苦), 변화가 만들어 내는 괴로움인 괴고(壞苦), 오온에 집착하는 괴로움인 행고(行苦)를 말한다. 팔고는 태어나는 괴로움인 생(生), 늙는 괴로움인 노(老), 병드는 괴로움인 병(病), 죽는 괴로움인 사(死), 사랑하는 이와 헤어지는 괴로움인 애별리고(愛別離苦), 미워하는 이와 만나는 괴로움인 원증회고(怨憎會苦), 원하는 것을 얻지 못하는 괴로움인 구부득고(求不得苦), 오온에 집착하는 괴로움인 오취온고(五取蘊苦)를 말한다. 행고와 오취온고는 같은 뜻이다.

삼고 가운데 행고를 제외한 나머지 두 가지 '괴로움', 그리고 팔고 가운데 오취온고를 제외한 나머지 일곱 가지 '괴로움'은 사람들이 일상적으로 느끼는 괴로움이다. 만약 이러한 일상적인 괴로움 때문에 불교가 '삶은 괴로움'이라고 말하는 것이라면 불교는 염세주의라고 비난 받을 만하다. 하지만 불교가 말하는 '괴로움'은 이러한 일상적인 괴로움만을 말하는 것이 아니다. 부처님은 삼수(三受)가 모두 '괴로움'이라고 했다.[192] '삼수'란 괴로움, 즐거움, 즐겁지도 괴롭지도 않은 세 가지 느

---

[192] 『잡아함경』 권17 「474경(지식경)」.

낌을 말하는데, 이 세 가지 느낌이 모두 '괴로움'이라면 부처님이 설하는 '괴로움'은 통상적인 의미에서 말하는 괴로움일 수가 없다. 불교에서 말하는 '괴로움'은 의식이 높은 단계에 이른 사람만이 알 수 있다고 한다.[193] 그리고 '괴로움'은 윤회와 직접적인 관련이 있다.

'괴로움'의 참된 의미는 '오취온고' 혹은 '행고'에 있다. 부처님은 고통이 있다고 말하면서 삶의 행복을 부정한 것이 아니다. 『앙굿따라니까야』에는 행복의 목록이 나온다. 가정생활에서의 행복과 출가자의 행복, 감각적 쾌락의 행복과 자제(自制)의 행복, 집착하는 행복과 집착을 여의는 행복, 육체적 행복과 정신적 행복 등등이 그것이다. 그러나 이들 모두가 '괴로움'에 속한다. 선정의 무아지경에 든 순수한 정신적 경지마저 '괴로움'에 속한다. 선정은 그 단어가 갖는 의미상 고통에서 벗어난 것이며 잡스럽지 않은 행복으로 기술되기도 하는 경지다.

> "내가 공무변처(空無邊處)에서 정화되고 더러움이 없는 평온함에 집중하고 그것과 조화를 이루더라도 그것은 정신이 만들어 낸 것(行, saṃskāra)에 지나지 않는다. … 식무변처(識無邊處), 무소유처(無所有處), 비상비비상처(非想非非想處)에서 정화되고 번뇌 없는 평온함에 집중하고, 그것과 조화를 이루도록 마음을 개발시킨다 하더라도 그것 역시 정신이 만들어 낸 것에 지나지 않는다."[194]

비상비비상처는 요가 수행에서 도달할 수 있는 최고의 경지라고 한다. 그런데도 거기서 얻는 행복마저 정신이 만들어 낸 것이라고 하면서 부

---

193 『디가니까야』 2 「사문과경」.
194 『맛지마니까야』 140 「다뚜비방가경」; 『중아함경』 권42 「분별육계경」.

처님은 요가 스승의 곁을 떠난다. 부처님이 삼법인과 고성제에서 설한
'괴로움'은 어떤 함정에 갇혀 꿈꾸는 삶을 살아가고 있으면서도 자신이
함정에 갇혀 있음을 모르는 상태를 말한다. 그 함정은 영화 「매트릭스」
에서 말한 바로 그 '매트릭스'와 같은 것이다.

3. 매트릭스에 갇힌 존재

인간은 뭔가를 느끼고 경험하면서 살아간다. 인공 지능인 기계들이 판
단할 때 인간들의 그러한 느낌이나 경험의 실체는 뇌 안에서 발생하는
전기 신호일 뿐이다. 영화 「매트릭스(Matrix)」는 인간의 느낌이나 경험이
갖는 이러한 속성을 잘 보여 준다. 이 영화에서 '매트릭스'는 인공 지능
을 가진 기계들이 인간을 사육하고, 또 그렇게 사육되는 인간으로부터
생체 에너지를 뽑아 쓰기 위해 만든 현실과 똑같은 가상 세계다. 사육되
는 인간들이 이 가상 세계로서의 매트릭스 안에서 느끼고 경험하는 모
든 것은 컴퓨터에 의해 만들어진 허구다. 하지만 인간들은 매트릭스의
존재를 모른 채, 자신이 현실 세계 안에서 살고 있다고 굳게 믿는다.

우리가 매트릭스에 갇힌 존재라고 말하는 사람 중 하나가 미국의 정
신과 의사인 칼 메닝거(Karl Menninger, 1893-1990)다. 메닝거는 수천 명이
넘는 사람들과 정신적인 문제에 대한 상담을 하고 나서, 사람이 스스로
는 자유 의지에 따라 의식적으로 행동했다고 생각하는 것도 사실은 무
의식이 시킨 것일 가능성이 크다는 결론을 얻었다. 이 사실을 상징적으
로 나타내기 위해 칼 메닝거는 자신이 쓴 책의 첫머리에 다음의 우화를
소개했다.

바그다드의 교외에 사는 한 장자(長者)가 노예에게 시내에 심부름을 보냈다. 그런데 이 노예가 시내에 발을 들여놓자마자 바로 죽음의 신을 만났다. 놀란 나머지 이 노예는 하던 일을 다 팽개치고 주인한테 되돌아와서 자초지종을 말한 후 한 마디 덧붙였다.

"저는 지금 죽음의 신을 피해 사가랴로 떠날 생각입니다. 지금 출발하면 오늘 저녁 해 질 무렵엔 거기에 도착할 수 있을 겁니다."

노예의 말을 들은 주인은 크게 노했다.

"신이라는 자가 약속을 다 어기다니! 내 집안사람들을 적어도 바그다드에서는 잡아가지 않기로 약속했는데, 거기서 너를 잡으려고 하다니! 너는 지금 바로 사가랴로 떠나거라. 네 말대로 오늘 저녁 해 질 무렵까지는 거기에 도착할 수 있을 것이다."

말을 마치자 주인은 즉시 천상으로 올라가 죽음의 신을 만났다. 주인이 따지자 이번엔 신이 외쳤다.

"무슨 소리야? 놀란 건 내 쪽이야. 나는 오늘 해가 지면 그를 사가랴에서 잡기로 되어 있었는데, 낮에 바그다드에서 그를 만났으니 얼마나 놀랐겠어. 비켜, 바빠."[195]

노예는 자신이 스스로의 자유 의지에 따라 살 길을 찾아 떠났다고 생각할 것이다. 하지만 노예는 무의식이 시키는 대로 자동인형처럼 행동했을 뿐이다. 말하자면 노예 자신이 하나의 로봇에 불과한 존재인 것이다. 이 우화는 불교가 중생들의 삶에 관해 이야기하는 내용과 너무나 흡사하다. 부처님이 설법하던 시절부터 불교는 사람이 의식하지 못하는 가운데 작용하는 심층 의식이 있음을 알고 있었고, 사람이 행한 말과 행동

---

[195] Karl Menninger, *Man Against Himself*, Houghton Mifflin, 1956, 머리말.

이나 마음먹었던 것이 업(業)으로서 이 심층 의식 가운데 저장되어 있다고 보아 왔다. 불교 심리학이라고 할 수 있는 유식학(唯識學)에서는 이미 1,500년 전부터 이 심층 의식을 아뢰야식(阿賴耶識, ālaya-vijñāna)이라고 불렀다. 이 학파는 이 세상은 아뢰야식이 조작한 것이고, 우리는 이 아뢰야식이 조작한 세계 안에서 살고 있다고 본다. 부처님도 같은 뜻의 설법을 한다.

"유위(有爲)로 조작해 내기 때문에 행(行)이라고 한다."[196]

우리가 사는 현상계, 즉 유위가 조작해 낸 세계는 가상 현실로서의 매트릭스와 다를 바 없다. 그렇다면 '괴로움'의 의미는 자명하다.

4. '괴로움'의 의미

매트릭스 밖에서 사는 사람이 볼 때, 매트릭스 안에서 그것이 현실인 줄 알고 살아가는 사람들의 삶이란 딱하기 그지없는 삶일 것이다. 매트릭스 안에서 사는 사람들이 기쁨을 느낀들 그것은 하나의 꿈일 뿐이고, 슬픔과 고통을 느낀다고 해도 그것 역시 하나의 꿈일 뿐이다. 그들이 그 속에서 즐거움, 슬픔, 고통을 느낀다고 해도 그것은 사람이 고기를 얻기 위해 기르는 가축들이 우리 안에서 느끼는 감정과 다를 바 없을 것이다.

물론 매트릭스 안에서 사는 사람들에게는 그런 느낌이 소중할 것이다. 하지만 매트릭스 밖에서 사는 사람이 볼 때 그런 느낌은 아무런 의미

---

[196] 『쌍윳따니까야』 22:79 「삼켜버림 경」.

가 없다. 매트릭스 밖에서 사는 사람이 매트릭스 안에서 사는 사람을 만나 매트릭스 안의 삶에 관해 이야기한다면, 그로서는 매트릭스 안의 삶을 가리켜 '괴로움'이라고 하지 않을 수 없을 것이다. 매트릭스 밖에서 사는 사람이 매트릭스 안에 사는 사람을 위해 할 수 있는 가장 자비로운 행동은 그 사람에게 매트릭스에서 벗어나라고 권하고, 벗어나는 방법을 가르쳐 주는 것이 될 것이다.

매트릭스에 갇힌 삶이 바로 윤회이고, 윤회하는 삶은 고통 중에서도 가장 근원적인 고통이다. 하지만 보통 사람들은 이러한 사실을 잘 모른다. 그래서 '삶은 괴로움'라는 가르침을 가리켜 '고통에 대한 성스러운 가르침'이라는 뜻에서 고성제(苦聖諦)라고 하는 것이다.

5. 맺는 말씀

"수행승들이여, 무명에 덮인 중생들은 갈애에 속박되어 유전하고 윤회하므로 그 최초의 시작을 알 수 없다. … 커다란 바다가 마르고 닳아서 존재하지 않을지라도, 무명에 덮이고 갈애에 속박되어 유전하고 윤회하는 중생들에게 괴로움의 종식이 있다고 나는 설하지 않는다. … 가죽 끈에 묶인 개가 견고한 막대기나 기둥에 묶여, 거기에 감겨 돌듯 … 그릇된 견해에 묶여 태어남, 늙음, 죽음, 슬픔, 비탄, 고통, 근심, 절망에서 벗어나지 못한다."[197]

부처님과 유식 불교 수행자들은 보통 사람들이 사는 삶이 바로 업이 만든 매트릭스에 갇힌 삶이고, 그런 삶은 그것이 매트릭스로서 인식되지

---

[197] 『쌍윳따니까야』 22:99 「가죽 끈에 묶임의 경」.

않는 한 끝없이 반복된다고 본다. 그래서 불교는 이렇게 반복되는 삶, 즉 윤회하는 삶을 가리켜 '괴로움'이라고 하는 것이다. 그렇다면 매트릭스에서 벗어난 삶은 어떤 삶일까? 경허 스님과 만공 스님 사이에 있었다는 일화를 살펴보자.

> 경허 선사와 만공 선사는 사제지간이다. 평소에 스승은 제자에게 여인을 가까이 하지 말라고 가르쳤다. 비가 많이 내리다 그친 어느 날, 이 두 스승과 제자가 개울을 건너게 되었는데, 개울가에 한 아름다운 여인이 불어난 물 때문에 개울을 건너지 못하고 쩔쩔매고 있었다. 그러자 경허 선사가 등을 내밀어 여인을 등에 업었다. 이를 본 만공 스님은 내심 못마땅하게 여겼다.
> 개울을 건넌 후 줄곧 못마땅한 표정을 짓던 만공 스님이 얼마쯤 가다가 마침내 입을 열었다.
> "스님, 아까 그 개울가에서 젊은 여인을 업었던 것은 계율을 깨뜨리는 일이 아니던가요?"
> 그러자 경허 선사가 대답했다.
> "허허, 나는 아까 그 여인을 개울가에 이미 내려놓고 왔는데 너는 아직도 그 여인을 업고 있었더란 말이냐?"

경허의 마음이라면 정말 절대 자유를 누리는 삶일 것이다. 어떻게 그런 마음을 가질 수 있을까? 그것은 그릇된 견해에서 벗어나 사물의 참모습을 볼 때 가능하다. 그릇된 견해에서 벗어나지 못하는 한 가죽 끈에 매인 개처럼 매트릭스 안에서의 삶을 반복하는 것에서, 즉 윤회에서 벗어나지 못한다. 매트릭스 안에서 살아가는 중생들이 윤회의 고통에서 벗어나도록 이끌어 주는 것이 바로 부처님의 가르침이고 불교 윤리의 바탕이다.

업과 윤회와 고성제는 따로 뗄 수 없는 개념들이다. 이 셋은 항상 연결시켜서 이해하고 생각해야 된다. 셋을 분리해서 생각하면 그 뜻을 그르치기 쉽다. 업에 끌려 다니는 삶에는 자유가 없고, 자신의 마음을 자기 마음대로 쓸 수 없다. 그것이 괴롭다고 하는 것은 너무나 당연한 일이다. 우리의 마음이 우리가 마음먹은 대로 되지 않는 것이 괴로움이 아니고 무엇이겠는가?

우리가 마음의 주인이 되지 못하면, 업에 지배되는 마음이 우리를 계속 윤회의 수레바퀴에 묶어 두기 마련이다. 그것이 우주의 법칙이다. 마지막 강의인 다음 26강에서는 유물론을 보다 철저하게 검토하면서 윤회 개념의 정당성을 확립하도록 하자.

26강

윤회 사상의 정립이 가져올 효과

예비적 고찰

이번 강의는 이안 스티븐슨 교수가 제기한 물음을 상기하는 것으로 시작하자. 스티븐슨 교수는 수천 개가 넘는 전생 사례들을 설명할 수 있는 가장 좋은 개념이 무엇인지 묻는다. 이 물음에 대해 정통 과학계에서는 여러 가지 대안론을 제시하지만 17강에서 살펴본 바와 같이 그 어느 것도 전생 사례에 대한 설명으로 충분하지 않다. 『코스모스』의 저자로 유명한 칼 세이건도 15강에서 소개했던 바와 같이 "나는 비록 미세한 염력이나 환생을 믿지는 않지만 이들과 관련해 어느 정도 실험적인 지지 정황이 있음에는 유의한다."[198]고 말할 정도다. 더욱이 임사 체험자들이 말하는 유체 이탈은 어떠한 대안론으로도 제대로 설명되지 않는다.

결국 우리는 정통 과학계에서 고수하고 있는 '두뇌 상태 = 마음'이

---

[198] 칼 에드워드 세이건 지음, 이상헌 옮김, 『악령이 출몰하는 세상』, 사이언스북스, 2022, p.345.

라는 '과학적 믿음'에서 벗어나야 한나는 결론을 내려야 할 것 같디. 전생 기억과 임사 체험에 대한 사례가 더욱 쌓이고 연구가 진행되면, 정통 과학계도 '두뇌 상태 = 마음'이라는 '과학적 믿음'에서 벗어나 우리의 의식이 두뇌를 떠나서 활동할 수 있다는 것을 받아들이게 될 것이다.

정신은 두뇌가 아니라는 것이 받아들여지게 된다면, 그래서 윤회 사상이 받아들여지게 된다면 윤리와 과학이라는 두 가지 분야에서 큰 변화가 일어날 것이다. 여기서는 이 두 가지 변화에 대해 살펴보는 것을 통해 이 책에서 지금까지 말했던 내용을 정리해 보겠다.

1. 윤리의 이론적 완성

세상사는 연기적으로 복잡하게 얽혀 있다. 그래서 세상사의 흐름에는 천도(天道)라고 할 만한 어떠한 질서나 법칙도 없어 보인다. 사마천이 천도를 의심했던 것도 그 때문이다. 하지만 불교는 난마 같이 얽혀 있는 것처럼 보이는 세상사에도 엄정한 질서와 법칙이 있고, 사람은 그러한 질서와 법칙을 따라야만 최고의 행복을 얻을 수 있다고 가르친다.

우리가 임사 체험이나 사후 세계에 관심을 갖는 것은 단순히 호기심을 충족하기 위해서가 아니다. 우리가 그런 것에 관심을 갖는 것은 임사 체험이나 사후 세계를 통해 윤회가 사실임을 확인하고, 그러한 사실 확인에 기반하여 어떤 우주적 법칙을 찾고, 나아가 그 법칙에 입각한 절대적이고 완성된 윤리를 수립하기 위해서다.

만약 삶이 한 번으로 끝나는 것이라면, 악을 행하더라도 그 악의 열매가 익기 전에 세상을 떠나면 그만이라는 생각을 가진 사람들이 생겨날 것이다. 그러한 생각을 가진 사람들이라면 그들 중에는 필경 거리낌 없이 악을 행하며 살아가는 사람도 있을 것이다. 그들은 사회 구성원들 사이의 합의로 만들어진 사회적 규범으로서의 윤리 따위에는 신경 쓰지 않을 것이다.

하지만 윤회가 받아들여진다면, 불교에서 말하는 '착한 일에는 즐거운 과보가 따르고, 악한 일에는 괴로운 과보가 따른다(善因樂果 惡因苦果).'는 이치나, 유교에서 말하는 '하늘에 순응하는 이는 흥하고, 하늘을 거스르는 이는 망한다(順天者興 逆天者亡).'는 이치가 우주적 법칙으로 받아들여질 수 있을 것이다. 『법구경』에 나오는 다음과 같은 게송이 이러한 우주적 법칙에 대한 설명이라고 할 수 있다.

"악의 열매가 익기 전에는 악한 사람도 복을 만난다.
악의 열매가 익고 난 뒤에는 악한 사람은 죄를 받는다.
선의 열매가 익기 전에는 착한 사람도 화를 당한다.
선의 열매가 익은 후에는 착한 사람은 복을 받는다."[199]

"죄인은 이 세상에서 근심하고 내생에서도 근심한다.
그는 두 생에서 근심하고 괴로워한다.
그는 '죄가 나로 인해 이루어졌다.'고 괴로워한다.
그는 지옥에 떨어진 다음에 더욱 더 괴로워한다."[200]

우주적 법칙에 입각하여 수립된 윤리는 절대적이고 완성된 윤리라고 할

---

[199] 『법구경』 게송 119, 120.
[200] 『법구경』 게송 17.

수 있을 것이다. 그리고 우리늘은 그러한 윤리를 충실히 따름으로써 의미 있고 행복한 삶을 살아갈 수 있을 것이다. 『법구경』에 나오는 다음과 같은 게송이 이러한 윤리에 대한 설명이라고 할 수 있다.

> "그것이 재앙이 없을 것이라 해서
> 조그마한 악이라도 가벼이 여기지 말라.
> 한 방울 물은 비록 작아도
> 모이면 큰 바다를 이루나니
> 이 세상의 그 큰 죄악도 작은 악이 쌓여서 이룬 것이다.
> 그것이 복이 되지 않을 것이라 해서
> 조그마한 선이라도 가벼이 여기지 말라.
> 한 방울 물은 비록 작아도
> 모이면 큰 바다를 이루나니
> 이 세상의 그 큰 행복도 작은 선이 쌓여서 이룬 것이다."[201]

윤회를 받아들이게 되면 정신과 물질을 같은 실재의 다른 측면으로 볼 수밖에 없게 된다. 여기서는 그것을 '정신-물질의 상보성'이라고 부르고자 한다. 이것을 알아보기에 앞서, 양자 역학의 상보성 원리에 대해 먼저 알아보자.

---

[201] 『법구경』 게송 121, 122.

2. 상보성 원리

양자 역학의 철학적 토대를 마련한 사람은 덴마크의 물리학자 닐스 보어다. 보어는 음양(陰陽)의 개념을 자연 현상을 기술하는 기본 개념으로 보고, 이를 물리학적 원리로 정리했다. 이 원리를 '상보성 원리(相補性原理, complementarity principle)'라고 부른다. 그 내용은 이렇다. "자연 현상은 반드시 서로 상보적인 두 조(組, set)의 물리량으로 기술되며, 서로 짝이 되는 한 쌍의 상보적인 양은 동시에 정밀하게 측정될 수 없다."

상보적인 물리량의 좋은 예는 입자의 위치와 속도(운동량)다. 고전 역학에서는 위치와 속도 둘 모두를 정확하게 알 수 있고, 이 둘을 알면 입자 운동의 과거·현재·미래를 모두 알 수 있다고 본다. 그러나 양자 역학은 입자의 위치와 속도를 동시에 정확히 아는 것은 불확정성 원리에 의해 불가능하다고 본다. 그래서 프랑스의 물리학자 드브로이(Louis de Broglie, 1892-1987)는 다음과 같은 말을 했다.

"인간 정신이 약간 모호하게 틀을 지운 개념들은 실재와 대체로 맞아 들어간다. 그러나 극도로 정확성을 기하려고 하면 이상형이 되어 그 내실이 사라진다."[202]

입자의 위치를 정확히 알려고 하면 속도를 모르게 되고, 입자의 속도를 정확히 알려고 하면 그 위치를 모르게 된다는 뜻이다.

보어가 위의 상보성 원리에서 말한 '물리량'을 물리 현상을 나타내는 '상태'라고 보아도 좋다. 양자 역학보다 한걸음 더 나아간 양자장론

---

[202] 앨런 월리스 지음, 홍동선 옮김, 『과학과 불교의 실재 인식』, 범양사출판부, 1991, p.155.

(量子場論, quantum field theory)에서는 실제로 '상태'를 기본직인 물리량으로 사용한다. 그리고 이 '상태를 나타내는 물리량'에 대응하는 상보적인 물리량은 '상태에서 벗어나려는 경향'을 가리킨다. 즉, 어떤 자연 현상은 하나의 고정된 개념만으로는 결코 기술할 수 없고, 반드시 그 개념과 짝이 되는 대립 개념을 함께 사용해야만 제대로 기술할 수 있다는 것이다. 물론 제대로 기술한다고는 하지만 불확정성 원리에 따라 반드시 어떤 불확실성이 따르기 마련이다. 그러니 상보성 원리는 이렇게 표현할 수 있다. "미시 세계의 자연 현상은 반드시 이 현상을 나타내는 '기본적인 상태'와 이 '상태에서 벗어나려는 경향'으로 기술되며, 이 '상태'와 '상태에서 벗어나려는 경향'을 동시에 정밀하게 알 수는 없다." 이 원리는 일체의 기본적인 물리량에 대하여 불확정성 원리가 성립하도록 하이젠베르크의 불확정성 원리를 일반화한 것이며, 자연을 기술하는 기본적 물리량 하나하나에 철학적 의미를 부여한 것이다.

보어는 상보성 원리를 가리켜 음양설(陰陽說)의 물리적 표현이라고 불렀다. 음과 양 가운데 어느 한쪽을 '자연의 어떤 상태'라고 본다면 다른 하나는 '그 상태에서 벗어나려는 경향'이 된다. 상보성 원리를 음양설과 같다고 하면 세상은 음과 양의 이원론적 구조로 이루어졌다고 말하는 것 같지만 그렇지 않다. 상보성과 이중성은 사실 같은 내용을 다르게 표현한 것이라고 할 수 있는데, 이 말의 뜻을 이해하기 위해서 먼저 이중성(二重性, duality)과 이원론(二元論, dualism)의 의미가 어떻게 다른지 이해할 필요가 있다. 이원론은 실재(reality)란 두 가지 서로 다른 성질을 가진 실체(實體, substance)로 구성되어 있다는 사상이다. 이원론의 좋은 예로 이 세상이 정신과 물질이라는 두 가지 서로 다른 실체로 구성되어 있다는 데카르트의 심신이원론을 들 수 있다. 세상을 선과 악, 주와 객 등 이분법적으로 나누어 보는 것도 이원론이라고 할 수 있다. 이원론과 달리 이중성은 하나의 실재가 두 가지 양립할 수 없는 성질을 갖고 있다는 뜻이다. 좋은 예가 입자-파동의 이중성이다. 빛이나 전자라는 하나의 '물리적 실재'가 측정 방식에 따라 때로는 입자처럼, 때로는 파동처럼 행동할 뿐 실재는 어디까지나 하나다. 물리학에서 말하는 이중성이 하나의 사물이 논리적으로 양립할 수 없는 두 가지 성질을 갖고 있다는 뜻에서 하는 말이라면, 상보성이란 미시 세계의 입자를 기술하려면 입자나 파동이라는 한 가지 개념으로는 기술할 수 없고 입자와 파동이라는 논리적으로 양립할 수 없는 두 가지 개념이 모두 필요하다는 뜻으로 사용하는 말이다. 즉, 우주는 음과 양의 조화로 이루어졌다는 뜻이다. 따라서 이중성과 상보성은 그 쓰임새가 다르지만 같은 내용을 담고 있는 말이라고 할 수 있다.

상보성 원리는 물리학적 원리지만 이 원리를 불교에 적용해 보자. 물리학적 원리를 불교에 적용한다는 것이 이상하게 들릴지 모르지만 이것은 양자 역학의 철학적 기반을 마련한 보어와 하이젠베르크의 생각이었다. 상보성 원리를 주창한 보어는 다음과 같이 말했다.

> "양자 역학의 개념적 구조를 이해하기 위해서는 심리학과 같은 다른 분야의 과학이나 일찍이 붓다(Buddha)나 노자(老子)가 직면했던 인식론적 문제로 되돌아가야 할 것이다."[203]

그리고 하이젠베르크도 다음과 같은 말을 했다.

> "지난 2차 대전 후 일본의 이론 물리학에서 이룬 가장 큰 과학적 공헌은 극

---

[203] N. Bohr, *Atomic Physics and Human Knowledge*, Science Editions Inc, 1961, p.20.

동의 철학과 양자론의 철학 사이에 어떤 확실한 관계가 있음을 인식한 것이었다."²⁰⁴

보어와 하이젠베르크가 말한 바와 같이 상보성 원리로 불교 사상을 해석하는 것은 결코 이상한 일이 아니다. 상보성 원리로 불교를 해석하면 "고정된 하나의 개념으로는 사물을 기술할 수 없다."가 된다. '고정된 하나의 개념'은 동일성을 유지하는 실체(實體, substance)나 자성(自性, intrinsic nature)을 말하는 것이다. 따라서 상보성 원리는 제법무아를 뜻하며, 단멸과 상주를 버린 중도를 뜻한다. 또한 상보성 원리는 왜 '공(空)'이 미묘한 개념인지를 말해 준다. '공'을 '없음'으로 해석하면 반드시 거기에 덧붙여 '없음에서 벗어나려는 경향', 즉 묘유(妙有)를 말해야 된다. 그래서 '공'은 '중도'이기도 하다. 상보성 원리를 '나'에 적용시키면 항상 '나라고 할 만한 어떤 상태에서 벗어나려는 경향'이 작용한다. 그 벗어나려는 경향이 '나'를 선으로, 또는 불선으로 이끌 수 있다. '나'는 이렇게 바뀔 수 있기에 '나'라는 것에 동일성은 없다. 21강에서 이야기했던 '동일성은 없지만 연속성은 있다.'는 말은 바로 이러한 이치를 표현한 것이다. 이제 정신-물질의 상보성에 대해 생각해 보자.

3. 정신-물질의 상보성

윤회는 분명히 의식(정신)이 두뇌(물질)를 떠나서 활동한다는 것을 뜻한다. 이것을 정신과 물질을 별개의 실체로 보는 것으로 이해한다면, 이것

---

204 Werner Heisenberg, *Physics and Philosophy*, Harper, 1958, p.176.

은 정신-물질의 이원론을 받아들이는 것이 된다. 그런데 정신과 물질을 별개의 실체로 보게 된다면, 정신-물질 이원론으로든 유물론으로든 철학적으로 해결할 수 없는 문제가 생긴다. 그래서 '중국어 방'으로 유명한 버클리 대학 철학과의 존 설(John R. Searle, 1932-) 교수는 실체론에 포함된 모순을 지적하면서, 서양 철학의 전통적 용어와 개념에 이의를 제기하지 않을 수 없다고 주장한다.[205] 정신-물질 이원론도 아니고 유물론도 아니라면 정신과 물질을 포함한 이 세상 사물을 어떻게 설명할 수 있을까?

대안 중 하나는 불교의 연기법이다. 정신과 물질을 같은 실재의 다른 측면으로 보는 것이다. 먼저 25강에서는 물리학자 베르너 하이젠베르크가 했던 "이 세계를 주체와 객체, 내부 세계와 외부 세계, 육체와 영혼으로 나누는 것은 더 이상 적절하지 않다."는 말과 "세상과 나를 칼로 자르듯이 분리하는 것은 불가능하다."는 말을 소개한 바 있다. 그런데 이런 말을 한 사람은 하이젠베르크뿐만이 아니다. 보어, 하이젠베르크, 슈뢰딩거 등과 함께 양자 역학을 창시한 사람 중의 하나인 볼프강 파울리(Wolfgang Pauli, 1900-1958)[206]도 비슷한 말을 했다.

"무엇보다도 정신적인 것과 물리적인 것을 같은 실재의 상보적인 측면으로 볼 수 있다면 가장 만족스러울 것이다."[207]

---

[205] 실체론에 어떤 문제가 있는지 자세히 논하는 자료로는 다음을 들 수 있다.
존 R. 설 지음, 정승현 옮김, 『마인드』, 까치, 2007.

[206] 파울리는 중성 미자(neutrino)의 존재를 예측하고, 배타 원리(exclusion principle)를 발표하여 원자의 주기율표를 양자 역학 이론으로 설명했다.

[207] C. G. Jung, W. Pauli, *The Interpretation of Nature and Psyche*, Phantheon Books, 1955, p.210.

하이젠베르크가 한 말은 정신과 물질은 다른 것이 아니라, '분리할 수 없는 하나(undivided wholeness)'인 실재의 두 가지 측면이라는 뜻이다. 그런데 인간은 그 '분리할 수 없는 하나'를 인식하지 못한 채, 그중의 일부를 '이것'이라 인식하고 나머지를 '이것 아닌 것' 또는 '저것'으로 인식한다. 물질계를 예로 들어 설명하면 빛은 인간이 어떻게 인식하든 '빛'이다. 그런데 인간이 묻는 방식에 따라 빛은 때로는 입자로, 때로는 파동으로 행동한다. 입자와 파동은 논리적으로 양립할 수 없는 성질을 가졌기에 이를 가리켜 입자-파동의 이중성이라고 한다. 하지만 '빛'이 변신한 것은 아니다. 인간이 묻는 방식, 즉 측정 방식에 따라 빛이 다르게 행동한 것일 뿐이다. 빛뿐만 아니라 모든 소립자가 이렇게 인간이 묻는 방식에 따라 다르게 행동한다. 하이젠베르크의 말은 정신과 물질도 '하나의 실재'가 갖는 이중성으로 보겠다는 것이다.

정신-물질의 이중성이라고 하면 물리학의 영역을 벗어난 이야기 같지만 그렇지는 않다. 논란이 있지만 양자 역학에서 의식을 논하는 것은 양자 역학의 관점에서 볼 때 관찰자와 관찰 대상은 분리시켜 생각할 수 없기 때문이다. 앞 절에서 설명한 바와 같이 이중성과 상보성은 같은 내용을 달리 표현한 것이다. 정신과 물질의 경우, 정신-물질의 이중성이라고 부르는 것보다는 정신-물질의 상보성이라고 부르는 것이 더 적절하다.

양자 역학의 관찰자가 의식을 가진 존재여야 하는지, 아니면 측정 도구도 훌륭한 관찰자일 수 있는지 하는 문제는 아직 물리학계에서 논란이 끝난 문제가 아니다.[208] 하지만 양자 역학의 관찰자가 의식을 가진 존재

---

[208] 근래에 들어와서 양자 역학의 관찰자가 의식을 가진 존재일 필요가 없다는 주장이 많이 나오지만 이 주장에 못지않게 양자 역학의 관찰자가 의식을 가진 존재라야 한다는 주장도 설득력이 있다. 대표적인 참고 자료로 다음을 들 수 있다.
브루스 로젠블룸, 프레드 커트너 지음, 전대호 옮김, 『양자불가사의』, 지양사, 2012.

라고 한다면, 정신과 물질은 그야말로 상호 의존적일 것이다. 따라서 정신과 물질 가운데 어느 것이 다른 것을 만드는 것이 아니라, '분리할 수 없는 하나'인 것이 인간의 사물 인식 방식으로 인해 정신과 물질로 분리되어 보이는 것이라고 말할 수 있다. 정신과 물질의 이해와 관련하여 이렇게 큰 혁명을 가져올 실마리를 제공하는 것이 바로 윤회 사상이다.

4. 맺는 말씀

과학이 윤회 사상을 받아들일 때 일어날 두 가지 큰 변화 가운데 윤리 분야의 변화는 앞에서 이미 설명했다. 여기서는 과학 분야에서 일어날 변화에 대해서 살펴보겠다.

21세기에 이른 오늘날 물리학과 인지 과학은 각각의 영역에서 주목할 만한 성과를 얻었다. 물리학은 양자 역학과 상대성 이론을 통하여 물질과 우주에 대해 보다 깊이 고찰했고, 인지 과학은 마음 또는 정신 현상과 생명 현상에 대해 보다 깊이 고찰했다. 이러한 과학적 연구 결과를 살펴보면 물질을 떠나서 마음을 이해할 수 없고, 마음을 떠나서 물질을 이해할 수 없다는 것을 알게 된다. 물리적 현상과 정신적 현상 가운데 어느 쪽이 더 실재적이라고 할 수는 없다. 어느 쪽도 절대적인 존재가 아니다.

앞선 강의에서 설명한 대로 결국 정통 과학계에서도 윤회 사상을 인정하고 받아들이게 될 것이다. 정통 과학계에서 윤회 사상을 받아들이게 되면 관찰자의 의식에 관한 논란은 종식되고, 정신과 물질을 통합적으로 기술하는 새로운 과학이 탄생할 것이다. 장차 새로운 과학이 탄생한다면 정신과 물질은 어느 특정한 관점에서 볼 때는 서로 '다른 것'으로 보였지만, 관점을 달리하면 '같은 것'을 달리 보았던 것뿐임을 알게 될 가능성도 있다.**209** 앞서 파울리가 말한 바와 같이 정신과 불질노 나른 것처럼 보이지만 우리의 관점이 바뀌면 같은 실재의 상보적인 측면일 수 있는 것이다. 형식 논리상 양립할 수 없는 것처럼 보이거나 서로 관계없는 것처럼 보이는 개념이나 명제도 우리의 관점을 바꾸면 통일적으로 융화시켜 하나의 원리로 표현할 수 있다. 아인슈타인의 상대성 이론과 물리학의 상보성 원리가 바로 그런 원리다. 정신과 물질을 둘로 보지 않을 때 과학의 지평은 그 끝을 모를 정도로 넓어질 것이다. 그것이 윤회 사상이 과학에서 일으키는 혁명적 변화다.

과학의 지평이 넓어지더라도 정신과 물질이 하나라는 것을 우리가 깨닫지 못한다면, 사물은 여전히 과학의 지평이 넓어지기 전에 보던 것과 똑같이 보일 것이다. 우리는 지구가 둥글다는 것을 알면서도 여전히 지구를 평평한 것으로 느끼는데, 이러한 경우가 그런 예다. 그러나 세상이 똑같아 보이더라도 우리의 움벨트 너머에 끝을 알 수 없는 세계가 펼쳐져 있다는 사실을 알게 되면 우리의 삶의 자세도 바뀌게 될 것이다. 움벨트 너머에 펼쳐진 세상이 어떤 것인지 부처님의 설법을 들어 보자.

"언표불가능하고 무한하며 빛나는 의식, 이것은 땅의 견고함, 물의 촉촉함, 불의 뜨거움, 바람의 움직임, 피조물의 피조성, 신의 신성, 브라흐만의 브라흐만성, … 일체의 일체성(Allness of the all)에 참여하지 않는다."**210**

'언표불가능하고 무한하며 빛나는 의식', 이것이 무엇인지를 현재 우리

---

209 이것은 과학의 역사라고 할 수 있다. 하나의 예로 전기(電氣)와 자기(磁氣)를 들 수 있다. 특수 상대성 이론은 관측자의 운동 상태에 따라 전기가 자기로, 자기가 전기로 보인다는 것을 말해 준다.
210 『맛지마니까야』 49 「범천초대의 경」.

의 의식 수준으로는 이해할 길이 없다. 이것은 엘리자베스 퀴블러-로스 박사가 말한 '우주 의식(cosmic consciousness)'이나, 에드가 케이시가 말한 '초의식(superconscious mind)'과는 다른 개념이다. 왜냐하면 우주 의식이나 초의식에서는 '나'라는 존재가 있고 객관적 대상도 존재하지만, 부처님이 설한 경지에서는 그런 구별이 없기 때문이다. 따라서 이것은 부처님이 설한 그대로 말로 표현할 수 없는 경지다.

부처님이 설한 경지에서는 지·수·화·풍, 신, 피조물, 브라흐만, 일체 등 세상에서 말하는 모든 관찰 대상이 지각에서 아무런 역할을 하지 못한다. 인식 주관이 사라져 버렸다는 뜻이다. 무아(無我)이기 때문이다. 무아를 깨닫는 이 경지가 바로 열반이고, 더 이상 윤회하지 않는 경지다. 그 경지에 이르지 않았더라도 적어도 불교도라면 윤회를 믿고 바르게 사는 데 힘을 쏟고 불법 수행에 정진해야 될 것이다. 내가 지은 일은 반드시 나에게 되돌아온다는 사실을 믿고 바르게 살아야 할 것이다. 그것이 윤회 사상의 핵심이다.

참고 문헌

● 경전류

1. 『쌍윳따니까야』
2. 『맛지마니까야』
3. 『디가니까야』
4. 『잡아함경』
5. 『중아함경』
6. 『법구경』
7. 『숫따니빠따』

● 단행본

1. 브루스 그레이슨 지음, 이선주 옮김, 『애프터 라이프』, 현대지성, 2023.
2. 크리스 나이바우어 지음, 김윤종 옮김, 『자네, 좌뇌한테 속았네』, 불광출판사, 2019.
3. 케빈 넬슨 지음, 전대호 옮김, 『뇌의 가장 깊숙한 곳』, 해나무, 2013.
4. 알렉산드라 데이비드 닐 지음, 김은주 옮김, 『라싸로 가는 길』, 르네상스, 2000.
5. 폴 데이비스 지음, 류시화 옮김, 『현대물리학이 발견한 창조주』, 정신세계사, 2000.
6. 프란스 드 발 지음, 이충호 옮김, 『동물의 생각에 관한 생각』, 세종서적, 2017.
7. 유디오게네스 라에르티오스 지음, 김주일, 김인곤, 김재홍, 이정호 옮김, 『유명한 철학자들의 생애와 사상 1』, 나남, 2021.
8. 로버트 라이트 지음, 이재석, 김철호 옮김, 『불교는 왜 진실인가』, 마음친구, 2019.
9. 버트런드 러셀 지음, 서상복 옮김, 『러셀 서양철학사』, 을유문화사, 2020.
10. 콘라드 로렌츠 지음, 송준만 옮김, 『공격성에 관하여』, 이화여자대학교출판문화원, 1990.
11. 카를로 로벨리 지음, 김정훈 옮김, 『보이는 세상은 실재가 아니다』,

쌤앤파커스, 2018.
12. 카를로 로벨리 지음, 이중원 옮김,『시간은 흐르지 않는다』, 쌤앤파커스, 2019.
13. 브루스 로젠블룸, 프레드 커트너 지음, 전대호 옮김,『양자불가사의』, 지양사, 2012.
14. 제프리 롱, 폴 페리 지음, 한상석 옮김,『죽음, 그 후』, 에이미팩토리, 2010.
15. 장 프랑수아 르벨, 마티유 리카르 지음, 이용철 옮김,『승려와 철학자』,
    이끌리오, 2004.
16. 엘리자베스 로이드 마이어 지음, 이병렬 옮김,『왜 여자의 육감은 잘 맞는 걸까』,
    21세기북스, 2009.
17. 스테파노 만쿠소, 알렉산드라 비올라 지음, 양병찬 옮김,『매혹하는 식물의 뇌』,
    행성B, 2016.
18. 레이먼드 A. 무디 주니어 지음, 주진국 옮김,『다시 산다는 것』, 행간, 2007.
19. 브라이언 무라레스쿠 지음, 박중서 옮김,『불멸의 열쇠』, 흐름출판, 2022.
20. 룰루 밀러 지음, 정지인 옮김,『물고기는 존재하지 않는다』, 곰출판, 2021.
21. 블래트코 배드럴 지음, 손원민 옮김,『물리법칙의 발견』, 모티브북, 2011.
22. 모리 번스타인 지음, 이철주 옮김,『사자와의 대화』, 수도문화사, 1966.
23. 크리스토퍼 M. 베이치 지음, 김우종 옮김,『윤회의 본질』, 정신세계사, 2017.
24. 허버트 벤슨, 윌리엄 프록터 지음, 장현갑, 장주영, 김대곤 옮김,
    『과학 명상법 : 조금 더 건강하게 조금 더 행복하게』, 학지사, 2003.
25. 허버트 벤슨, 윌리엄 프록터 지음, 장현갑, 권오근, 박순정, 장주영 옮김,
    『나를 깨라! 그래야 산다』, 학지사, 2006.
26. 토마스 서그루 지음, 조의래 옮김,『에드가 케이시』, 동쪽나라, 1994.
27. 지나 서미나라 지음, 권미옥 옮김,『윤회의 진실』, 정신세계사, 1995.
28. 존 R. 설 지음, 정승현 옮김,『마인드』, 까치, 2007.
29. 설기문 지음,『최면과 전생퇴행』, 정신세계사, 2000.
30. 칼 에드워드 세이건 지음, 이상헌 옮김,『악령이 출몰하는 세상』, 사이언스북스, 2022.
31. 칼 세이건 지음, 홍승수 옮김,『코스모스』, 사이언스북스, 2025.
32. 마이클 셔머 지음, 김성훈 옮김,『천국의 발명』, 아르테, 2019.
33. 리 스몰린 지음, 김낙우 옮김,『양자중력의 세 가지 길』, 사이언스북스, 2007.
34. 제프리 아이버슨 지음, 백련선서간행회 옮김,『전생의 나를 찾아서』, 장경각, 1989.
35. 앨런 월리스 지음, 홍동선 옮김,『과학과 불교의 실재 인식』, 범양사출판부, 1991.
36. 에드워드 윌슨 지음, 이한음 옮김,『지구의 정복자』, 사이언스북스, 2013.
37. 캐럴 계숙 윤 지음, 정지인 옮김,『자연에 이름 붙이기』, 월북, 2023.
38. 미치오 카쿠 지음, 박병철 옮김,『마음의 미래』, 김영사, 2015.
39. 잭 콘필드 지음, 이재석 옮김,『마음이 아플 땐 불교심리학』, 불광출판사, 2020.
40. Culadasa, Mattehw Immergut, Jeremy Graves 지음, 김용환 옮김,

『비추는 마음 비추인 마음』, 학지사, 2017.
41. 엘리자베스 퀴블러-로스 지음, 이진 옮김, 『죽음과 임종에 관하여』, 청미, 2018.
42. 엘리자베스 퀴블러-로스 지음, 최준식 옮김, 『사후생』, 대화출판사, 2020.
43. 마르쿠스 툴리우스 키케로 지음, 성염 옮김, 『법률론』, 한길사, 2007.
44. 차드 멩 탄 지음, 권오열 옮김, 『너의 내면을 검색하라』, 알키, 2015.
45. 짐 터커 지음, 박인수 옮김, 『어떤 아이들의 전생 기억에 관하여』, 김영사, 2015.
46. 파드마삼바바 지음, 유기천 옮김, 『티벳 해탈의 서』, 정신세계사, 2000.
47. T. 페넬름 지음, 이순성 옮김, 『사후 세계의 철학적 분석』, 서광사, 1991.
48. 존 G. 풀러 지음, 김수현 옮김, 『에드가 케이시의 삶의 열 가지 해답』, 초롱, 2001.
49. 조엘 L. 휘튼, 조 피셔 지음, 이재황 옮김, 『죽으면 무슨 일이 일어날까』, 기원전, 2004.

1. Robert F. Almeder, *Death and Personal Survival*, Rowman and Littlefield Publishers, 1992.
2. Morey Bernstein, *Search for Bridey Murphy*, Knopf Doubleday Publishing Group, 1956.
3. Deborah Blum, *Ghost Hunters: William James and the Search for Scientific Proof of Life After Death*, Penguin Publishing Group, 2007.
4. N. Bohr, *Atomic Physics and Human Knowledge*, Science Editions Inc, 1961.
5. Alexander Cannon, *The Power Within*, E. P. Dutton & Co, 1956.
6. Paul Edwards, *Reincarnation: A Critical Examination*, Prometheus Books, 1996.
7. Joe Fisher, *The Case for Reincarnation*, Somerville House, 1998.
8. John G. Fuller, *Edgar Cayce Answers to Life's 10 Most Important Questions*, Warner Books, 1989.
9. Arthur Guirdham, *The Cathars and Reincarnation*, Theosophical Publishing House, 1978.
10. Melvin Harris, *Investigating the Unexplained*, Prometheus Books, 2003.
11. Werner Heisenberg, *Physics and Philosophy*, Harper, 1958.
12. Jeffrey James Iverson, *More Lives Than One?: The Evidence of the Remarkable Bloxham Tapes*, Souvenir Press, 1976.
13. C. G. Jung, W. Pauli, *The Interpretation of Nature and Psyche*, Phantheon Books, 1955.
14. Carl G. Jung, Aniela Jaffe, et al., *Memories, Dreams, Reflections*, Vintage, 1973.
15. Sture Lönnerstrand, *I Have Lived Before: The True Story of the Reincarnation of Shanti Devi*, Ozark Mountain Publishing, 1998.

16. Geddes MacGregor, *Reincarnation in Christianity*, The Theosophical Publishing House, 1989.
17. Elizabeth Lloyd Mayer, *Extraordinary Knowing: Science, Skepticism, and the Inexplicable Powers of the Human Mind*, Bantam Books, 2007.
18. Karl Menninger, *Man Against Himself*, Houghton Mifflin, 1956.
19. Martin P. Nilsson, *Greek Popular Religion*, Legare Street Press, 2022.
20. Kenneth Ring, *Lessons from the Light*, Moment Point Press, 2006.
21. Edward W. Ryall, *Second Time Round*, Spearman, 1974.
22. Michael Sabom, *Light and Death*, Zondervan, 1998.
23. Ian Stevenson, *Twenty Cases Suggestive of Reincarnation*, University of Virginia Press, 1980.
24. Ian Stevenson, *Unlearned Language*, University of Virginia Press, 1984.
25. Ian Stevenson, *Reincarnation and Biology: A Contribution to the Etiology of Birthmarks and Birth Defects*, 2 vols., Praeger, 1997.
26. Ian Stevenson, *Children Who Remember Previous Lives*, McF, 2001.
27. Ian Stevenson, *European Cases of the Reincarnation Type*, McF, 2008.
28. Sharon Stone, *The Beauty of Living Twice*, A&U, 2021.
29. Thomas Sugrue, *There Is a River: The Story of Edgar Cayce*, Henry Holt and Company, 1942.

● 논문류

1. 박경준, 「불교 업보윤회설의 의의와 해석」, 『불교학연구』 vol.29, 2011, pp.163-193.
2. 이승채, 「임사체험의 특성과 시사점」, 『인문학논총』 vol.38, 2015, pp.73-94.
3. 김지선, 「Yoga와 Pilates 운동 수행이 자율신경계에 미치는 영향」, 『한국산학기술학회논문지』 vol.16 no.7, 2015, pp.4450-4458.

1. Olaf Blanke, Stephanie Ortigue, Theodor Landis, Margitta Seeck, "Stimulating illusory own-body perceptions", *Nature* vol.419 no.6904, 2002.
2. H. Benson, J. W. Lehmann, M. S. Malhotra, R. F. Goldman, J. Hopkins, M. D. Epstein, "Body temperature changes during the practice of g Tum-mo yoga", *Nature* vol.295 no.5846, 1982.
3. Paul Edwards, "Reincarnation", *Free Inquiry*, June 1987.
4. Melvin A. Gravitz, "The search for Bridey Murphy: implications for modern

hypnosis", *American Journal of Clinical Hypnosis* vol.45 no.1, 2002.
5. J. Holden, J. Long, and J. MacLug, "Characteristics of Western Near-Death Experiences" in Janice Miner Holden, Bruce Greyson, Debbie James eds., *The Handbook of Near-Death Experiences: Thirty Years of Investigation*, Praeger, 2009.
6. Harold I. Lief, "Commentary on Dr. Ian Stevenson's 'The Evidence of Man's Survival After Death'", *Journal of Nervous and Mental Disease* vol.165 no.3, 1977.
7. Idil Sezer, Matthew D. Sacchet, "Advanced and long-term meditation and the autonomic nervous system: A review and synthesis", *Neuroscience & Biobehavioral Reviews* vol.173, 2025, 106141.

찾아보기

ㄱ

강신술 : 146, 147, 150
걸식 : 300, 301
경허 : 353
고대적 미신 ⇨ 미신
고성제 : 339, 349, 352, 354
고양된 의식 : 83
과학적 믿음 ⇨ 믿음
과학적 자료 : 20, 22, 23, 57, 76, 107, 108, 255, 256, 269, 273, 329
과학적 진실 : 20, 21, 108
관념론자 : 300
괴테(Johann Wolfgang von Goethe) : 128
국제 임사 체험 연구 협회(International Association for Near-Death Studies) : 39
귀납법 : 263
귀납적 추론 : 18, 264, 269
그래비츠, 멜빈(Melvin A. Gravitz) : 178
그레이슨, 브루스(Bruce Greyson) : 39, 40-42, 92, 106, 109, 112, 114-118, 120, 121, 324
그레첸 : (Gretchen)245-247
기독교 : 24, 70, 128, 129, 136-138, 187, 193, 196, 199, 205, 234, 300
기르담, 아서(Arthur Guirdham) : 233, 234
기억 특성 질문지 : 118
기억 착오 : 229, 232, 233

깨어 있음 : 52, 161, 162

ㄴ

넬슨, 케빈(Kevin Nelson) : 33, 51, 55-58, 110
뇌간 : 51, 52, 83
뇌동맥류 ⇨ 동맥류
뇌파 : 51, 52, 70, 102, 103, 110, 119
『뉴 잉글랜드 의학 저널(New England Journal of Medicine)』 : 74
《뉴욕 타임스》 : 94, 194, 205
뉴컴, 사이먼(Simon Newcomb) : 147
뉴턴(Isaac Newton) : 15, 64, 145

ㄷ

다비드-넬, 알렉산드라(Alexandra David-Néel) : 265, 266, 269
다윈, 찰스(Charles Robert Darwin) : 15, 146, 294
다이슨, 프리만(Freeman John Dyson) : 155, 156, 263
단멸(斷滅) : 344, 363
단멸론(斷滅論) : 338
대안 : 92, 364
대안론 : 19, 85, 90-94, 96, 97, 101, 110, 111, 226, 254, 256, 269, 288, 356
대안적 : 226, 229, 232, 238, 256

데미우르고스(dēmiurgós) : 136
도일, 코난(Arthur Conan Doyle) : 146
도지슨, 찰스(Charles Lutwidge Dodgson) : 146
동맥 : 38, 49, 50, 52, 77, 116
동맥류 : 49, 50, 52
　뇌동맥류 : 49, 112
동일성 : 197, 270, 271, 287, 288, 326-330, 332, 333, 336, 338, 344, 345, 363
　자아 동일성 : 329
동일성의 원리 : 328-330, 332
동충하초 : 295
두카세, 커트(Curt John Ducasse) : 179
디오니소스 밀교 ⇨ 밀교

ㄹ

라이프 리딩(life reading) ⇨ 리딩(reading)
락스미 나라인(Laxmi Narain) : 222, 223, 230, 231, 330
래머스, 아더(Arthur Lammers) : 196, 202
『랜싯(Lancet)』 : 74-76, 80, 84
러셀, 버트런드(Bertrand A. W. Russell) : 133
러스킨, 존(John Ruskin) : 146
렘 : 100, 110
렘 침입 : 109-111
렘 침입설 : 109, 110
렘수면 : 110, 111
로벨리, 카를로(Carlo Rovelli) : 283, 285, 287, 323, 326, 334
로크, 존(John Locke) : 328, 329
롯지, 올리버(Oliver Joseph Lodge) : 146, 151, 152
롱, 제프리(Jeffrey Long) : 93-97, 105
리딩(reading) : 190, 191, 195-200, 202-206
　라이프 리딩(life reading) : 190, 195-199, 201, 202
　피지컬 리딩(physical reading) : 190, 194, 195, 201, 204-206
리셰, 샤를(Charles Robert Richet) : 146
리치, 조지(George G. Ritchie) : 75
리카르, 마티유(Matthieu Ricard) : 250, 251, 268, 306
린나이우스, 카롤루스(Carolus Linnæus) : 16
린네의 분류법 : 16
린포체(Rinpoche) : 216
　키엔체 린포체 : 250, 251
링, 케네스(Kenneth Ring) : 26, 27, 37, 97

ㅁ

마음 챙김 명상 : 162
마이어, 엘리자베스(Elizabeth Lloyd Mayer) : 154, 155, 263
마이어스, 프레데릭(Frederic W. H. Myers) : 145, 151
마취 중 각성 : 55, 58, 81, 86, 88, 90, 91, 94-97
마하트마 간디 : 220, 233
만공 : 353
말기 자각 : 119, 120
매트릭스 : 17, 269, 338, 349, 351-353
매틀록, 제임스(James G. Matlock) : 179
맥그리거, 게디스(Geddes MacGregor) : 137
맥너슨, 맥너스(Magnus Magnusson) : 183-186
맵시벌 : 294
메닝거, 칼(Karl Menninger) : 349
메도우(Meadow) : 173, 174, 176, 177
무디, 레이먼드(Raymond A. Moody Jr.) : 31-35, 48, 50, 55, 62, 109
무소의 뿔 : 309, 310

무아 : 24, 25, 194, 270-272, 286-288, 312, 323, 333, 336, 337, 342, 344, 345, 348, 368
무아 윤회⇨ 윤회
무아지경 : 131, 245, 348
문화적 구성물 : 229, 235, 236, 255
물리적 심령 현상(poltergeist) : 146
물리주의 : 18, 82
『미국 신장병 학회지(American Journal of Kidney Disease, AJKD)』 : 27
미국 심령 연구 협회 : 212
미국 의사 협회(American Medical Association) : 162
『미국 의사 협회 저널(Journal of the American Medical Association, JAMA)』 : 75, 93, 214,
미신 : 24, 35, 107, 272, 273
　고대적 미신 : 23, 107, 108, 201, 273
　현대적 미신 : 23, 81, 108, 201, 273, 322
믿음 : 17, 20, 23, 45, 57, 58, 66, 75, 85, 111, 149, 232, 257, 262, 264, 269, 273, 321, 322
　과학적 믿음 : 18, 20-23, 57-59, 106-108, 111, 112, 140, 238, 250, 256, 269, 273, 292, 357
　종교적 믿음 : 107
　초자연적 믿음 : 55
밀교 : 129-132, 266
　디오니소스 밀교 : 130
　엘레우시스 밀교 : 127, 130-132
　오르페우스 밀교 : 127, 130, 132, 133
　오시리스 밀교 : 129
　이시스 밀교 : 129

ㅂ

바레트, 윌리엄(William F. Barret) : 146
바르도 : 325
바커, 윌리엄(William J. Barker) : 175-178
반 롬멜, 핌(Pim van Lommel) : 71, 75-85, 105, 109, 112
번스타인, 머레이(Morey Bernstein) : 171-173, 175, 199
벌난초 : 297
베이치, 크리스토퍼(Christopher M. Bache) : 140
베이트슨, 윌리엄(William Bateson) : 146
벤슨, 허버트(Herbert Benson) : 266, 268, 269
벨트(welt) : 14
보르지긴, 지모(Jimo Borjigin) : 101-104
보스, 자가디스 찬드라(Jagadish Chandra Bose) : 297
분기학 : 16
분리성 : 22
분석 심리학 : 164
불교 윤리⇨ 윤리
브라이드 머피(Bridey Murphy) : 168, 171-180, 188, 202, 235
『브라이드 머피를 찾아서』 : 170, 171, 180
블랑케, 올라프(Olaf Blanke) : 89, 90, 92, 96, 97, 104, 105
블레처, 리처드(Richard Blacher) : 107, 108
블록샴, 아날(Arnall Bloxham) : 182
블록샴 테이프 : 180, 182, 183, 185, 202, 230, 236
비국소성 : 79
비국소적 의식 : 78-80, 84, 85
비렘수면 : 110

비센 찬드(Bishen Chand) : 218, 221-223, 230, 231, 330
비옥한 초승달 지역 : 127, 129
비유물론적 생사관 : 20-23

ㅅ

사건 중심의 세계관 ⇨ 세계관
사마천(司馬遷) : 292, 293, 296, 302, 357
사이비 과학 : 5, 6, 35, 43, 56, 80, 145, 154, 155, 205, 208, 212, 322
사이코메트리(psychometry) : 149
사해 문서 : 198
사후 세계 : 5, 6, 17, 19, 22-24, 26, 27, 30, 31, 33, 35, 36, 43, 45, 53-55, 58, 66, 74, 76, 80-82, 85, 89, 93, 96, 103, 114, 140, 141, 144, 145, 150, 152, 154, 158, 159, 166, 187, 201, 209, 253, 255, 269, 325, 329, 357
산소 결핍 : 56
산소 결핍증 : 101, 108
산소 부족 : 77, 82, 84, 106, 107, 109
삼고(三苦) : 347
삼법인(三法印) : 312, 342-344, 349
삼업(三業) : 307, 315, 335
상대성 이론 : 115, 271, 276, 278, 279, 283, 323, 330, 332, 366, 367
상보성 : 359, 361-363, 365
  정신-물질의 상보성 : 359, 363
상보성 원리 : 359-363, 367
상주(常住) : 344, 363
상주론(常住論) : 338
상주불멸 : 24, 313, 336
상주불변(常住不變) : 338
새비지 목사(Minot Judson Savage) : 147, 149

샤라다(Sharada) : 218, 223-225
샨티 데비(Santi Devi) : 218-221, 233, 238
서그루, 토마스(Thomas J. Sugrue) : 191, 205
서미나라, 지나(Gina Cerminara) : 196
석가모니 : 129, 306, 313
선결 문제 요구의 오류 : 255, 256, 321
설리반, 앨(Al Sullivan) : 116
세계관 : 20, 82, 251, 252, 276, 278, 283
  사건 중심의 세계관 : 273, 278, 283, 284, 286-289, 313, 330
  존재 중심의 세계관 : 273, 283, 330,
세이건, 칼(Carl Edward Sagan) : 208, 209, 251, 262, 273, 356
세이봄, 마이클(Michael Sabom) : 50, 51, 105, 107-109, 117
셔머, 마이클(Michael Shermer) : 43, 45, 56, 80, 103, 205, 208, 209, 241
소망 사고 : 91, 92
순환 추론 : 264
스몰린, 리(Lee Smolin) : 283-286, 326, 331, 332, 334
스미스 부인(Mrs. Smith) : 233-235, 267
스베덴보리(Emanuel Swedenborg) : 64
『스켑틱(Skeptic)』: 43, 56, 208
스톤, 샤론(Sharon Yvonne Stone) : 37-39, 42, 43
스티븐슨, 이안(Ian Stevenson) : 179, 206, 209, 211-216, 218, 220, 221, 223-226, 228, 230, 231, 233, 235-238, 240-247, 253, 255, 256, 288, 322, 324, 329, 356
스페츨러(Robert F. Spetzler) : 49-54, 56, 57
시공간 : 78, 271, 279-282
시즈윅, 헨리(Henry Sidgwick) : 145, 153
『신경 및 정신 질환 저널(Journal of Nervous and Mental Disease, JNMD)』: 214

신비 체험 : 19, 66, 67, 70, 131, 186, 212
신지학(theosophy) : 196
신통력 : 161, 197, 199, 311
실재 : 4, 16, 134, 141, 271, 277, 278, 331, 359, 360-362, 364, 365-367
실재성 : 15, 16, 22
실체 : 24, 126, 197-200, 269-272, 277, 278, 286, 287, 330, 333, 334, 336, 342, 345, 349, 361, 363, 364
실체론 : 134, 314, 326, 330, 338, 364
실패처리박사 : 168, 194
심령 연구회 : 144-147, 149-151
심령 현상(psychic phenomena) : 141, 144, 145, 147, 148, 154, 164, 196, 230
심령주의자 : 150
심리 테스트 : 119
심리적 방어 기제 : 92-94, 97
심정지 : 102, 103
심폐 소생 : 76, 77, 80
십이연기 : 307

아뢰야식 : 351
아스트랄 체(astral body) : 254
아이버슨, 제프리(Jeffrey James Iverson) : 183-186
아트만 : 24, 141, 334, 336, 344
안트림(Antrim) 바닷가 : 173, 177
알렉산더, 이븐(Eben Alexander) : 42-45
앨메더, 로버트(Robert F. Almeder) : 228, 229, 236-238, 252, 254-256
양자 물리학 : 16
양자 얽힘 : 22, 79, 343
양자 역학 : 16, 21, 22, 79, 80, 252, 253, 271, 276-278, 283, 285, 322, 323, 330, 332, 343, 359, 360, 362, 364-366
양자 중력 이론 : 283
양자 컴퓨터 : 22
양자 현상 : 22, 23, 79, 253, 277
양자론 : 283, 284, 363
양자장론 : 360
업 : 302, 304, 307, 310-316, 335, 336, 338, 351, 352, 354
업보 : 311
업설 : 316, 317
에덜슨 체스판 : 100, 101
에드워즈, 폴(Paul Edwards) : 241-243, 245, 252-256, 322, 329
에반스, 제인(Jane Evans) : 183-186, 188, 230
에세네파(Essenism) : 197, 198
에포프테이아(epopteia) : 131
엘레우시스 밀교 ⇨ 밀교
역설적 자각 : 120
연구 개발 협회(Association for Research and Enlightenment, A.R.E.) : 190, 205
연기 : 338
연기법 : 141, 270, 271, 285, 286, 302, 314, 317, 330, 333, 338, 342-345, 364
연기적 : 272, 277, 285, 357
연속성 : 287, 288, 333, 338, 344, 363
열반 : 129, 301, 312, 333, 336, 368
염력 : 209, 212, 251, 356
영국 의사 협회(British Medical Association) : 162
영국 최면 요법 협회(British Society of Hypnotherapists) : 182
영매 : 141, 144-150, 158, 159, 191, 193, 195, 209
영적 세계 : 66, 68

오르페우스 밀교 ⇨ 밀교
오시리스 밀교 ⇨ 밀교
오온(五蘊): 285, 286, 334, 335, 338, 347
오욕락(五欲樂): 25
오취온(五取蘊): 334, 336
오취온고(五取蘊苦): 347, 348
용수(龍樹, Nāgārjuna): 288
우얼리, 제럴드(Gerald Woerlee): 55, 57-59, 81, 95, 96
우주 의식: 69, 70, 203, 204, 368
우타라 후다르(Uttara Huddar): 224, 225
우파니샤드: 129, 313
움벨트(umwelt): 14-17, 21, 88, 262, 268, 276, 285, 321, 367
워커, 에드워드(Edward Dwight Walker): 137
월리스, 알프레드(Alfred Russel Wallace): 146
『위대한 갈망』: 128
유령 현상: 146
유물론: 6, 18, 19, 82, 251, 255, 322, 344, 354, 364
유물론자: 300
유물론적 생사관: 18, 23
유전된 기억: 229-231
유체 이탈: 6, 19, 34-37, 59, 62, 63, 66, 67, 74, 75, 78, 79, 89-92, 95-97, 104-106, 108-110, 112, 117-120, 197, 269, 356
육신통(六神通): 311
윤리: 297, 299, 300, 303, 357-359, 366
  불교 윤리: 289, 300-302, 304, 307, 353
윤회
  무아 윤회: 7, 24, 25, 141, 256, 273, 286-289, 317, 323, 326, 328, 344
윤회전생: 24, 74, 159, 182, 190, 199, 206, 251, 322

융, 칼(Carl Gustav Jung): 36, 37, 78, 85, 93, 140, 165, 203, 321, 324, 325, 335, 336
이시스 밀교 ⇨ 밀교
이원론: 234, 361
  정신-물질의 이원론: 364
이중성: 278, 361, 362, 365
  입자-파동의 이중성: 22, 276, 362, 365
  정신-물질의 이중성: 365
인과: 26, 282, 286, 287, 293, 313, 314, 316, 343
인과 관계: 167, 286, 335, 338
인과적 연결: 330
인과적으로 연결: 282, 333, 336
인생 되돌아보기: 116
일체개고: 344, 345
임사 체험: 4, 6, 7, 17, 19, 20, 22, 26, 27, 30-39, 42-45, 48-53, 55-59, 62, 64, 66, 70, 71, 74-85, 88, 90-97, 101, 103-112, 114-119, 121, 158, 159, 208, 209, 226, 253, 264, 269, 273, 324, 325, 357
임사 체험 연구 재단: 94
임사 체험자: 19, 20, 22, 26, 31, 32, 36, 37, 48, 69, 74, 76-79, 84, 90, 91, 93, 94, 97, 103-106, 109-111, 115-119, 288, 324, 325, 356
임상적 사망: 80, 83, 84
입자-파동의 이중성 ⇨ 이중성

ⓧ

자기 최면 ⇨ 최면
자발적 기억: 158, 209-211, 213, 216, 223, 226, 324
자아 동일성 ⇨ 동일성
자연: 22, 294, 296, 298, 361

자연 현상 : 90, 92, 360, 361
자연계 : 294, 297, 299, 300
자연의 법칙 : 300
잠재 기억 : 175, 178, 179, 188, 226, 229-231
잠재 의식 : 166, 185, 203
『장자(莊子)』: 128
저체온 심정지 : 49, 50, 52, 54, 81
전생 사례 : 163, 210, 214-216, 218, 221, 223, 229, 230, 232, 233, 235-238, 240-245, 253, 255, 256, 269, 288, 306, 329, 332, 356
전생 요법 : 159, 160, 163, 165-167, 170, 182, 187, 202, 210
전생 체험 : 160, 187, 238, 253
전생 체험자 : 231
전생 퇴행 : 160, 165, 187
전향적 연구(prospective study) : 76
점성술 : 196
정념 : 162
정신-물질의 상보성 ⇨ 상보성
정신-물질의 이원론 ⇨ 이원론
정신-물질의 이중성 ⇨ 이중성
제노글로시(xenoglossy) : 233
제법무아 : 344, 345, 363
제이, 캐럴(Carroll Jay) : 245, 246
제임스, 윌리엄(William James) : 85, 140, 147-151, 154, 155, 159, 187
제행무상 : 344-346
존재 중심의 세계관 ⇨ 세계관
좀비 : 295
종교적 믿음 ⇨ 믿음
주마등 : 26, 36, 78, 89, 324, 325
죽음학 : 59, 62
중도 : 25, 338, 339, 344, 363

중첩 : 21, 22
지각 연구소(Division of Perceptual Studies) : 213
집단 무의식 : 85, 151, 164, 165, 203, 204

창형흡충 ⇨ 흡충
『채근담』: 346
천도(天道) : 292, 299, 300, 357
초감관지 : 155, 263
초개인 심리학회 : 69
초상 현상(paranormal phenomenon) : 144, 145, 148, 155, 263
초심리 학회 : 65
초심리 현상 : 33, 155
초심리학 : 220
초심리학 재단(Parapsychology Foundation) : 213
초의식 : 203, 204, 368
초자연적 믿음 ⇨ 믿음
초자연적 방법 : 244
초자연적 설명 : 56
초자연적 현상 : 90, 92, 178, 179, 204
초트킨, 콜리스(Corliss Chotkin) : 242
최면 : 67, 144, 146, 158-164, 166, 170-173, 175, 177-179, 182, 183, 186, 190, 193-196, 199, 201-206, 210, 211, 230, 245-247
　자기 최면 : 194
최면 시술자 : 187, 202, 210
최면 암시 : 67
최면 요법 : 163, 182, 194
최면 퇴행 : 156, 158-160, 162, 163, 166-168, 170, 171, 180, 186-188, 199, 201, 209, 210, 211
최면술 : 163, 164, 182

최면술사: 171, 172, 193, 199, 245, 256

㊀

카르마: 202
카오스: 136
카타르(Cathar): 233-235
캐논 보고서: 162, 164, 165, 170, 235
캐논, 알렉산더(James Alexander Cannon): 156, 162-166, 199, 202, 212, 256
캐럴, 루이스(Lewis Carroll): 146
캔필드, 잭(Jack Canfield): 33
케이시, 에드가(Edgar Cayce): 161, 188, 190-206, 210, 211, 368
케타민: 106
『코란』: 129, 139
코크(Cork): 173, 174, 177
콘스탄티노플: 128
퀴블러-로스, 엘리자베스(Elisabeth Kübler-Ross): 31, 32, 59, 62-71, 91, 92, 93, 96, 97, 105, 109, 112, 204, 324, 368
크룩스, 윌리엄(William Crookes): 146
크리슬립, 마크(Mark Crislip): 80, 81
키에르케고르: 254, 272, 320
키엔체 린포체 ⇨ 린포체
키케로(Marcus Tullius Cicero): 131, 132

㊁

『타임』: 64, 166, 167
터커, 짐(Jim B. Tucker): 212, 215, 237, 238, 244, 256
테세우스(Theseus): 326
테세우스의 배: 326, 327, 335
테슬라, 니콜라(Nikola Tesla): 204

텔레파시: 53, 144-146, 151, 153, 164, 212
통제된 실험: 118
투시술: 144, 164
툼모: 265-269
트랜스(trance): 144, 146, 148, 151, 153, 196, 199
『티마이오스』: 135
틱광둑(Thich Quang Duc, 釋廣德): 267, 268, 269
팃포탯 전략(tit for tat): 298

㊂

파괴적 회의주의 ⇨ 회의주의
파괴적 회의주의자 ⇨ 회의주의자
『파이드로스』: 135
파이퍼, 레오노라(Leonora Evelina Piper): 148, 150, 151, 159, 187
팔고(八苦): 347
팔라디노, 유사피아(Eusapia Paladino): 150
팸(Pamela Reynolds Lowery): 49, 51-59, 74, 81, 93, 95-97, 109, 112
펜필드, 와일더(Wilder Penfield): 104
풀러, 존(John G. Fuller): 191, 197-199
프렌치, 크리스토퍼(Christopher Charles French): 55, 57-59, 81, 96
플라톤(Platon): 71, 130, 133-136, 331
피지컬 리딩(physical reading) ⇨ 리딩(reading)
피타고라스(Pythagoras): 127, 130, 133, 134

㊃

하이젠베르크(Werner Karl Heisenberg): 343, 361-365
한마음: 85, 165

해리스, 멜빈(Melvin Harris) : 186, 188, 230
현대적 미신 ⇨ 미신
호스피스 : 62, 63
호의적 회의주의 ⇨ 회의주의
호의적 회의주의자 ⇨ 회의주의자
호지슨, 리처드(Richard Hodgson) : 150-153
홀든, 제니스(Janice M. Holden) : 105, 106, 108, 117
홀리(Holly) : 40-42, 92, 106, 109, 112, 114, 115
확률파 : 277
환생 : 121, 126, 129, 137, 164, 199, 200, 201, 209, 212, 213, 216, 219-221, 223, 225, 233, 235, 242, 245, 247, 250, 251, 253, 322, 356
환생 의식 : 130
회의주의
   파괴적 회의주의 : 23, 108
   호의적 회의주의 : 24, 140
회의주의자
   과학적 회의주의자 : 43
   파괴적 회의주의자 : 23, 81, 192, 201, 214
   호의적 회의주의자 : 156, 192, 201, 202, 206, 214, 256, 268, 269, 273
후향적 연구(retrospective study) : 76
휘튼, 조엘(Joel Lloyd Whitton) : 6, 167, 168, 194, 325
흄, 데이비드(David Hume) : 263, 264, 269
흡충 : 294, 295
   창형흡충 : 294
흰 까마귀 : 19, 147, 154, 187, 255
힌두교 : 24, 71, 136, 141, 158, 187, 225, 306, 309, 313

E
ESP (Extra Sensory Perception) : 155

G
G-LOC (G-force induced Loss of Consciousness) : 107, 108

N
NDE (Near-Death Experience) : 6, 19, 26, 31

O
OBE (Out-of-Body Experience) : 19

과학이 주목하는 죽음 이후의 일들

ⓒ 김성구, 2025

2025년 8월 8일 초판 1쇄 발행

지은이 김성구
발행인 박상근(至弘) • 편집인 류지호 • 편집이사 양동민
편집 김재호, 양민호, 김소영, 최호승, 정유리, 이란희, 이진우 • 디자인 쿠담디자인
제작 김명환 • 마케팅 김대현, 김대우, 이선호, 류지수 • 관리 윤정안
콘텐츠국 유권준, 김희준
펴낸 곳 불광출판사 (03169) 서울시 종로구 사직로10길 17 인왕빌딩 301호
       대표전화 02) 420-3200 편집부 02) 420-3300 팩시밀리 02) 420-3400
       출판등록 제300-2009-130호(1979. 10. 10.)

ISBN 979-11-7261-186-6 (03220)

값 23,000원

잘못된 책은 구입하신 서점에서 바꾸어 드립니다.
독자의 의견을 기다립니다. www.bulkwang.co.kr
불광출판사는 (주)불광미디어의 단행본 브랜드입니다.